영혼치유의 푸른 초장으로 인도하는 그리스도교 고전산책 (3)

영혼을 돌보는
참된 목회자

마르틴 부쳐 지음, 피터 빌 영역, 신현복 옮김

아침 영성지도연구원
www.achimhopa.co.kr
치유와 돌봄이 있는 희망의 선교동산

마르틴 부처와 함께

영혼치유의 깊은 오솔길을 걸어가는

_____에게

이 책을 드립니다.

영혼치유의 푸른 초장으로 인도하는 그리스도교 고전산책 (3)

영혼을 돌보는
참된 목회자

Von der waren Seelsorge
Concerning the True Care of Souls
by Martin Bucer
(Strasbourg, 1538)

Copyright ⓒ The Banner of Truth Trust 2009
Originally published in German under the title
Von der waren Seelsorge by Martin Bucer
This edition is based on the English translation edition titled
Concerning the True Care of Souls
published by the Banner of Truth Trust, Edinburgh, UK.
All rights reserved.
Translated and used by permission of The Banner of Truth Trust
through arrangement of rMaeng2, Seoul, Korea.
This Korean edition copyright ⓒ 2012
by Achim Institute for Spiritual Direction, Suwon, Republic of Korea

이 한국어판의 저작권은 알맹2 에이전시를 통하여
The Banner of Truth Trust와 독점 계약한 아침영성지도연구원에 있습니다.
신 저작권법에 의하여 한국 내에서 보호받는 저작물이므로
무단 전재와 무단 복제를 금합니다.

마르틴 부쳐의 고전을 펴내며

영혼치유의 푸른 초장으로 인도하는 그리스도교 고전산책의 세 번째 책으로 마르틴 부쳐(1491-1551)의 〈영혼을 돌보는 참된 목회자〉를 독자 여러분과 함께 나누게 되어 무척 기쁘고, 이 모든 일을 한 걸음 한 걸음 인도해 주시고 가능케 하신 하나님께 감사와 영광을 올려 드립니다.

사실, 이 〈영혼을 돌보는 참된 목회자〉는 1538년 마르틴 부쳐의 활동 중심지였던 스트라스부르크에서 독일어로 맨 처음 출판되었습니다. 그 후 마르틴 부쳐가 1551년 캠브리지에서 사망하고 몇 년 뒤 체코어와 보편적 학문 언어인 라틴어로 번역이 되었지만, 아직까지도 이렇다 할 번역본은 등장하지 않고 있습니다. 그러니까 종교개혁이 단행된 이후 500년 동안 묻혀 있다가 이번에 발굴된 기념비적인 고전인 것입니다. 종교개혁 전통에 서 있는 우리들에게는 그 뿌리와도 같은 작품이지요.

종교개혁자 칼빈에게도 지대한 영향을 끼쳤던 마르틴 부쳐의 이 작품이 그 동안 우리 종교개혁 후손들에게 거의 소개되지 않았다는 것이 어찌 보면 기가 막힌 일입니다. 지금이라도 이 책을 한국교회에 소개하려고 마음먹었을 때 그래서 자못 두렵기도 했습니다. 우리 한국의 그리스도인들이 오늘의 언어로 좀 더 선명하게 그의 글을 읽고자 할 때 적잖은 어려움들이 있다는 것을 발견했기 때문입니다.

마르틴 부쳐의 글은 길고 복잡한 문장이 특징입니다. 따라서 이 책의 번역본들 역시 길고 복잡합니다. 하지만 교묘한 표현보다는 정확한 번역을 추구하는 것이 더 나을 것 같아 최대한 신경을 썼습니다. 바로 그런 이유 때문에 독일어 '젤조르거'(Seelsorger)를 번역할 때에도 좀 더 일반적으로 번역되는 단어 '목사'(pastor)가 아니라 다소 어색한 용어 '영혼을 돌보는 사람'(carer of souls)을 고집하였습니다. '목사'와 거기에서 파생된 단어들은 '목양'(shepherding) 개념과 직접적으로 연관된 단어들을 위해서 따로 남겨둔 것입니다.

이번에 저희 아침영성지도연구원에서는 그리스도교 고전산책을 통한 영성수련 과정을 인도하면서, 〈영혼을 돌보는 참된 목회자〉와 관련된 전 세계의 많은 자료들을 다시 연구해 보고 아예 새로운 번역을 해서 오늘을 살아가는 한국 그리스도인들에게 좀 더 적중한 도움을 드려야겠다는 소박한 비전을 가슴에 품게 되었습니다. 그런 차원에서, 이 〈영혼을 돌보는 참된 목회자〉는 새롭게 나온 것입니다.

특히 이번에 저희 아침영성지도연구원이 펴낸 마르틴 부쳐의 〈영혼을 돌보는 참된 목회자〉는 Martin Bucer, *Von der waren Seelsorge und dem rechten Hirten dienst, wie derselbige inn der Kirchen Christi bestellet, und verrichtet werden solle*(Robert Stupperich, Martin Bucers Deutsche Schriften, 1964, 제7권); Jean Erbes, *Martin Bucer, Ie Reformateur Alsacian Inconnu et Meconnu*(Strasbourg: Libraries Protestantes, 1966); Peter N. Brooks, 'Martin Bucer: Oecumeniste and Forgotten Reformer,' in *Expository Times* 103(1991~2), 2321~5쪽; Greschat, *Martin Bucer. Ein Reformator und seine Zeit*(Munich: Verlag C. H. Beck, 1990); Martin Bucer, trans. by Peter Beale, *Concerning the True Care of Souls*(Banner of Truth, 2009) 등 가장 최근에 나온 국내외 관련 자료들을 면밀히 분석하고 심층 연구한 결과물음을 미리 밝혀드립니다. 특히 본문은 피터 빌(Peter Beale)의 영문번역판에서, 마르틴 부쳐의 생애와 저서는 데이비드 라이트(David F. Wright)의 연구자료에서 많은 도움을 받았습니다.

단, 이것이 또다시 너무 학문적인 책으로만 비쳐져 크리스천 엄마, 아빠, 자녀 등 영성생활 현장의 일반 독자들에게서 외면당하는 사태가 발생되지 않도록 각주나 참고자료들은 과감히 없애는 대신, 가장 현대적인 감각으로 다듬고 또 다듬었음을 널리 이해해 주시기 바랍니다. 그래서 성경도 중고등학생들도 이해할 수 있는 〈표준새번역〉을 참조하였습니다.

또 본문 속에 종교개혁 당시 천주교 실상이 많이 언급되고 있는데, 여기에 대해서는 종교개혁 후손들로서 오늘 우리의 모습은 어떤지, 우리가 그렇게 비쳐지는 모습은 없는지, 우리가 개혁당할 소지는 없는지, 타산지석으로 삼는 '자기 비판적 글 읽기'가 꼭 선행되어야 한다고 봅니다.

그렇습니다. 저희는 고전 속에 길이 있다고 확신하고 있습니다. 영혼의 치유와 영혼의 돌봄을 위하여 이 세계적인 고전, 마르틴 부쳐의 〈영혼을 돌보는 참된 목회자〉가 사랑하는 독자 여러분에게 소중한 영성지도 지침서가 되었으면 하고 두 손 모아 기도드립니다.

끝으로, 500년 만에 발굴된 이 소중한 책을 직접 손에 쥐어 주시면서 이 책의 중요성을 새삼 일깨워 주시고, 한국교회의 미래와 올바른 목회신학 정립을 위하여 꼭 소개해 보라고 격려해 주신 박근원 교수님께 진심으로 감사를 드립니다.

마르틴 부쳐의 생애와 저서
−500년 만에 이 책을 다시 발굴해서 소개하는 그 역사적인 의미−

데이비드 라이트
(1937-2008, 에딘베그대학교 종교개혁학 교수)

20세기 마지막 10년 이후로 마르틴 부쳐의 주가는 꾸준히 상승하였다. '무명의 오해받는' 인물이었던 그가 점점 가장 비중 있게 뜨는 종교개혁자 가운데 한 사람으로 인정받게 된 것이다. 이렇게 그가 무명에서 벗어나게 된 가장 큰 이유는 그의 저서가 세 개의 시리즈 ― 독일어 저서, 라틴어 저서, 그리고 편지 ― 로 새롭게 편집되었기 때문이다. 이 작업은 1955년에 시작되어, 가다 서다를 반복하면서 꾸준히 진행되었다. 스트라스부르크 다음으로 이 학문적인 작업에 열심이었던 것은 바로 하이델베르크 아카데미의 문스터 연구소였다. 특히 시편과 로마서에 대한 방대한 주석이 기대된다. 독자에 대한 접근성은 어떨지 몰라도, 그 내용으로 치자면, 칼빈은 마르틴 부쳐의 주석이 그 누구에게도 뒤지지 않는다고 평가한 바 있다.

마르틴 부쳐는 1491년 알자스의 쉴레트슈타트에서 봉 만드는 사람의 아들로 태어났다. 그곳에서 그는 새로운 인문주의 학문을 접하고 그로부터 많은 영향을 받았다. 처음엔 쉴레트슈타트의 유명한 라틴어 학교(방대한 양의 도서를 소장하고 있는 그곳 도서관은 알자스 방문객에게 가장 귀한 보물들 가운데 하나이다)에서 교육을 받았고, 1506~1507년에는 도미니크수도원에서 교육 받았다. 그러다가 1512년 초에 하이델베르크의 도미니크수도원으로 보내졌는데, 1521년 1월에 결국은 그곳을 떠났다. 얼마 안 있어 그는 수도사 서약으로부터 교황의 면제를 받았고, 1522년 여름에는 로벤펠트 수녀였던 엘리자베스 질베라이젠과 결혼하였다. 마르틴 부쳐의 저서에 자신의 아내 엘리자베스 마르틴 부쳐 여사에 관한 언급이 거의 등장하지 않는 것은, 전기 작가인 해스팅스 엘스에 따르면, 훌륭한 여인에 관한 그의 판단이 얼마나 빈틈없었던가를 증명해 줄 뿐이라고 한다.

엘리자베스 마르틴 부쳐는 남편처럼 학자도 아니고 지적인 인물도 아니었다. 하지만 어머니와 주부로서 그녀는 루비 한 주전자보다 더 귀한 존재였다…. 그녀는 전혀 돋보이지도 않았고, 뛰어난 이야기꾼도 아니었지만, 남편이 덕망 있는 주인의 역할을 다할 수 있도록 질서와 경제를 뒷받침해 줄 수 있는 능력을 갖고 있었다. 마르틴 부쳐가 지루한 논문들을 쓸 수 있었던 것은 자녀들이 잠들 때 이야기해 주는 임무에서 아내가 그를 해방시켜 주었기 때문이다. 또 그가 여기저기 모든 회의에서 주도적인 역할을 맡을 수 있었던 것도 그가 출타해 있는 동안 집안이 아무런 문제없이 완벽하게 돌아갔기 때문이다. 그가 지치지 않고 힘을 쏟아 부을 수 있었던 것 역시 엘리자베스 여사가 생계유지에 관한 피곤한 근심거리들을 혼자서 모두 떠안았기 때문이다. 그녀는 가정을 꾸려나갔고, 남편을 존경하였다. 경건하고 부지런한 생활로 남편을 존중했던 그녀야말로 진정한 사모의 모델이라고 할 수 있겠다.〔Hastings Eells, *Martin Bucer*(New Haven: Yale University Press, 1931), 415~16쪽〕.

그녀는 1541년 전염병이 돌던 때 직장에 머물렀다. 그 전염병으로 몇 달 사이에 다섯 자녀를 잃었으며, 마르틴 부쳐의 스트라스부르크 가정에서도 세 명이 더 숨졌다. 그녀는 죽어가는 순간까지도 남편 마르틴에게 필요한 것을 챙겼다. 이듬해 봄, 마르틴은 아내의 간청에 따라 비브란디스와 결혼했다. 그녀는 엘리자베스보다 2주 일찍 사망한 마르틴 부쳐의 절친한 종교개혁 동료 볼프강 카피토의 미망인이었다. 비브란디스는 그때까지 뛰어난 종교개혁 지도자들과 결혼하는 데 일가견이 있는 여인이었다. 마르틴 부쳐는 그녀의 네 번째 남편이었고, 그보다 10년 이상을 더 오래 살았다.

마르틴 부쳐의 경력을 조금 더 이른 시기로 되돌려 보자. 도미니크회 수사로 있을 당시 그는 그 수도회의 최고 인기 신학자인 토마스 아퀴나스에 정통했을 뿐만 아니라, 열렬한 에라스무스 추종자이기도 했다. 그는 또 1518년 하이델베르크 토론회에서 루터에게 깊은 인상을 받을 정도로 준비가 잘 된 상태였는데, 그 자리에서 그 비텐베르크 개혁가는 독특한 십자가의 신학을 설명하였다. 곧 마르틴 부쳐는 스스로를 '마르틴주의자'라고 부르게 되었다. 그는 루터의 갈라디아서 주석이 '순수 신학의 교리로 가득한 보물'이라는 사실을 깨달았다. 그리고 머지않아 새로운 복음주의에 관한 그의 일생의 헌신이 결정되었고, 도미니크회 수도 서원으로부터의 독립은 그가 수도원을 떠나기 여러 달 전에 이미 명백해졌다.

그로부터 2년은 마르틴 부쳐에게 불확실한 시기였다 ― 대개는 여행을 하였고, 때로는 도망을 쳤으며, 잠깐씩 일을 하면서 보호를 받기도 했다(팔츠의 프레데릭 백작의 사제로, 란트슈틀의 목사로, 그리고 비셈부르크의 목사로). 또 인문주의자들과 인쇄업자, 그리고 루터 등의 종교개혁가를 만나는가 하면, 1521년에는 보름스국회에 참석하기도 했다 ― 1523년 5월 비셈부르크의 목사직에서 쫓겨나, 아버지가 시민권을 갖고 있던 스트라스부르크에 정착하였다. 그러다가 그는 드디어 평생을 바치게 될 분야를 발견하였다. 한 달도 안 되어 시의회는 그를 (독일어가 아니라) 라틴어 성서주석가로 채용하였고, 두 달 뒤에는 성 토마스 대성당에서 설교를 하게 되었다. 그리하여 1524년 8월에는 성 아우렐리아 교구의 목사로 완전히 정착하게 되었으며(시의회는 대성당 참사회원과 주교의 권리를 모조리 빼앗았다), 머지않아 그는 스트라스부르크 종교개혁운동의 *실질적인* 지도자로 인정받게 되었다. 그곳에서 그는 1549년 봄까지 머물렀다. 그 해 정치적, 군사적 패배가 독일 개신교주의 세력에 큰 타격을 입혔으며, 이것은 곧 아우크스부르크 잠정협정으로 이어졌고, 결국은 시 당국이 마르틴 부처를 목사직에서 몰아낼 수 있는 권위를 쥐게 되었다.

그 후 마르틴 부처는 쇄도하는 초청 가운데에서도 영국을 선택하였다. 그 당시 영국은 에드워드 4세와 토마스 크랜머 대주교 아래 종교개혁이 한창이었다. 크랜머의 집에서 잠시 머물고 있던 그는 캠브리지대학교 신학부의 흠정강좌 담당교수로 임직되었으며, 1551년 2월말 그곳에서 숨을 거두었다. 그 마지막 2년은 그의 일생에서 가장 행복했던 시절도, 가장 성공적인 시절도 아니었다. 하지만 그는 영국의 그리스도인들을 위해 〈그리스도의 나라〉(*The Kingdom of Christ*)라는 제목의 야심차고 통찰력이 있는 강령을 작성하였으며, 첫 번째 〈공동기도서〉(*Book of Common Prayer*, 1549)에 대한 그의 비평은 두 번째 책(1552)에도 다소 기여를 하였다. 그는 에베소서에 대해 강의하였으며, 영국 교회의 미래 지도자들에게 적지 않은 영향을 미쳤다. 또 그는 칭의나 그 밖의 열띤 주제들에 관하여 논쟁하였고, 목회를 개혁하고 소생시키기 위해 끊임없이 여론을 환기시켰으며, 그 도시의 가난한 사람들을 돌보는 데에도 시간을 할애하였다.

마르틴 부쳐가 스트라스부르크에서 지냈던 25년의 세월만으로도 분명 두세 권에 달하는 전기를 작성하는 사람이 생길 것이다. 가장 최근의 포괄적 자료는 마틴 그레샤트의 1990년 작 전기다. 영어권 독자들은 좀 더 상세하긴 하지만 어쩔 수 없이 오래된 해스팅스 엘스(1931)의 기사만으로 만족해야만 한다. 마르틴 부쳐는 루터파 신자들과 츠빙글리파 스위스 사람들 사이의 '성만찬 논쟁'을 중재하기 위해 노력한 사람으로 가장 잘 알려져 있다. 그는 마버그담화(1529)의 실패를 직접적으로 증언했고, 이듬해 〈아우크스부르크 고백〉에 서명할 수 없게 되자, 독일 남부 종교개혁 교회 신자들을 위해서 제3의 방법으로 〈테트라폴리탄 고백〉을 편찬하였다. 루터의 1528년 작 〈고백〉을 읽고, 그 논쟁이 본질적인 불일치라기보다는 오히려 *언쟁*, 곧 언어에 관한 다툼이라는 사실을 터득할 때까지, 성만찬 예식에 대한 마르틴 부쳐 자신의 이해는 여러 국면을 걸쳤다. 최초의 루터주의로부터, 스위스 입장의 열렬한 옹호자에 이르기까지 말이다. 화해를 위한 그의 노력은 비텐베르크협약(1536)에서 진정한 성공을 거두었다. 마음이 맞는 멜랑크톤과의 협동이 가져온 결과였다. 하지만 마르틴 부쳐는 더 이상의 진전을 이룰 수가 없었다. 그것은 그가 독창적인 창의력 때문에 부정직한 적응이라는 의심을 샀기 때문이기도 하다. 칼빈이나 불링거 같았다면 이 끝없는 난국에 감연히 맞섰을 것이다.

스트라스부르크의 종교개혁교회와 그곳의 목사들은, 마르틴 부쳐를 선두로 하여, 칼빈이 그 도시에서 1538~1541년에 걸친 망명생활을 하는 동안 여러 가지 의미 있는 방향으로 칼빈의 사상과 실천을 형성하였다. 결과적으로, 어쩌면 연대에 맞지 않게 마르틴 부쳐가 칼빈주의자였냐 아니냐, 과연 어느 정도까지 칼빈주의자였냐를 따지기보다는 차라리 칼빈이 마르틴 부쳐주의자였다고 묘사하는 게 더 공평할지도 모르겠다. 어쨌든 제네바 종교개혁의 광범위한 영향력을 통하여 마르틴 부쳐의 복음주의적 실천과 교육 양식이 개신교의 근간으로 채택된 것은 분명한 사실이다.

마르틴 부쳐는 개신교 내부의 초교파주의자 역할을 계속해 나갔으며, 한 번 더 멜랑크톤과 밀접한 동맹을 이루었다. 그것은 그와 마찬가지로 교파 간 화합을 외치는 독일 천주교 신자들과의 화해라는 형태를 통해서 불가능한 — 사실상 그렇게 판명된 — 것들을 시도해 보려는 노력이었다. 1539~1541년에 걸친 일련의 회담은 레겐스부르크(라티스본)에서 절정에 이르렀고, 마침내 타락과 자유의지와 죄, 그리고 신기하게도 칭의 자체에 대한 합의에까지 도달하게 되었다. 그러나 더 이상의 진전은 이루지 못했고, 루터와 교황 양측은 이미 초안까지 작성되어 있던 것들을 모두 무효화시키고 말았다.

스트라스부르크의 종교개혁은, 특히 1520년대와 1530년대 초, 루터파나 츠빙글리파나 개혁 주류의 그 어느 파도 아직 충분한 성과를 거두지 못했다고 하는 확신 이외에 거의 아무런 합일점도 갖지 못했던 여러 분야의 다양한 급진주의 개혁가들에게 아주 매력적인 피난처였던 것 같다. 마르틴 부쳐는 그들의 불만에 둔감하지 않았으며, 그의 발달된 사상, 특히 권징과 견신례에 관한 사상은 그들에게 긍정적인 응답을 건네주었다. 하지만 급진파들의 분리주의는 그 도시의 개혁이 지속되지 못하도록 위협적이었을 뿐만 아니라, 외부인들에게도 안 좋은 이미지를 심어줄 정도로 위험했다. 마르틴 부쳐는 1533~1534년의 비판적인 종교회의를 통해서 개혁교회의 교리와 규칙을 형성하는 데 앞장섰다. 스트라스부르크에 진정한 그리스도교 공동체를 세우려면 운동의 자유가 반드시 필요하다고 믿는 목사들에게 절대로 그 자유를 허용하지 않으려고 드는 시 당국과 우회적인 협상을 거친 결과였다. 이런 조치는 어쩔 수 없이 반대자들에 대하여 더더욱 극심한 구속과 제재를 가하게 만들었다. 또한 이것은 마르틴 부쳐의 사상에도 확고한 진전을 불러일으켰다. 그리하여 마르틴 부쳐는 루터에게 좀 더 가까이 다가서게 되었고, 성례전과 의식의 외면적인 형태를 좀 더 신뢰하게 되었다.

  스트라스부르크 이외에도 울름, 헤센 영토, 쾰른의 대주교 관구 같은 다양한 지역에서 마르틴 부쳐는 교회 제도 개혁의 시위를 당겨달라는 요청을 받고 있었다. 헤센의 조례는 아마도 그리스도교 성례전에 관한 마르틴 부쳐의 사상을 가장 상세히 다룬 것이라고 할 수 있을 것이다. 비록 주요 골자는 본질적으로 이전의 스트라스부르크 조례와 동일하지만 말이다. 1538년 11월에는 지겐하인 종교회의가 개최되었고, 그 결과 헤센의 규율과 규칙이 형성되었다. 그리고 바로 그 해에 마르틴 부쳐는 지금 우리가 번역하고 있는 참 목양(True Pastoral Care)에 관한 논문을 출간하였는데, 이 논문에 실린 사상들 가운데 몇 가지는 지겐하인 조례 형태로 다시 쓰였다.

  자, 이제 마르틴 부쳐의 종교개혁 활동에 대한 개략적인 소개를 마치고(스트라스부르크의 새롭고 혁신적인 교육제도에 관한 그의 창조적 영감이라든가, 제네바의 칼빈 방식으로 종교개혁 실천에 영향을 미친 예전적, 목회적 부흥에 대한 그의 공헌 같은 것은 아직 이야기도 못 꺼냈지만), 우리 앞에 놓인 작품에 초점을 맞춰야 할 때다. 독일어판 원서의 정식 제목(*Von der waren Seelsorge und dem rechten Hirten dienst, wie derselbige inn der Kirchen Christi bestellet, und verrichtet werden solle*)을 문자 그대로 번역하자면, 〈진정한 영혼돌봄과 올바른 목양예식, 그리고 그 둘을 그리스도의 교회 안에서 세우고 실천하는 방법에 관하여〉가 된다.

마르틴 부처가 뷔르템베르크에서 아우크스부르크로 이동하기 직전인 1538년 4월에 암브로스 블라우러에게 보낸 편지에서 알 수 있듯이, 이 책은 1538년 4월 즈음 스트라스부르크의 벤델 리헬 출판사에서 펴냈다. 그 편지에서 그는 왜 이 책을 꼭 써야만 한다고 느꼈는지를 다음과 같이 설명하였다.

날이 갈수록 성도 공동체에 대한 돌봄(cura communionis sanctorum)과 올바른 평가가 점점 더 사라져 가고 있습니다. 심지어는 목사들마저도 목회적 돌봄(cura pastorlis)이 무엇인가를 점점 더 망각하고 있는 것 같습니다. 나는 이 비참한 상황을 타개해야만 한다고 생각합니다. 그래서 그것(다시 말해서 cura pastorlis)에 관한 책을 출판한 것이지요. 여기 동봉한 책이 바로 그 책입니다.(T. Schiess 편집, *Briefwechsel der Bruder Ambrosius Blarer und Thomas Blaurer*, 1509~67, 세 권(*Badische Historische Commission; Freiburg-im-Breisgau: Fehsenfeld*, 1908~12), I, 873쪽 제806번(BDS 7, 69쪽 제1번을 수정한 것). 그로부터 6주 후에 마르틴 부처는 블라우러에게 그 책에 대한 솔직한 견해를 물었다; 위의 책, I, 877쪽 제811번, 1538년 5월 16일].

1540년 보헤미아형제단 대표들이 스트라스부르크를 방문했을 당시, 그들은 자신들의 주교인 잔 아우구스타가 마르틴 부처에게 쓴 편지를 전달하였다. 그 편지에는 체코어로 번역된 〈영혼을 돌보는 참된 목회자〉를 받아보고 싶다는 특별한 희망이 잘 드러나 있었다. 그 편지에 대한 답장에서 마르틴 부쳐는 그들의 평가에 대한 기쁨을 표현하였으며, 자신이 그 책을 쓴 이유는 그리스도께 순종하기보다 교황의 속박에서 벗어날 방법만 찾고 있는 스트라스부르크의 목회자들 때문이라고 밝혔다. 그들이 권징을 혐오하는 것은 전혀 이치에 맞지 않는다는 것이었다.

마르틴 부쳐는 한 주제에 관하여 그리 비판적으로 다루지 못했노라고 아우구스타에게 불만을 토로했다. 하지만 그 주제에 열심히 달려드는 사람이 거의 없었기에, 그는 나름대로 최선을 다했으며, 최소한 어떤 지침 정도는 분명히 세운 셈이 되었다. 이 책은 약간 성급하게 편집된 것 같은 흔적이 있다. 그러나 그 때 당시 마르틴 부쳐는 전혀 세련된 문장가가 아니었고, 결국은 이 책의 힘차고 명쾌한 문장이 승리하였다. 그가 이 책을 높이 평가했다고 하는 사실은, 1548년에 작성된 마지막 유언과 서약에서 이것을 자신의 대표작이라고 할 수 있는 작품 여섯 권 안에 포함시켰다는 것만 보아도 확실히 알 수 있다. 〈영혼을 돌보는 참된 목회자〉는 목회에 대한 가르침을 담고 있으며, 그리스도와 구성원들 간의 친교와 권징을 구체적으로 다루었다.

하지만 그 당시 스트라스부르크 사람들이 모두 다 그 책을 환영한 것은 결코 아니었다. 마르틴 부쳐에 관한 가장 최근의 전기를 보면, 그 도시의 주도적이고 이름 있는 신학자가 쓴 작품 치고 이 책처럼 스트라스부르크의 지배계층에게 철저히 무시당한 책은 없었노라는 평가가 실려 있다. 이토록 미묘하기까지 한 냉대는 바로 그 책이 특별히 민감한 부분 — 교회 권징의 통제 — 에 대해서 사법권(다시 말하면 시의회)에 도전을 걸었기 때문이다. 마르틴 부쳐와 그의 동료들은 몇 년 동안 이를 위해 애써 왔지만 여전히 지극히 부분적인 성공만 거두었던 터였다. 마르틴 부쳐는 그 어느 종교개혁가보다도 굳게 확신하고 있었다. 권징은 말씀, 성례전과 더불어 그리스도교의 본질적인 특징을 이룬다고 말이다. 마르틴 부쳐는 이 세 가지가 교회 직무의 본질적인 의무이며, 따라서 목회 업무는 이 세 가지 기능 차원에서 특색을 이룬다고 확신했다. 그리고 이 세 가지 특징은 1530년대 후반 이후의 마르틴 부쳐 작품에 점점 더 두드러지게 나타나게 되었다.

사실 〈영혼을 돌보는 참된 목회자〉에 이 세 가지가 하나하나 명확히 설명되어 있지는 않다 — 어쩌면 이것은 현대 편집자인 로버트 스투페리히가 '즉각성'(Augenblickscharakter)이라고 칭하는 것, 그러니까 그 본문이 보여주고 있는 다급하고 긴박한 듯한 인상과 관련이 있는지도 모른다. 하지만 그 어떤 독자도 권징의 부각을 지나칠 수 없을 것이다. '두 종류의 목회가 있다…말씀과 권징의 목회, 그리고 도움이 필요한 사람들을 세속적으로 돌보는 목회이다.' 이것은 쉽게 '가르침과 영성훈련의 목회' 또는 '영혼을 돌보는 목회'라고 칭할 수 있다. 그리고 마르틴 부쳐가 '영혼 돌봄의 다섯 가지 주요 임무'를 열거할 때에도 처음부터 끝까지 권징의 특성이 살아 숨 쉬고 있다.

첫째: 아직까지 우리 주 그리스도께로부터 멀리 떨어져 있는 이들을 그리스도께로 인도하고 그분과의 친교로 이끄는 것. 둘째: 일전에 그리스도와 그분의 교회로 불려왔지만 세상일이나 거짓 교리 때문에 다시 멀어져버린 이들을 되찾는 것. 셋째: 그리스도교 안에 머물러 있으면서도 심히 타락하고 죄를 지은 이들의 진정한 개심을 돕는 것. 넷째: 그리스도와 지속적인 친교를 나누고 있고 또 특별히 큰 잘못을 저지르지도 않지만 그리스도인의 삶에 다소 무기력과 싫증을 느끼고 있는 이들에게 그리스도인의 진정한 힘과 건강을 되찾

아주는 것. 다섯째: 심각한 죄를 짓지도 않고 그리스도와 함께 걷는 것에 싫증이나 무기력을 느끼지도 않으며 그저 그리스도의 양떼와 함께 우리 안에 머물러 있는 이들을, 온갖 죄와 타락으로부터 보호하고, 계속해서 온갖 선한 것들로 격려해 주는 것.

더군다나 이 요약본은 마르틴 부처에게 권징이란 가혹하고 배타적인 심문 절차에 몰두하는 것보다 훨씬 더 광범위한 것이었음을 잘 표명해 준다. 특히 개혁 교회의 영역에서 그동안 '권징'이 의미했던 좁은 범위의 중범죄보다 훨씬 더 광범위한 것이었음을 말이다. 네브라스카 링컨대학교의 에이미 넬슨 버넷 교수는 최근의 탁월한 연구에서 '교회 권징,' 그러니까 특별히 죄인들을 교화하기 위해 교회가 운영하는 방법과 '그리스도교 권징'을 따로 구분한다. 그녀는 마르틴 부처가 영국에서 스트라스부르크 목사들에게 썼던 가장 초기의 편지들에서 '그리스도의 권징'이라는 정의를 인용한다. 그것은 다음과 같다.

그리스도의 모든 구성원들이 서로를 가장 친밀하고 가장 애정 있게 받아들이고 포용하는 것, 하나님의 아들에 대한 지식과 순종 가운데 서로를 가장 열심히, 가장 효과 있게 강화시켜 주는 것, 그리고 최고의 목회자인 그리스도께서 모범을 보이신 대로, 교회의 목회자들이 그리스도의 양을 일일이 지키고 돌보는 것…성서에서 주님은 우리를 위해 이것[권징]을 셀 수 없을 정도로 많이 설명하셨다. 우리 역시 이것을 우리 삶과 작품과 설교 속에서 아주 여러 해 동안 매우 분명하게 선포해 왔다.[Burnett, *The Yoke of Christ: Martin Bucer and Christian Discipline*(Sixteenth Century Essays and Studies

XXVI; Kirksville, MO: Sixteenth Century Journal Publishers, 1994), 1쪽].

서로를 돌보고 일깨워 주어야 하는 그리스도인들의 의무는 〈영혼을 돌보는 참된 목회자〉에서 표면화되지 않았다. 책은 주로 목회자들의 의무에 초점을 맞춘다. 그럼에도 불구하고 첫 번째 부분에서는 교회가 모든 그리스도인들의 구성원으로 정의되어 있다. '서로가 모든 구성원들의 전반적인 이익을 위해 저마다의 역할과 임무를 수행하는' 것이다. '그리스도인은 영적인 문제뿐만 아니라 세상적인 문제에서도 가장 신실하게 서로를 돌보아야 한다.' 이 몇 쪽밖에 안 되는, 간결하면서도 감동적인 첫 문장들은 이 논문 전체에서 대단히 중요한 부분을 차지한다.

비록 마르틴 부쳐의 임무가 주-교회(하나의 주가 도시를 이루고, 교회는 그 주와 이론상 공통-경계를 가지며, 사실상 모든 시민이 세례를 받음)의 상황에 쏠려 있기는 했지만, 그의 목표는 결국 진정한 그리스도인의 공동체를 형성하는 것이었다. '우리 주 그리스도를 알기 위해 진심으로 나아온' 사람, '정말로 신실한 그리스도인, 곧 전심으로 그리스도를 믿고 복음에 대한 진심 어린 복종에 자신을 맡기는 사람.' 마르틴 부쳐의 교회론은 언제나 이 양극 사이에서 어느 정도 긴장을 이루고 있었다. 그것은 고트프리트 함맘의 주요 작품(프랑스어 판)인 〈종파와 도시 사이에서〉 — 마르틴 부쳐의 교회-프로그램 또는 청사진)에 관한 책 — 의 제목만 보더라도 잘 알 수 있다. 이 양극은 여러 모로 규정지을 수 있다 — 한쪽 끝에는 대다수 교회, 국민 교회(독일의 국민교회 참고), 어거스틴의 '섞인 몸'(corpus permixtum), 그리고 다른 한쪽 끝에는 고백 교회, 신자 공동체, 성도 공동체(communio santorum)가 있다. 두 마리 말에 올라타는 것은 무척이나 불편할 수 있다. (스트라스부르크의 수많은 재세례파 신도들과 달리) 유아세례의 보편성을 끊임없이 강조했던 마르틴 부쳐의 행동은 준-성례전적 견신례 때문에 어쩔 수 없이 그것에 대한 평가절하를 동반하였다(이 점에 대해서는 버넷의 책에 특별히 잘 나와 있다).

〈영혼을 돌보는 참된 목회자〉가 그리스도인의 권징에 커다란 관심을 표명한 것도 바로 이런 준거기준에서 설명이 가능하다. 그리스도인의 권징은 대중들 ― '자신은 이미 세례를 받았고, 공동예배에 참석하고 있으며, 또 이른바 성직자의 일에는 간섭하지 않으니까, 그리스도교와 회중에 속한다'고 생각하는 사람들 ― 의 교회를 진정한 그리스도인들의 친교로 변화시켜 줄 것이기 때문이다. 이렇게 해서 스트라스부르크의 목사들은 급진주의자들의 신랄한 비판을 피할 수가 있게 되었다.

이 작은 책은 또한 모든 경건한 그리스도인들에게 여러 종파의 지도자들이 어떤 식으로 우리를 잘못 비난하고 있는지 보여줄 것이다. 그들은 우리가 열매와 행위가 전혀 없는 신앙을 가르친다고 비난하며, 그리스도 몸의 진정한 친교와 특별한 증거와 그리스도의 권징을 붙잡으라고 강요하지 않는다고 비난한다.

이리하여 이 논문이 그렇게나 길게 논했던 복음적 참회 제도의 도입이 요구되었다.

마르틴 부쳐는 참회의 위험성을 아주 잘 알고 있었지만 ― 첫째는 교회로부터 완전히 쫓겨나는 사람이 있을 수 있다는 것, 둘째는 '참회의 피상적인 모습만으로 위선적인 태도를 취하는' 사람이 있을 수 있다는 것, 그리고 셋째는 절망에 빠지는 사람도 있을 수 있다는 것 ― 그런 위험이 오히려 정말로 적합한 목사와 장로의 조건에 합당한 사람이 되려는 노력과 열망을 강화시켜줄 수 있다는 사실도 잘 알고 있었다. 그리고 또 하나의 난점을 통해서, 그는 참회가 죄의 용서를 가져오지 않으며, 참회는 오로지 그리스도의 피로써 하나님의 은혜로만 주어지지만(마르틴 부쳐는 사적인 면죄에 대해 여전히 신경을 곤두세웠다), 현재에 대한 민감한 인식과 미래 죄에 대한 혐오감으로 이끌어준다고 확신할 수 있게 되었다.

마르틴 부쳐의 논의에서 한 가지 눈에 띠는 요소는 바로 초대교회가 가르침과 본보기를 제공해야 한다고 호소하는 것이다. 그렇게 교부의 권위에 점점 더 의지하는 것이 1530년대 중반의 마르틴 부쳐 신학이 보여주는 현저한 특징이다. 하지만 그 때문에 마르틴 부쳐는 시대착오적이라는 비난을 받게 되었다.

> 사람들은…말한다: 이제는 모두가 세례를 받고 그리스도인이 될 수 있는 우리 교회 안에는, 사도들과 순교자들의 교회, 곧 회중의 수가 적었고 그리스도인이 되길 원하는 이들은 박해를 통해 서로 친밀해지고 겸손과 평온 가운데 머물렀던 시대의 권징과 참회를 실천할 수 있는 기회가 더 이상 존재하지 않는다고. 이것은 신앙에 대해 진지하지 않은 사람은 아무도 신앙을 고백하지 않으려 들기 때문이다(144쪽).

그러한 비난은 마르틴 부쳐의 작품에 대한 최근의 반향을 그대로 보여준다. 하지만 마르틴 부쳐는 너무나도 쉽게 되받아친다. 교부시대의 교회는 스트라스부르크의 교회보다 훨씬 더 붐볐다. 그럼에도 불구하고 그들은 이 권징의 실천을 잘 유지하였다 ― 그리고 그럴 수밖에 없었다. 그 때 당시에는 그리스도의 양떼들 사이에 사악한 염소나 병든 양이 지금보다 훨씬 더 적었기 때문이다.

이 책 전반에 걸쳐서 마르틴 부쳐는 세례 받은 이를 단 한 명도 포기하지 말아야 할 목사들의 높은 의무감을 강조한다. '그리스도의 신실한 목회자는 단 한 사람이라도 가볍게 포기해서는 안 된다.' 마르틴 부쳐는 지상명령이 하나님의 비밀스런 선택에 따라 위태로워지는 일은 결코 없다는 것을 매우 여러 번 강조한다. '따라서 모든 사람이 하나님에 따라 만들어진 하나님의 피조물이라고 하는 사실은 우리가 그들에게 다가가야 하는 충분한 이유가 된다. 그들에게 영생을 안겨주기 위해 최대한 성실히 노력해야 하는 것이다.' 마르틴 부쳐는 종교개혁 지도자들 가운데서 가장 선교사다운 정신을 지닌 것으로 정평이 나있다.

그러나 가장 심각한 반대, 하나님에 대한 두려움마저 압도해 버릴 정도의 반대는, 권징이 교황과 사제들의 오래 전 폭력과 압제를 다시 재발시킬 수도 있다는 개혁교회 영혼을 돌보는 사람들의 가정에 있었다. 마르틴 부쳐는 물론 이 공격도 잘 되받아쳤다: 교황과 사제의 권력은 교회의 권징과 참회가 아니라 부의 축적과 왕실 법정과의 관계를 등에 업은 것이었다. 하지만 〈영혼을 돌보는 참된 목회자〉가 스트라스부르크에서 접하게 된 공식적인 침묵은 아마도 다른 어떤 것들보다도 바로 이러한 두려움이 가져온 결과였을 것이다. 1533년 스트라스부르크에서 열린 아주 중대한 종교회의에서 성직자들은 정반대의 불리한 상황을 접하게 되었다. 그 당시 사법권은 법령의 초안을 너무나도 많이 수정하였고, 그 결과 평신도의 권징에 결정적인 역할은 시의회 대표자들의 손에 주어졌다. 마르틴 부쳐는 좌절하였지만, 그는 결코 패배주의자가 아니었다. 〈영혼을 돌보는 참된 목회자〉는 1533년 종교회의와 1534년 법령 이

후로, 권징의 영역에서 스트라스부르크 시민들에게 독립적인 목회 권한이 필요하다는 사실을 확신시키기 위한 지속적인 캠페인에서 가장 널리 퍼진 그의 성명서가 되었다. 이 작품은 진정한 종교와 독실한 행동을 조장하고 보호하는 역할로부터 사법권을 결코 제외시키지 않았다. 하지만 이 책은 다음을 강조한다.

> 통치자들의 권징과 교정, 그리고 영혼을 돌보는 이들의 권징과 교정. 시 당국이 그릇된 행동에 대해 경고하고 교정하는 임무를 최고로 열심히 수행할 때조차도, 여전히 교회는 나름대로의 권징과 교정을 지속해야 한다… 이러한 교회적 권징이 양심에 좀 더 잘 들어맞기 때문이기도 하고, 교회적 권징은 우리 주 예수 그리스도의 영을 통해서 그 나름의 명령, 그 나름의 영적인 성공과 열매를 지니기 때문이기도 하다. 이것들이야말로 하늘나라에 들어갈 수 있는 열쇠다.

사실 이 '목회신학의 걸작' 속에는 권징이라는 주제 말고도 아주 많은 주제들이 포함되어 있다. 하지만 그 주제야말로 이 작품을 처음부터 끝까지 관통하는 가장 특징적인 주제임이 거의 틀림없다. 마르틴 부쳐는 진정한 신자의 교회를 추구하는 가운데 도시 전체의 교회 쪽으로 나아가기 위해 여전히 노력을 기울인다. 그리고 몇 년 후, 그러니까 1540년대 후반에, 그는 시 당국과 그들이 지명한 교회-관리인(Kirchenpfleger)으로부터 적절한 후원을 받는 것을 완전히 단념한 것 같다. 대신에 그는 복음적 신심 요구에 대한 자발적인 서약제도 쪽으로 방향을 틀었다. 이러한 '그리스도인 공동체(Christliche Gemeinschaften)는 본질적으로 자원해서 입교한 소교구민들의 명부였다. 곧 마르틴 부처가 〈영혼을 돌보는 참된 목회자〉에서 모든 세례 교인들에게 적용시키고자 했던 바로 그 권징조사에 자발적으로 순종한 사람들인 것이다.

이처럼 권징을 강조하는 것은 좀 더 심오한 이유에서 정당화될 수 있다: 언뜻 보기에 〈영혼을 돌보는 참된 목회자〉의 이 차원은 아마도 급속도로 탈-그리스도교화되고 있는 서구 종교개혁 교회들의 회중과 가장 이질적인 요소로 비칠 것이다. 하지만 바로 그 특징 때문에 이것이 혼란스러움 속에서도 독특한 정체성을 확립하려 애쓰고 있는 그리스도교 공동체에 가장 예리한 도전, 가장 커다란 희망이 될 수 있는 것이다.

차 례

마르틴 부쳐의 고전을 펴내며 • 5

마르틴 부쳐의 생애와 저서 • 9

들어가는 말 • 29

1. 그리스도인의 친교 • 39
   교회의 본질

2. 그리스도의 규칙 • 47
   그리스도께서 교회 안에 세우신 규칙

3. 목회 • 57
   우리 주 예수께서 기름부음 받은 목회자들을 통하여 주님의 교회 안에서 주님의 목회 업무와 우리를 위한 구원 역사를 어떻게 펼치시는가?

4. 목회자 • 67
   우리 주 예수께서 교회에 두고 들어 쓰시는 다양한 목회자들

5. 장로 • 85
   어떤 사람이 장로가 되어야 하는가, 그리고 어떤 식으로 선택하고 임직해야 하는가?

6. 영혼을 돌보는 사람 • 121
그리스도의 무리 전체를 위해, 그리고 개별적인 교인을 위해, 영혼을 돌보는 사람과 목회자가 수행해야 할 주요 업무와 활동은 무엇인가?

7. 헤매는 양 • 127
헤매는 양을 어떻게 찾을 것인가?

8. 길 잃은 양 • 149
길 잃은 양을 어떻게 되찾을 것인가?

9. 상처 입은 양 • 157
다치고 상처 입은 양을 어떻게 싸매고 치유할 것인가?

10. 병약한 양 • 245
병약한 양들을 어떻게 격려할 것인가?

11. 건강한 양 • 257
건강하고 힘센 양들은 어떻게 인도하고 먹일 것인가?

12. 순종 • 291
그리스도의 양들의 순종에 관하여

13. 요약 • 307
이 작은 책의 요약

영혼을 돌보는 **참된 목회자**

들어가는 말

우리 주 예수 그리스도를 믿는 모든 이들에게 하늘에 계신 우리 아버지 하나님, 유일하신 우리 구세주요 머리이신 예수 그리스도의 은혜와 평강이 있기를, 그리하여 그들 모두가 그분의 교회와 그분의 백성의 친교를 올바르게 인식하고 사랑할 수 있게 되기를 바란다.

우리가 하나의 그리스도교, 곧 하나의 성도의 교제를 믿으며, 따라서 그런 교회와 친교의 일부를 이루어야 한다는 것을 우리 모두는 인정한다. 그 안에서 우리가 하나님, 성부, 성자, 성령께 고백하는 믿음은 진실하고 살아 있는 믿음이다. 그러나 이 교회와 친교의 본질이, 그 범위로 보나, 규칙과 규정으로 보나, 이러한 결핍을 연민으로 채워야 한다고 진지하게 생각하는 사람에게 적합하다는 점은 근본적으로 거의 인정하지 않았다. 아직도 천주교의 횡포와 악습의 보급과 옹호를 책임지고 있는 사람들은 우리를 루터파라고 부르면서 비난한다. 우리가 그리스도인의 교회와 친교로부터 우리 스스로를 분리하고, 그 관례와 규칙을 파괴했으며, 신자의 권징과 복종을 무너뜨렸다는 것이다. 하지만 진실을 얘기하자면 그와 정반대다. 정작 그리스도교와 그리스도 안에서 이루어지는 성도들의 모든 진실한 교제를 분열시키고 어지럽힌 것도 모자라 그리스도를 믿는 신자의 친교와 교회의 온갖 이해까지 완전히 삼켜 없애버린 이들은 바로 그들이다.

그들 때문에 사람들이, 만일 세례를 받고 공동예배에 참석하되 이른바 제사장의 업무에만 간섭하지 않는다면, 비록 우리 주 그리스도께 진정으로 나아오지 않았다 할지라도, 그리고 공공연히 죄를 짓고 살면서 그리스도가 아니라 이른바 제사장들의 예식과 자기 자신의 선행과 죽은 성인들의 공덕에 입각하여 위로를 받는다 할지라도, 결국은 그리스도교와 회중에 속하게 된다고 생각하게 되었기 때문이다. 사실 그들은 주 그리스도를 믿을 수 없을 것이다. 그들의 모든 삶과 행동이 주 그리스도와 그분의 거룩한 세계를 거만하게 깔보는 것이기 때문이다.

천주교의 가르침을 받은 사람들 가운데, 우리가 그리스도인이 되려면 그리스도 안에서 하나의 마음과 하나의 영혼을 가져야 하며, 그분 안에서 모두가 그분의 몸과 지체를 이루어야 한다는 사실을 그 누가 깨닫게 되겠는가? 또 그 누구도 주님과 그분의 교회의 지체이면서 동시에 세상의 친척이 될 수 없다는 사실을 깨달은 사람이 어디 있겠는가? 주님의 음성과 말씀 이외에 그리스도의 양들을 데려올 그리스도의 순전한 종이 어디 있겠는가? 헤매는 주님의 양들을 모두 찾아오고, 길 잃은 이들을 도로 데려오며, 상한 이들을 싸매어 주고, 약한 이들을 튼튼하게 만들며, 강한 이들을 인도하고 먹이는 일에 열심인 종이 어디 있겠는가[에스겔 34장 16절]? 또 주님의 말씀에 귀 기울이고 자신의 행동을 고치려 들지 않는 이들을 그리스도의 회중으로부터 모두 차단시킬 만한 종이 어디 있겠는가? 복음에 대한 순종과 교회 권징, 죄의 회개, 그리스도교의 관례 등 온갖 문제들에 대해 더 모르는 사람이 어디 있겠는가? 우리의 교황과 추기경, 주교, 그리고 교황의 모든 측근들보다 더 확실하게 삶과 행동으로 이것들에 대항하는 사람이 어디 있겠는가? 그런데도 이들 모두가 우리를 강력히 비난하고 있다. 우리가 교회를 버리고 그 권징과 규칙을 파괴한다는 것이다!

이들은 우리가 고마워해야 할 사람들이다. 그리스도교가 어떤 식의 친교를 나누는지, 어떤 관례와 규칙을 지녀야 하는지, 유일하신 우리 왕 주 그리스도께서 어떻게 우리를 그분의 나라에서 통치하시며 어떻게 우리를 경건하게 만드시는지에 대해 알고 있거나 생각해 본 사람이 그토록 적은 이유가 모두 이들 덕분이기 때문이다. 바로 그런 식으로 거룩한 복음과 교회 권징에 대한 순종이 아직도 그토록 안 알려져 있으며 오히려 멸시를 당하고 있는 것이다. 심지어는 천주교의 권력 남용에 대해 알아채고 거기에서 도망쳐 나와 그리스도께 순종하고 싶은 사람들 사이에서도 말이다.

더욱이 복음의 시초, 친애하는 사도들의 시대, 그리고 그리스도의 진리를 좀 더 강력히 외치고자 했던 시기, 그리하여 주님께서 거룩한 복음의 빛을 우리에게 다시금 비춰주신 시기와 마찬가지로, 사탄은 온갖 분파와 이교의 수단들을 눈뜨게 하였다. 그리고 그 이교들은 저마다 교회라고 주장함으로써, 순박한 마음의 소유자들을 대저 그리스도의 진실한 친교로부터 떼어내거나, 아니면 적어도 그리스도의 회중에 완전히 속해 있는 사람들을 여러 모로 방해하였다. 이런 것이 바로 속세의 군중이다. 그리스도의 자유라는 이름 아래 그저 속세의 뻔뻔스러운 수작만을 추구하며, 특히 그리스도교의 교화와 권징을 참지 않겠노라고 거절한 이들이다. 또한 너무나도 게을러서 그리스도의 멍에를 끊임없이 벗어던져 버리며, 교회의 모든 관례를 훼방 놓기 위해 온갖 노력을 기울이는 이들이다.

교회의 친교와 권징과 규칙을 제대로 이해하거나 증진시키고자 하는 사람이 그토록 부족한 것, 심지어 그들이 스스로를 그리스도의 회중이라고 주장하지 않는 것은 분명 루터교의 교리(어떻게 그리스도를 완전히 믿고 그분의 말씀에 전적으로 순종할 것인지를 가르치는)가 아니라 위와 같은 적그리스도의 도구 때문이다.

우리는 모두가 하나님의 경건한 자녀임을 증명하기 원한다. 우리 신앙의 척도에 따라, 그리고 이토록 비참하게 흩어져 버린 교회 안에서 우리가 맡고 있는 임무에 따라, 그리스도 왕국의 미래를 위해 전심으로 기도하는 자녀 말이다. 그리하여 모두가 그리스도교란 무엇이며, 교회가 어떤 규칙과 질서를 지녀야 하는지, 교회의 진정한 목회자는 누구인지, 그들이 어떻게 영혼 돌봄에 관한 자신의 임무를 수행하며 또 어떻게 그리스도의 양들을 진실로 구원하는 목회적 임무를 수행하는지, 정확히 알게 되기를 바란다. 그리하여 마침내 우리 모두가 진실하고 올바르게 질서 잡힌 하나님의 교회, 그리스도의 몸이 되기를 바란다. 아니, 반드시 그렇게 되어야만 한다. 안 그러면 우리 모두 주 그리스도와 그분의 나라로부터 영원히 쫓겨날 것이다.

우리가 그 모든 문제들에 관하여 이 작은 책을 쓰게 된 것도 바로 그런 이유에서다. 이 책을 쓰면서 우리는 하나님의 말씀을 여러 차례 인용하였으며, 주님께서 은총을 내려주시는 대로 최선을 다해 설명하였다. 이 말씀들을 통해 그리스도인 모두가 그리스도교는 어떤 식의 친교를 나누는지, 어떻게 주 그리스도께서 홀로 통치하시는지, 그 통치에서 그분이 필요로 하시는 목회는 무엇인지, 그리스도교로 부름 받았으며 그 안에 계속 머무르고 성장하고픈 모든 이들과 관련하여, 어떻게 이 목회를 계획하고 수행할 것인지 철저히 알 수 있을 것이다.

우리는 성서의 인용문들을 전체적으로 실었다. 그리스도인 독자들이 그 말씀의 토대를 읽고 생각해 본 다음 마음속에 새기도록 말이다. 그것은 교회의 권징과 관례에 관하여 듣는 순간 우리가 전통과 인간의 노예

상태를 회복하려 든다고 비난하는 사람들이 적잖이 있기 때문이다. 또한 우리는 우리 주 예수 그리스도의 명백하고 확실한 가르침과 의심할 여지 없이 명확한 명령 이외에는 그 어떤 것도 논하고 싶지 않다.

교회의 일치는 똑같은 예식이 아니라 똑같은 교리와 신앙, 그리고 성례전의 올바른 집행에서 비롯되는 것이다.

이것을 토대로 하여, 루터주의자라고 불리는 우리가 그리스도의 회중으로부터 분리되기를 바라거나, 교회의 권위와 권징으로부터 도망치기를 원하거나, 기도와 금식 등을 통한 회개의 진정한 실천을 피하고자 하는지 판단할 수 있을 것이다. 우리는 외적인 관습이나 정체성과는 상관없이, 믿음 가운데 우리 주 예수 그리스도를 부르짖는 이들 모두를 주 그리스도 안에서 우리 구성원으로 인정하고 사랑하길 원한다. 그리고 서로가 똑같은 예식과 교회 관습을 공유하지 않고 있다는 사실에 전혀 개의치 않고, 그들 역시 우리를 똑같이 대하라고 한다. 그리스도교의 친교는 예식이나 외적인 관습이 아니라 진실한 믿음, 순전한 복음에 대한 순종, 그리고 거룩한 성례전을 주님이 명령하신 대로 올바르게 사용하는 데서 비롯되기 때문이다. 그 외의 모든 것들은 교회들이 저마다 최선의 상태로 조정하면 된다. 어느 쪽이든 모두 경건한 옛 교부들이 인정하고 유지했던 것이기 때문이다.

우리는 교회를 넘어선 권위를 지닌 자로부터 분리된 것이 아니라 적그리스도로부터 분리되었다.

그러므로 우리는 교회 내의 어떤 권위로부터 스스로를 분리하고자 하는 것이 아니다. 교회 안에는 교회에 이로운 권위나 권력밖에 없다. 우리는 기쁜 맘으로 그리스도의 목회자에게 귀를 기울인다. 그가 누구이든, 어떤 지위를 달고 있든 상관없다. 하지만 만일 우리가 그리스도의 양이 되려면 낯선 음성을 지닌 이들로부터 달아나야만 한다(요한복음 10장 5절). 다른 복음을 들고 오는 이들을 우리는 가증스럽게 여겨야 한다. 비록 하늘에서 내려온 천사일지라도 말이다(갈라디아서 1장 8절). 우상숭배자들, 교회약탈자들, 그리고 삶 전체가 추악한 죄악으로 물들어 있으면서도 교회의 지체요 형제라고 주장하는 이들의 경우, 우리는 그들과 어떤 일도 함께 해서는 안 되며, 철저히 거부해야 한다. 특히 이들이 교회 안에서 교황이나 추기경이나 주교처럼 좀 더 큰 권위를 요구할 경우에는 훨씬 더 확고하게 거부해야 한다. 우리는 거룩한 성서뿐만 아니라 고대의 모든 교회 회의를 통해서도 이렇게 행하도록 교육받았다. 만일 우리가 이렇게 거짓되고 사악한 교회 지도자들과 분리되어 참되고 신실한 목회자들을 선택하지 않는다면, 하나님에 대한 두려움을 잃어버리고, 주님의 명령을 위반하며, 거짓된 목회자들의 사악함 때문에 더럽혀지고 말 것이다. 이것은 경건한 순교자 키프리안 주교가 그의 네 번째 서신에서 매우 진지하게 생각하고 기록한 내용이다. 그리고 사실 고대의 경건한 교부들은 모두 그에게 동의한다. 공의회의 신조를 봐도 그렇고, 그들의 글을 봐도 그렇다. 따라서 우리가 교회와 그 지배권으로부터 벗어나려 한다고 비난할 사람은 아무도 없다.

회개와 그리스도교의 권징 및 관례는 천주교 신자들에 따라 추방되고 파괴되었다.

우리는 회개, 권징, 그리고 기도와 금식과 안식 같은 온갖 영성훈련의 온전한 가치와 신성한 목적을 회복하는 과정에서 그 어떤 것도 생략

하기를 원치 않는다. 이제는 그 무엇도 우리가 이 일을 못하도록 방해해서는 안 된다. 나쁜 길로 유혹하는 천주교의 교사자들 때문에 급기야는 마음에서 우러나온 진심 어린 기도와 금식과 참회예식에 대해 전혀 모르는 사람들이 생겨났으며, 심지어는 그것들을 낯설고 혐오스러운 것으로 여기는 지경에까지 이르렀다. 따라서 불순한 배교자 비첼이나 그 같은 사람들은 이 거짓된 가르침을 우리가 아니라 그들의 교황과 주교, 사제들에게 돌려야 한다. 우리는 그리스도에 대한 참되고 생생한 믿음을 신실하게 가르치기 때문이다. 참된 회개와 육체의 신성한 고행은 오로지 그리스도 한 분께만 달려 있다. 그러므로 우리는 계속해서 이 성령의 열매들이 필요하다고 선포한다. 하지만 이른바 천주교 신자라고 자칭하는 그들의 교황과 주교, 사제들은 그리스도에 대한 믿음도, 믿음의 참된 열매도 전혀 알지 못한다. 오히려 그들은 삶과 행동으로 모든 믿음과 회개를 거세게 부정한다. 슬프게도 이것은 온 세상에 너무도 끔찍하게 비칠 수 있다.

분파들은 참된 교리를 부당하게 비방한다. 실은 그들이 자기 아버지 사탄과 함께 심고 기르는 '잡초'와 참된 교리를 비교하면서 말이다.

이 작은 책은 또한 분파의 지도자들이 어떻게 우리를 잘못 비난하고 있는지, 모든 경건한 그리스도인들에게 보여줄 것이다. 그들은 우리가 열매와 행동이 전혀 없는 믿음을 가르친다고 비방하며, 또 우리가 진정한 친교와 그리스도의 몸의 두드러진 특징과 그리스도교의 권징을 받아들이지 않는다고 비방한다. 하지만 우리에게 속한 대규모 사람들에게서 지금까지 믿음의 열매와 그리스도교의 권징이 그리 강하게 준수되지 않았다는 사실 때문에, 우리의 교리, 그리고 그 교리를 선포하는 우리의 성실함과 부지런함이 결코 비난을 받아서는 안 된다. 우리는 복음과 바울 서신, 그리고 고대의 경건한 교부들의 서신을 통해서, 진정으로 열렬한 그리스도인의 숫자가 결코 많지 않으리라는 것을 알았다(마태복음 7장 13절; 20장 16절; 누가복음 1장 32절; 로마서 11장 5절 등). 이것은 주님께서도, 그리고 그분의 경건한 사도들과 가장 존귀한 순교자들도 이미 선포한 바 있다.

그럼에도 불구하고 하나님을 찬미할 것은, 정말로 신실한 그리스도인들을 사방에서 발견할 수 있다는 사실이다. 그들은 그리스도를 진정으로 신뢰하며, 그리스도께서 우리에게 지키라고 명령하신 그리스도의 교리를 통해서 복음을 진심으로 준수한다. 그럼에도 불구하고 여전히 부족한 점이 있다면, 그것은 바로 사탄, 우리 육체의 타락한 본성, 천주교로 인한 파괴, 그리고 분파의 지도자들과 그 제자들이 끊임없이 참된 교리를 악의적으로 비방하고 그리스도의 친교로부터 멀어지도록, 그리스도께서 우리에게 주신 거룩하고 복된 그리스도의 교리에서 멀어지도록 몰아대는 방식 때문이라고 할 수 있다. 또한 분파의 교리에서는 오로지 악한 것밖에 나올 수 없다는 것 역시 사실이다. 그런데도 그들은 이것이 제자들의 삶과 일치하는 것이라고 주장한다. 슬프게도 우리는 그들이 소수의 제자들과 함께 무화과와 포도밭에서 우리에게 황무지와 가시와 엉겅퀴를 제공하고 있는 방식을 날마다 아주 소름끼치게 깨닫고 있다(마태복음 7장 16절). 성령의 열매는 *사랑, 기쁨, 화평, 인내, 친절, 선함, 신실, 온유, 절제*이기 때문이다(갈라디아서 5장 22절). 이 집단에 소속된 이들은 온 마음으로 주님을 찾는 것이 아니라 오히려 거부하고 회피하는 이들이며, 그들을 거짓으로 비난하고, 그들에 관한 온갖 거짓말들을 믿고 널리 퍼뜨리는 이들이다. 또한 그들은 자기 좋을 대로 행동하는 이들이며, 시샘이 많고, 심술궂고, 이기적이고, 겉보기에 번듯한 이들이고, 자신이 좀 더 고귀한 정신을 지녔다고 자랑하지만 사실은 종종 혼란스러운 성적 부도덕에 빠지는 이들이다. 불순한 괴짜들 사이에서 날마다 끔찍하게 증명되고 있는 것처럼 말이다. 하지만 우리는 다른 사람의 교리를 자랑으로 여기는 이들의 삶을 근거로 그 교리를 판단하지 않을 것이며 또 판단해서도 안 된다. 우리는 오로지 주님의 말씀에 따라 그 교리를 판단할 것이다. 오직 주님만이 절대로 잘못이 없는 분이기 때문이다.

　주님의 은총으로 이 작은 책에서 우리는 그 영원한 주님의 말씀을 꼭 붙들었다. 단지 문자만을 따른 게 아니라 (그것 역시 하나님의 것이긴 하지만) 주님의 참된 정신과 능력에 입각한 것이며, 인간의 작품이 아니라 오직 하나님 한 분의 동일한 말씀으로부터 그리스도교의 본질과 특성, 법칙, 관습, 행정을 출발시킨 것이다. 이를 통하여 우리가 우리 주 예수의 나라와 그것의 순수하고 진실한 열매가 확실히 증가하는 것 말고는 그 어떤 것도 원치 않는다는 점을 그리스도교의 경건한 영혼들 모두가 알아야 한다. 그리고 이 일을 함에서 우리는 그리스도 안에 있는 사람을 조금이라도 상처 입히거나 공격할 의도가 전혀 없다. 여기에서 우리는 우리 주 '그리스도 안에 있는'을 강조한다. 다른 모든 것들은 바로 그분께 복종하여야 한다. 우리가 기쁜 마음으로 바라는 것은 그리스도의 마음을 가장 우호적인 방법으로 매우 크고 넓게 열고 기도하는 것이다. 아주 비싼 값을 치르고 우리를 사신[고린도전서 7장 23절] 분이 우리 주 구세주로 남아 계실 수 있게, 그리고 우리가 그분의 나라와 몸으로 남아 있을 수 있게 말이다.

　그분은 우리가 마침내 오직 그분 안에서만 온갖 좋은 것들을 소유할 수 있다는 사실, 그분 없이는 영원한 죽음밖에 없다는 사실을 제대로 이해할 수 있게 해주실 것이다. 그리하여 우리는 자기를 쉽사리 부인하고 전적으로 그분의 말씀과 성령에 순종하게 될 것이다. 또 그분 안에서 한 마음 한 뜻이 될 것이며, 그분의 나라에서 그분의 양육을 받아 옛 본성으로부터 훨씬 더 자유로워지고 그분의 새 생명 안에서 강해질 것이다. 그리하여 그분의 영원한 칭찬과 그분의 거룩한 나라의 확대를 위하여, 건전하고 거룩한 몸의 생생하고 성숙한 구성원으로서 그분께 속하게 될 것이다. 아멘.

스트라스부르크 교회에서
거룩한 복음을 전하고 있는 목사,
마르틴 부쳐

Part 1
그리스도인의 친교
교회의 본질

그리스도교는 세상으로부터 모여 우리 주 그리스도 안에서 그분의 성령과 말씀을 통해 한 몸과 서로의 구성원으로 하나가 된 사람들의 모임과 친교다. 그들은 몸 전체와 모든 구성원들의 보편적인 선을 위하여 저마다 맡은 임무와 역할이 있다.

이것은 다음의 본문들을 통하여 알 수 있다.

[에베소서 4장 1~6절]
그러므로 주님 안에서 갇힌 몸이 된 내가[바울이] 여러분에게 권합니다. 여러분은 부르심을 받았으니, 그 부르심에 합당하게 살아가십시오. 겸손함과 온유함으로 깍듯이 대하십시오. 오래 참음으로써 사랑으로 서로 용납하십시오. 성령이 여러분을 평화의 띠로 묶어서, 하나가 되게 해주신 것을 힘써 지키십시오. 그리스도의 몸도 하나요 성령도 하나입니다. 이와 같이 여러분도 부르심을 받았을 때

에 그 부르심의 목표인 희망도 하나였습니다. 주님도 한 분이시요, 믿음도 하나요, 세례도 하나요, 하나님도 한 분이십니다. 하나님은 모든 것의 아버지시요, 모든 것 위에 계시고 모든 것을 통하여 계시고 모든 것 안에 계시는 분이십니다.

그리스도인은 자신을 부인하고, 한 하나님과 한 그리스도, 한 성령, 세례와 희망을 지니며, 모두가 한 몸을 이루고 있고, 최고의 사랑 안에서 서로에게 연합되어 있다.

[고린도전서 12장 12~13절]
몸은 하나이지만 많은 지체가 있고, 몸의 지체는 많지만 그들이 모두 한 몸이듯이, 그리스도 그러하십니다. 우리는 유대 사람이든지 그리스 사람이든지, 종이든지 자유인이든지 모두 한 성령으로 세례를 받아서 한 몸이 되었고, 또 모두 한 성령을 마시게 되었습니다.

그리스도인은 많지만, 그들은 모두 한 몸이며, 한 성령 때문에 살아가고 있다.

[로마서 12장 4~6절]
한 몸에 많은 지체가 있으나, 그 지체들이 다 같은 일을 하는 것이 아닙니다. 이와 같이, 우리도 여럿이지만 그리스도 안에서 한 몸을 이루고 있으며, 각 사람은 서로 지체입니다. 하나님께서 우리에게 주신 은혜를 따라, 우리는 저마다 다른 신령한 선물을 가지고 있습니다.

그리스도인은 한 몸이며, 한 몸을 이루는 지체들처럼, 저마다 그 몸의 보편적인 선을 위하여 특별한 임무와 역할을 맡고 있다.

[고린도전서 12장 18~27절]
그런데 실은 하나님께서는, 원하시는 대로, 우리 몸에다가 저마다 다른 여러 지체를 두셨습니다. 전체가 하나의 지체로 되어 있다고 하면, 몸은 어디에 있습니까? 그런데 실은 지체는 여럿이지만, 몸은 하나입니다. 그러므로 눈이 손에게 말하기를 '너는 내게 쓸 데가 없다' 할 수가 없고, 머리가 발에게 말하기를 '너는 내게 쓸 데가 없다' 할 수 없습니다. 그뿐만 아니라, 몸의 지체 가운데서 비교적 더 약하게 보이는 지체들이 오히려 더 요긴합니다. 그리고 우리가 덜 명예스러운 것으로 여기는 지체들에게 더욱 풍성한 명예를 덧입히고, 볼품없는 지체들을 더욱 더 아름답게 꾸며줍니다. 그러나 아름다운 지체들은 그럴 필요가 없습니다. 하나님께서는 몸을 골고루 짜 맞추셔서 모자라는 지체에게 더 풍성한 명예를 주셨습니다. 그래서 몸에 분열이 생기지 않게 하시고, 지체들이 서로 같이 걱정하게 하셨습니다. 한 지체가 고통을 당하면, 모든 지체가 함께 고통을 당합니다. 한 지체가 영광을 받으면, 모든 지체가 함께 기뻐합니다. 여러분은 그리스도의 몸이요, 따로 따로는 지체들입니다.

하나님은 저마다의 그리스도인에게 아주 다양한 임무와 활동을 명령하신다. 그리고 종종 교회 안에서 가장 작아 보이는 사람들, 가장 서투른 임무를 맡은 것처럼 보이는 사람들이야말로 그리스도의 몸에서 가장 본질적인 지체일 경우가 많다. 가장 연약한 지체를 가장 조심스럽게 대해 주어야 하며, 모든 지체가 함께 기쁨과 슬픔을 공유하면서 서로를 돌봐 주어야 한다.

[에베소서 4장 15~16절]
우리는 사랑으로 진리를 말하고 살면서, 모든 면에서 자라나서, 머리가 되시는 그리스도에게까지 다다라야 합니다. 온 몸은 머리이신 그리스도께 속해 있으며, 몸에 갖추어져 있는 각 마디를 통하여 연결되고 결합됩니다. 각 지체가 그 맡은 분

량대로 활동함을 따라 몸이 자라나며 사랑 안에서 몸이 건설됩니다.

그리스도인은 머리이신 그리스도에게까지 자라나서, 저마다가 부르심을 받고 그리스도의 몸 곧 온 회중의 보편적인 행복을 위해 봉사함으로써, 최고의 사랑 안에서 서로 연결되고 결합된다.

[사도행전 4장 32, 34a, 35b절]
많은 신도가 다 한 마음과 한 뜻이 되어, 아무도 자기 소유를 자기 것이라고 하지 않고, 모든 것을 공동으로 사용하였다…그들 가운데는 가난한 사람이 한 사람도 없었다…사도들은 각 사람에게 필요에 따라 나누어주었다.

그리스도인들은 영적인 문제뿐만 아니라 속세의 문제까지도 함께 나눈다.

[고린도후서 8장 1~5절]
형제자매 여러분, 우리는 하나님께서 마케도니아 여러 교회에 베풀어주신 은혜를 여러분에게 알리려고 합니다. 그들은 큰 환난의 시련을 겪으면서도 기쁨이 넘치고, 극심한 가난에 쪼들리면서도 넉넉한 마음으로 남에게 베풀었습니다. 내가 증언합니다. 그들은 힘이 닿는 대로 구제하였을 뿐만 아니라, 오히려 힘에 지나도록 자원해서 하였습니다. 그들은 성도들을 구제하는 특권에 동참하게 해달라고, 우리에게 간절히 청하였습니다. 그들은 우리가 기대한 이상으로, 하나님의 뜻을 따라서 먼저 자신들을 주님께 바치고, 우리에게 바쳤습니다.

그리스도인들은 가난한 이들을 돕고 신앙심을 증진시키는 일에 자기 자신과 소유를 모두 바친다.

[고린도후서 8장 13~15절]
나는 다른 사람들을 편안하게 하고 그 대신에 여러분을 괴롭게 하려는 것이 아니라, 평형을 이루려고 하는 것입니다. 지금 여러분의 넉넉한 살림이 그들의 궁핍을 채워주면, 그들의 살림이 넉넉해질 때에, 그들이 여러분의 궁핍을 채워줄 수도 있을 것입니다. 이렇게 하여 평형이 이루어지는 것입니다. 이것은 성경에 기록하기를 "많이 거둔 사람도 남지 아니하고, 적게 거둔 사람도 모자라지 아니하였다" 한 것과 같습니다.

그리스도인의 나눔은 궁핍한 이들에게 도움을 주되 나머지 사람들에게도 부담이 되지 않는 방식으로 이루어진다.

[데살로니가후서 3장 11~13절]
그런데 우리가 들으니 여러분 가운데는 무절제하게 살면서, 일은 하지 않고, 일을 만들기만 하는 사람이 더러 있다고 합니다. 이런 사람들에게 우리는 주 예수 그리스도 안에서 명하며 또 권면합니다. 조용히 일해서, 자기가 먹을 것을 자기가 벌어서 먹으십시오. 형제자매 여러분, 선한 일을 하다가 낙심하지 마십시오.

그리스도인들 가운데에는 일하지 않으려 드는 사람도 있는데, 그런 사람은 다른 이들에게 부담이 된다. 회중이 먹여 살려야 하는 것도 부담이지만, 생활방식이 무질서한 사람이기에 내쫓아야 하는 것도 부담이다.

위의 본문들에서 우리가 주목해야 할 것은 세 가지다. 첫째, 그리스도인들이 서로 간에 그토록 완벽하고 총체적인 합일을 이룬 방법이다. 그들은 하나의 몸으로서, 하나의 성령을 서로 나누며,

하나의 명령을 함께 나눈다. 곧 하나의 희망을 갖고 모여, 하나의 구원을 기다리고, 한 주님을 받아들이며, 하나의 믿음을 지닌다. 그리고 모두가 하나의 세례를 통과하여, 결국은 그리스도 안에서 죽고 하나님의 자녀로 다시 태어난다. 그리하여 하늘나라에서 오직 한 분의 아버지를 갖게 되는 것이다. 사실상 그들은 신성한(따라서 가장 완전하고 가장 친절하고 가장 신실한) 형제애와 친교와 합일을 서로 나누어야 한다. 이 모든 것이 첫 번째 본문과 두 번째 본문에 아름답게 묘사되어 있다. 아무도 자기 자신의 이익을 구치 않고 모두가 주 그리스도 한 분만을 추구하며 그리스도 외에는 그 누구도 중요치 않은 친교와 공동체가, 단지 그리스도의 몸 자체나 오로지 그리스도의 영으로만 살아가는 이들보다, 마음과 뜻과 말씀과 모든 활동 속에서 좀 더 잘 연합할 수 있는 것은 어째서일까?

  위의 본문들에서 우리가 두 번째로 알아야 할 것은, 그리스도인들이 서로 나누는 친교는 가장 친밀하고 가장 원만할 뿐만 아니라 가장 진실하고 가장 바람직하기까지 하다는 점이다. 모두가 온갖 일에서 서로를 권면하고 도와주는 일에 능숙하고 열성적이라는 사실을 최대한 증명해 주며, 또 모두가 가장 완전하고 가장 사실적인 의미에서 다른 이들의 필요를 자신의 필요처럼 여기고 신경 쓴다. 그리스도인들의 숫자가 아무리 많을지라도 그들은 여전히 한 몸, 곧 그리스도의 몸이기 때문이다. 이것은 모두가 그리스도 안에서 늘 다른 이의 감정, 곧 진정한 그리스도인의 감정에 영향을 받는다는 의미다. 이것이야말로 가장 열렬하고 능동적인 특징이어야 한다. 그리스도의 영은 각 신도들 안에 살아계시고 영향을 미치시며, 온 몸과 모든 지체들의 보편적인 행복을 위하여 역사하신다.

그리고 모든 지체는 그리스도의 지체요 성령의 도구이므로, 그리스도의 몸 안에서 저마다 유익한 역할과 활동을 수행하라는 명을 받았으며, 그 역할을 수행할 수 있는 능력과 적합성도 부여받았다. 게으른 사람은 아무도 없으며, 모두가 다른 사람들의 이익을 위해서 끊임없이 노력하고 또한 자신의 이익을 위해서 다른 사람들을 필요로 한다. 그들은 저마다에게 주어진 은총에 따라 다양한 은사를 지니고 있다. 마치 인간의 몸처럼 그리스도인들에게도 똑같은 일이 벌어진다: 필요가 크면 클수록, 모두가 좀 더 자신의 임무와 활동에 몰두한다. 그 필요가 세속적인 것이든 영적인 것이든 상관없이 말이다. 이것은 저마다의 지체가 이 신적인 명령과 부르심의 연결을 통하여, 다른 지체들과 서로 연결된 명령을 받았기 때문이다.

더욱이 모든 그리스도인들의 임무는 늘 그리스도교의 보편적인 행복에 맞추어져 있다. 그리스도인들의 숫자가 증가하고, 또 이미 그리스도인인 이들이 좀 더 성장할 수 있도록, 그리고 모든 면에서 참되고 신성한 생활방식이 조장되도록 말이다. 처음 두 개의 본문뿐만 아니라 셋째, 넷째, 다섯째 본문에도 이 모든 것이 분명하고 충분하게 설명되어 있다. 모든 그리스도인이 이 점들을 주목하여 마음에 잘 새겨야 할 것이다.

세 번째로, 우리는 위의 본문들로부터 그리스도인들은 영적인 문제뿐만 아니라 세속적인 문제에서도 서로를 가장 신실하게 돌봐주어야 한다는 사실을 깨달아야 한다. 그들 가운데 누구도 정말로 필요한 것이 부족해서는 안 된다. 하나님은 어떤 이들에겐 베풀고 선을 행하라 명령하시고, 어떤 이들에겐 다른 사람들의 선행을 통해 도움을 받고 이득을 얻으라고 명령하신다. 그리하여 저마다 서로 다른 필요에 따라 형제자매처럼 돌봄을 받아야 하며, 그 누구도 다른 사람들 때문에 부담을 지거나, 다른 사람으로부터 필요치 않은 도움을 받아 이득을 취하는 이가 결코 없어야 한다. 그리스도교는 제대로 질서가 잡혀 있고, 적절한 관리 형태를 취하고 있으며, 유익한 일을 행하지 않고 그저 다른 사람들의 노동에만 의지하려 드는 이는 결코 용인하지 않는다. 이것이 바로 여섯 번째, 일곱 번째, 여덟 번째, 아홉 번째 본문에 실려 있는 내용이다.

  이렇게 해서 우리는 여기에 인용된 본문들을 통하여 그리스도교가 무엇인지, 그리스도의 친교가 무엇인지, 그 범위는 어디까지인지, 그리고 그 본질과 특성은 무엇인지를 알게 되었다. 다시 말해서, 그것이야말로 가장 원만한 모임이며 교제라는 사실, 그리고 그 범위는 신도들과 모든 선민들이 주 그리스도께 인도되고, 육체적인 것이든 정신적인 것이든 어떤 좋은 것도 잃거나 부족한 일 없이, 몸과 영혼의 완벽한 구원을 얻도록 계속해서 지도와 격려를 받기까지라는 사실을 알게 된 것이다. 이 모든 것은 다양한 임무와 은사를 통해서 그들에게 제공되고 성취된다.

Part 2
그리스도인의 규칙
그리스도께서 교회 안에 세우신 규칙

교회에 규칙이 있어야 하는 이유

이 세상에서 살아가는 한, 그리스도인은 절대로 자기를 완전히 버리고 그리스도를 입을 수 없으며, 결코 자신을 완전히 죽여서 오직 그리스도만이 그 안에 살아 계시게 할 수도 없다. 오히려 그리스도인은 날마다 여러 모로 잘못과 죄를 범하며, 따라서 그리스도교와 회중 안에서 지속적인 가르침과 훈육과 지도를 받아야 한다. 말하자면 자기를 좀 더 부인하고 머리 되시는 주 그리스도께 자기를 전적으로 바치고 헌신할 수 있도록 그리스도인들을 끊임없이 재촉하고 격려해 줄만한 규칙이 필요한 것이다. 그렇게 하면 언젠가 그분이 그들 안에 사시면서 완벽하게 역사하실 수 있을 것이다. 마치 그분의 진정한 삶과 완전한 지체들 안에서처럼 말이다.

오직 그리스도만이 교회를 다스리신다.

그분의 교회에 있는 이 규칙은 우리 주 그리스도에 따라, 그리고 그분의 성령에 따라 유지되고 인도된다. 바로 그렇기 때문에 성서가 그분을 하늘의 왕, 교회를 하늘나라 칭하고, 그분을 선생님, 그리스도인을 제자와 학생이라 칭하며, 그분을 목자, 교회를 양떼라 칭하는 것이다. 성서가 그분을 머리, 그리스도인을 그분의 지체라 칭하고, 그분을 신랑, 교회를 신부라 칭하며, 그분을 의사, 그리스도인을 병자라 칭하는 것도 다 그 때문이다. 또한 성서가 그분을 재판관과 훈련관, 그리스도인을 피고인과 훈련생으로 칭하는 것도 다 그 때문이다. 이것은 다음의 본문들을 통하여 알 수 있다.

[예레미야 23장 5~6절]
'내가 다윗에게서 의로운 가지가 하나 돋아나게 할 그 날이 오고 있다. 나 주의 말이다. 그는 왕이 되어 슬기롭게 통치하면서, 세상에 공평과 정의를 실현할 것이다. 그 때가 오면 유다가 구원을 받을 것이며, 이스라엘이 안전한 거처가 될 것이다. 사람들이 그 이름을 "주님은 우리의 구원이시다"라고 부를 것이다.'

그리스도께서 친히 그분의 교회를 다스리신다. 주 그리스도께서 그분의 백성을 다스리신다. 그들이 온갖 좋은 것들 속에서 신성하고 풍요로워지도록, 그리고 모든 악으로부터 안전해지도록 말이다.

[누가복음 1장 31~33절]
'보아라, 그대가 잉태하여 아들을 낳을 터이니, 그의 이름을 예수라고 하여라. 그는 위대하게 되고, 더없이 높으신 분의 아들이라고 불릴 것이다. 주 하나님께서 그에게 그의 조상 다윗의 왕위를 주실 것이다. 그는 영원히 야곱의 집을 다스리고, 그의 나라는 무궁할 것이다.'

여기에서 주목할 점은 그리스도께서 야곱의 집에서, 곧 그리스도인들 사이에서 영원히 다스리셔야 한다는 것, 그분의 나라는 무궁하다는 것이다.

[요한복음 17장 1b~2절]
'아버지, 때가 왔습니다. 아버지의 아들을 영광되게 하셔서, 아들이 아버지께 영광을 돌리게 하여 주십시오. 아버지께서는 아들에게 모든 사람을 다스리는 권세를 주셨습니다. 그것은 아들로 하여금 그에게 주신 모든 사람에게 영생을 주게 하려는 것입니다.'

그리스도는 영생을 주기 위하여 통치하시며, 그분의 나라에 속하는 모든 사람들 안에서 역사하신다.

[에베소서 5장 28b~32절]
자기 아내를 사랑하는 것은 곧 자기를 사랑하는 것입니다. 자기 육신을 미워한 사람은 없습니다. 누구나 자기 육신을 먹여 살리고 돌보기를 그리스도께서 교회를 그렇게 하시듯이 합니다. 우리는 그리스도의 몸의 지체입니다. '그러므로 사람이 부모를 떠나 자기 아내와 합하여 그 둘이 한 몸이 되는 것입니다.' 이 비밀은 큽니다. 나는 그리스도와 교회를 두고 이 말을 합니다.

그리스도는 교회의 유일한 신랑이며 배우자시다.

[마태복음 23장 8절]
'그러나 너희는 "랍비"라는 호칭을 듣지 말아라. 너희의 선생은 한 분뿐이요, 너희는 모두 형제자매들이다.'

그리스도는 교회의 유일한 스승이며 선생님이시다.

[에스겔 34장 11~14절]
'참으로 나 주 하나님이 말한다. 내가 나의 양떼를 찾아서 돌보아주겠다. 양떼가 흩어졌을 때에 목자가 자기의 양들을 찾는 것처럼, 나도 내 양떼를 찾겠다. 캄캄하게 구름 낀 날에, 흩어진 그 모든 곳에서, 내 양떼를 구하여 내겠다. 내가 여러 민족 속에서 내 양떼를 데리고 나오고, 그 여러 나라에서 그들을 모아다가, 그들의 땅으로 데리고 들어가서, 이스라엘의 산과 여러 시냇가와 그 땅의 모든 거주지에서 그들을 먹이겠다. 기름진 초원에서 내가 그들을 먹이고, 이스라엘의 높은 산위에 그들의 목장을 만들어주겠다. 그들이 거기 좋은 목장에서 누우며, 이스라엘의 산위에서 좋은 풀을 뜯어먹을 것이다.'

주 그리스도는 하나님의 양들, 곧 하나님의 모든 선민들의 유일한 목자시다. 여기에서 주목해야 할 점은, 주 그리스도께서 친히 자기 양들을 먹이시고, 파멸로부터 구해내시며, 자기 땅으로 불러 모아 이스라엘의 온 산과 모든 초원과 목장, 곧 그리스도인들의 모든 회중 안에서 먹이신다는 점이다.

[요한복음 10장 14~15절]
'나는 선한 목자다. 나는 내 양들을 알고, 내 양들은 나를 안다. 그것은 마치 아

버지께서 나를 아시고 내가 아버지를 아는 것과 같다. 나는 양들을 위하여 내 목숨을 버린다.'

주 그리스도는 유일하게 참되고 선한 목자시다. 그분은 자신의 양을 아시고, 그 양은 그분을 알며 그분의 목소리를 듣고 그분을 따른다.

[골로새서 1장 18~20절]
그분은 교회라는 몸의 머리십니다. 그는 근원이시며, 죽은 사람들 가운데서 제일 먼저 살아나신 분이십니다. 이는 그분이 만물 가운데서 으뜸이 되시기 위함입니다. 하나님께서는 그분의 안에 모든 충만함을 머무르게 하시기를 기뻐하시고, 그분의 십자가의 피로 평화를 이루셔서, 그분으로 말미암아 만물을, 곧 땅에 있는 것들이나 하늘에 있는 것들이나 다, 자기와 기꺼이 화해시켰습니다.

주 그리스도는 교회의 유일한 머리시다.

[요한복음 14장 23절]
'누구든지 나를 사랑하는 사람은 내 말을 지킬 것이다. 그리하면 내 아버지께서 그 사람을 사랑하실 것이요, 내 아버지와 나는 그 사람에게로 가서 그 사람과 함께 살 것이다.'

주 그리스도는 언제나 친히 그분의 교회와 함께 하신다.

[마태복음 18장 20절]
'두세 사람이 내 이름으로 모여 있는 자리, 거기에 내가 그들 가운데 있다.'

[마태복음 28장 20b절]
'보아라, 내가 세상 끝 날까지 항상 너희와 함께 있을 것이다.'

우리는 앞에 언급한 본문들을 통해서 오직 우리 주 그리스도만이 그분의 교회와 회중 안에서 모든 권력과 통치권을 행사하신다는 것을 확인했다. 그분이 친히 그분의 교회를 다스리시고, 먹이시며, 돌보신다. 그리고 아직도 길을 잃고 헤매는 양들을 친히 교회로 인도하시며, 이미 교회 안에 있는 양들도 지키고 먹이신다. 죄와 그 죄로 인한 온갖 슬픔으로부터 그들이 날마다 조금씩 더 정결해질 수 있도록, 그리고 그들이 구원받고 지속적으로 신심과 축복 속에 성장할 수 있도록 이끌고 격려해주신다. 그런데 바로 이런 통치를 주님은 야곱의 집, 곧 교회에서 영원토록 행사하신다. 주님은 세상 끝 날까지 그분의 백성과 함께 하신다. 비록 현실적인 의미에서나, 그분이 두고 가신 이 세상의 방식대로는 아니지만, 그럼에도 불구하고 진실로, 실제로 함께 하신다. 그분은 그분의 나라에서 왕 같은 분이시며, 제자들을 거느린 선생님이시고, 양떼를 돌보는 신실한 목자시다. 또 그분은 신부를 맞이한 신랑이시고, 병든 이들을 치유하시는 의사시며, 필요한 이들에게 훈련을 시켜주시는 분이다.

주님의 교회 안에 있는 주님의 말씀과 그리스도의 권징으로 주님을 섬기지 않고 자기를 위하여 그 규칙을 주장하는 이는 모두 적그리스도다.

그러므로 그 누구도 자기를 위하여 주님의 통치권을 요구할 수 없다. 주님은 결코 주님의 교회를 떠나지 않으시며, 늘 친히 함께 하시고, 모든 일을 몸소 행하신다. 이것은 곧 교황이나 이른바 주교들처럼 자기를 위하여 그리스도교에 대한 영적 권위를 주장하면서, 정작 주 예수님은 지극히 신실하게 섬기지 않는 이들, 그러니까 그분의 경건한 백성들에게 푸른 초장을 제공하고, 거룩한 복음과 그리스도의 권징을 선포함으로써 하나님의 모든 선민들이 그분에 대한 믿음으로 온갖 죄를 버리고 오직 의만 추구하도록 지속적으로 격려하지 않는 이들, 다시 말해서, 그분의 양을 불러 모으고 먹이는 일에 그분과 함께 하지 않고, 오히려 그리스도의 양들을 쫓아내고 유린하는 이들, 그런 이들은 그리스도의 반대편에 속하며, 그리스도의 왕국 곧 그리스도교에는 결코 속하지 않는다는 뜻이다. 그런 이들은 교회의 지체가 아니며, 주님의 통치자나 관리자는 더더욱 아니다. 따라서 그런 이들에게 그리스도교를 가르치거나 지휘할 수 있는 권력을 주어서는 안 된다. 주 그리스도께서 그들에게 가르치거나 지휘하라고 명하신 적이 결코 없기 때문이다.

교황과 그의 부하들은 누구이며, 그들이 교회에서 하는 일은 무엇인가?

애석한 일이지만, 이렇게 볼 때 교황과 그의 이른바 모든 주교들 그리고 교회 통치자들은 그리스도교 교리와 권징을 통해 주 그리스도의 양들에게 푸른 초장을 제공해 줌으로써 그분을 섬기는 것이 아니라, 오히려 주님께서 이런 식으로 그분을 섬기라고 일깨워 주신 모든 이들에게 강력히 반대하고 있는 것이 확실하다. 그러므로 그들의 모든 권력은 그리스도교 교리와 성서와 그리스도의 모든 법령의 공공연한, 그리고 널리 알려진 폐습과 부인할 수 없는 왜곡에 집중되었다. 이것은 그들 스스로도 인정해야 할 것이다.

모든 천주교 신자들이 자기들 사이에 수많은 폐습이 있다는 사실을 인정하면서도, 그것을 바로잡기 위한 노력은 전혀 기울이지 않는다.

사실 그들 가운데 사제직이 참담할 정도로 부패한 상태에 있으며 사제직을 둘러싼 모든 것들이 폐습으로 가득 차 있다는 사실을 인정하고 고백하지 않을 사람이 아무도 없다. 그럼에도 불구하고 그들은 진정한 그리스도교의 개혁과 진보를 절대 허용치 않기로 굳게 결의한 나머지, 자기들 스스로가 인정하고 있는 그 폐습들을 유지하도록 말과 행동으로 설득당하고 있다. 하지만 설사 그럴지라도, 그리스도께서 밖으로 드러난 것보다 훨씬 더 나쁜 일들까지 하나도 감추지 못하도록 해주시기를 바란다. 만일 우리의 신실하신 목자장 예수 그리스도께서, 종종 은혜롭게, 그리고 멋지게 해내신 것처럼 그들의 공격을 물리치시지 않는다면, 또한 그들이 그리스도의 양을 먹이는 일을 떠맡아 놓고 실제로는 그 양들을 염소와 함께 둔다면, 매우 염려스러운 사태가 벌어질 것이다. 위기가 닥칠 경우, 그 염소들은 야생동물로부터 자기를 구해 달라고 다른 목자들을 불러 모을 것이기 때문이다.

그러므로 이 비열한 이들이 그리스도의 양들을 완전히 흩어 버리고 망쳐 버리는 일에서 벗어나 그리스도를 진실로 섬기지 않는 한, 그들은 결코 그리스도의 통치자나 그리스도의 양떼를 지키는 목자로 간주되거나 묘사될 수 없다. 그들은 그저 적그리스도일 뿐이며 그렇게 불릴 것이다. 다시 말해서 그들은 그리스도를 방해하는 이들인 것이다. 그들의 교회 통치는 주님이 요한복음 10장 1절에서 양 우리에 들어갈 때에 문으로 들어가지 않고[8(C4)b] 다른 데로 넘어 들어가는 이들에 관하여 말씀하신 것과 다를 바가 없다. 그리고 이러한 이들이 교회의 재산을 관리하고, 그것을 아주 지독하게 남용하며, 십자가에 못 박히신 분의 유산과 가난한 사람들의 몫까지 가로채고 있다는 사실은, 그들의 법이 신성모독이라 칭하는 것에 지나지 않는다.

이토록 사악하게 그리스도교 재산을 영적으로나 세속적으로 강탈하고 횡령하는 것에 대하여, 모든 왕자들과 통치자들 곧 주님께서 양떼의 목자로 임직하시고 모든 영혼 위에 세워 최고의 권위를 부여하신 사람들은, 성 크리소스톰이 바울의 이 본문에 관하여 주석한 바와 같이, 가장 강력하고 가장 긴박하게 진심으로 대립해야만 한다. 하지만 이것은 진정한 그리스도인의 관례와 절도에 따라야 한다. 그리스도의 권위와 통치가 아닌 것이 거기에서 발견되는 일이 없도록, 그리고 가난하고 궁핍한 종들을 위한 주님의 유산이 여전히 그들에게 닿지 않았는데 사람들이 사제들의 신성모독 행위를 그저 관대하게 보아 넘기는 일이 없도록 말이다. 하나님의 백성에 대한 통치권을 지닌 이 목자들은, 그 누구도 자신을 위해 그리스도의 양떼들에 대한 권력이나 지배권을 주장하는 일이 없는지, 교회 안에서 영혼 돌봄과 목회 업무를 위해 선택받은 사람들 전부가 신실하게 섬겨야 할 그리스도의 유일한 능력과 절대적인 권위가 잘 유지되고 있는지를 가장 열심히 살펴야 한다. 우리가 다음과 같이 기도할 때 늘 기원하는 것도 바로 그것이다: 주님의 나라가 오게 하여 주옵소서(마태복음 6장 10a절).

Part 3
목회

우리 주 예수께서 기름부음 받은 목회자들을 통하여
주님의 교회 안에서 주님의 목회 업무와
우리를 위한 구원 역사를 어떻게 펼치시는가?

이미 언급한 바와 마찬가지로, 우리 주 예수님은 그분의 교회 안에 진실로 함께 하시며, 친히 교회를 다스리시고, 인도하시며, 먹이신다. 하지만 그분은 이 세상을 떠나셨기에, 늘 하늘의 본성이 유지되도록, 다시 말해서 신성하고 실체가 없는 상태로 그분의 통치권을 행사하시고 양들을 먹이신다. 그러므로 그분은 말씀의 목회를 통하여 아직 이 세상에 남아 있는 우리를 보호하고 돌보며 통치권을 행사하셨다. 그분의 목회자들과 도구들을 통하여 명백하게, 외부적으로 행사하신 것이다. 이것은 다음의 본문들을 통하여 잘 알 수 있다.

[마태복음 28장 18~20절]
'나는 하늘과 땅의 모든 권세를 받았다. 그러므로 너희는 가서, 모든 민족을 제자로 삼아서, 아버지와 아들과 성령의 이름으로 세례를 주고, 내가 너희에게 명령한 모든 것을 그들에게 가르쳐 지키게 하여라. 보아라, 내가 세상 끝 날까지 항상 너희와 함께 있을 것이다.'

여기에서 주목해야 할 점은, 사도들은 주님을 위해 제자를 양성하고, 사람들 곧 다시 태어난 이들에게 세례를 준 다음, 주님이 명하신 모든 것을 그들에게 가르치도록 명령받았다는 사실이다. 이렇게 해야만 사람들이 경건해질 수 있다.

[누가복음 24장 45~47절]
그 때에 예수께서는 성경을 깨닫게 하시려고, 그들의 마음을 열어주시고, 그들에게 말씀하셨다. '이렇게 기록되어 있다. 곧 그리스도는 고난을 겪으시고, 사흘째 되는 날에 죽은 사람들 가운데서 살아나실 것이며, 그의 이름으로 죄 사함을 받게 하는 회개가 모든 민족에게 전파될 것이다 하였다. 예루살렘에서부터 시작하여.'

여기에서 주목해야 할 점은, 주님께서 종들에게 성서를 배우게 하신 것은, 종들이 회개와 죄의 용서를 선포할 수 있도록, 다시 말해서 사람들에게 구원을 가져다줄 수 있도록 하기 위함이라는 것이다.

[요한복음 15장 16절]
'너희가 나를 택한 것이 아니라, 내가 너희를 택하여 세운 것이다. 그것은 너희가 가서 열매를 맺어 그 열매가 언제나 남아 있게 하려는 것이다. 그리하여 너희가

내 이름으로 아버지께 구하는 것은 무엇이든지 다 받게 하려는 것이다.'

여기에서 주목해야 할 점은, 주님께서 말씀의 목회자들을 임직하신 것은, 사람들 사이에서 지속적인 열매 곧 그들의 구원을 얻고자 함이라는 사실이다.

[요한복음 20장 21~23절]
예수께서 다시 그들에게 말씀하셨다. '너희에게 평화가 있기를 빈다! 아버지께서 나를 보내신 것 같이, 나도 너희를 보낸다.' 이렇게 말씀하신 다음에, 그들에게 숨을 불어넣으시고 말씀하셨다. '성령을 받아라. 너희가 누구의 죄든지 용서해 주면 그 죄가 용서될 것이요, 용서해 주지 않으면 그대로 남아 있을 것이다.'

여기에서 주목해야 할 점은, 우리 주님께서 아버지로부터 어떻게 보냄을 받으셨는지, 또한 그분의 목회자들을 어떻게 보내시며, 어떻게 그들에게 성령을 주시고 또 죄를 용서하거나 그대로 둘 수 있는 권위, 곧 구원하기 위해 받아들이거나 저주하기 위해 거부할 수 있는 권위를 주시는가다.

[마태복음 16장 19절]
'내가 너에게 하늘나라의 열쇠를 주겠다. 네가 무엇이든지 땅에서 매면 하늘에서도 매일 것이요, 땅에서 풀면 하늘에서도 풀릴 것이다.'

주님은 목회자들의 중개를 통하여 하늘나라의 문을 열고 가까이 다가갈 수 있기를 원하신다.

[마태복음 10장 20절]
'말하는 이는 너희가 아니라, 너희 안에서 말씀하시는 아버지의 영이시다.'

여기에서 주목할 점은 성령이 사도들을 통해 말씀하신다는 것이다.

[고린도전서 3장 5~7절]
그렇다면 아볼로는 무엇이고, 바울은 무엇입니까? 아볼로와 나는 여러분을 믿게 한 일꾼들이며 주님께서 우리에게 저마다 맡겨주신 대로 일하였을 뿐입니다. 나는 심고, 아볼로는 물을 주었습니다. 그러나 하나님께서 자라게 하셨습니다. 그러므로 심는 사람이나 물 주는 사람은 아무 것도 아니요, 자라게 하시는 분은 하나님이십니다.

여기에서 주목할 것은, 일하시는 분은 분명 하나님이시지만, 사람들이 믿게 되는 것은 그리스도의 목회자를 통해서라는 점이다.

[고린도전서 4장 1절]
사람은 이와 같이 우리를, 그리스도의 일꾼이요 하나님의 비밀을 맡은 관리인으로 보아야 합니다.

[고린도후서 3장 2~6절]
여러분이야말로 우리를 천거하여주는 추천장입니다. 그것은 우리 마음에 적혀 있습니다. 모든 사람이 그것을 알고, 읽습니다. 여러분은 분명히 그리스도께서 쓰신 편지입니다. 우리는 그것을 작성하는 데에 봉사하였습니다. 그것은 먹물로 쓴 것이 아니라 살아계신 하나님의 영으로 쓴 것이요, 돌판에 쓴 것이 아니라 가슴 판에 쓴 것입니다. 우리는 그리스도로 말미암아 하나님께 확신을 가지고 있으므로,

이런 말을 합니다. 우리가 이런 말을 할 수 있는 자격이 우리에게서 났다고 생각하지 않습니다. 우리의 자격은 하나님에게서 납니다. 하나님께서 우리에게 새 언약의 일꾼이 되는 자격을 주셨습니다. 이 새 언약은 문자로 된 것이 아니라 영으로 된 것입니다. 문자는 사람을 죽이고, 영은 사람을 살립니다.

여기에서 주목해야 할 점은, 주님은 사람들의 마음에 주님을 새기기 위하여 주님의 목회자들을 쓰시며, 편지뿐만 아니라 성령까지 그들에게 나누어주시고, 그들을 통해 영생의 은총이 깃든 새 성서, 새 언약을 세우신다는 것이다.

[데살로니가전서 1장 4~5절]
하나님의 사랑을 받은 형제자매 여러분, 우리는 하나님께서 여러분을 택하여 주셨음을 알고 있습니다. 우리는 여러분에게 복음을 말로만 전한 것이 아니라, 능력과 성령과 큰 확신으로 전하였습니다. 우리가 여러분 가운데서, 여러분을 위하여, 어떻게 처신하였는지를, 여러분은 알고 있습니다.

여기에서 주목할 점은, 바울은 능력과 성령으로 말씀을 선포하였다는 것이다.

[데살로니가전서 2장 13절]
우리가 하나님께 끊임없이 감사하는 것은, 여러분이 우리에게서 하나님의 말씀을 받을 때에, 사람의 말로 받아들이지 아니하고, 실제 그대로, 하나님의 말씀으로 받아들였기 때문입니다. 이 하나님의 말씀은 또한, 신도 여러분 가운데서 살아 움직이고 있습니다.

바울의 설교는 사람의 말이 아니라 하나님의 말씀이었다.

주님은 교회의 목회를 통하여 사람들을 그리스도인으로 만들고 구원해 주신다.

위에서 언급한 본문들을 통하여 우리는 하늘의 본성을 지니신 우리 주 예수님이 우리와 함께 하시며 하늘로부터 우리를 통치하시고 먹이신다는 사실을 아주 명확하고 확실하게 알 수 있다. 이렇게 통치하시고 먹이시는 것, 곧 우리를 구원하시는 일을, 주님은 우리 가운데서 그분의 목회자들을 통하여 행하신다. 바로 그 목적을 위하여 부르시고, 임직하시고, 이용하시는 목회자들을 통하여 말이다. 그들을 통하여 주님은 모든 민족을 교화시키시고, 죄의 용서를 선언하신다. 온 민족의 죄를 사해 주시고 그분의 제자로 받아들이시며, 거룩한 세례를 통하여 신성한 삶으로 새롭게 태어나게 하시고, 그들의 삶 전체가 주님께서 그들에게 명령하신 것을 모두 지킬 수 있기를 열망하는 삶이 되도록 가르치신다. 이것이 바로 첫 번째와 두 번째, 네 번째와 다섯 번째 본문에 실린 내용이다.

교회의 목회자들이 일을 하기 위해서는 반드시 주님께서 사람의 마음과 가장 깊숙한 존재 속에서 역사하셔야 한다.

그리고 교회의 목회자들은 모두가 그리스도의 종이며, 하나님의 비밀을 지키는 청지기다(고린도전서 4장 1절). 다시 말해서, 그저 편지만을 지키는 이가 아니라, 그리스도의 구원과 성령을 맡은 관리인인 것이다. 그들은 하나님의 택함 받은 이들을 맡아서 새롭고 영원한 계약으로 인도해 준다. 그 계약은 온 세계의 택함 받은 이들과 더불어 우리 주 예수 그리스도의 피로써 세워진 언약이다. 그들은 또한 주님의 택함 받은 이들에게 거룩한 복음을 전하고, 그들을 가르치고 훈계하며, 거룩한 성례전을 관리함으로써, 사람들이 우리 주 그리스도께 나아와 구원받을 수 있게 함으로써 주님을 섬긴다. 세 번째 본문과 일곱 번째, 여덟 번째, 아홉 번째 본문에 나와 있는 대로 말이다.

교회 목회의 능력과 역사는 목회자들이 아니라 주 그리스도께 속해 있다. 그러나 그들 힘으로는 결코 이것을 완수할 수 없다. 오직 주님의 능력과 역사를 통해서만 성취할 수 있다. 그들은 자신이 그런 일을 하게 되리라고 꿈도 못 꾸었지만, 하나님께서 그들을 그 목회에 맞게끔 준비시켜 주시고, 주님이 그들에게 성령과 성서에 대한 이해력을 주셔서, 성령이 그들을 통해 말씀하게 하시고, 성공을 거두게 하신다. 그것은 어디까지나 그분의 능력, 그분의 성령, 그분의 역사 덕분이다. 첫 번째 본문과 두 번째, 네 번째, 여섯 번째, 일곱 번째, 아홉 번째, 열 번째, 열한 번째 본문은 모두 이것을 증명해 주고 있다.

교회의 목회를 시시하고 보잘 것 없는 것으로 여기는 이들의 치명적인 잘못. 더 나아가 우리는 교회의 이러한 목회가 전혀 중요치 않은, 우리의 구원에 아무런 기여도 못하는, 그저 피상적인 활동일 뿐이며, 그런 것 없이도 얼마든지 그리스도인이 될 수 있고 하나님의 은사를 받을 수 있다고 가르치는 이들의 잘못이 얼마나 해롭고 치명적인가를 알아야 한다. 그들에 따르면, 주님은 그들을 씻기시고 정결케 하시며, 그들에게 새 생명을 주시고, 또 그들을 먹이시고 강하게 하시며, 온갖 좋은 것들로 인도해 주심으로써, 주님의 것을 내적으로 가르치셔야 한다. 하지만 진실은 그 반대다. 주님은 이 모든 것을 홀로, 그리고 혼자 힘으로 행하시고 성취하셔야 한다. 내적으로뿐만 아니라 외적으로도 말이다. 우리가 외적으로 듣고 받아들이는 말씀과 성례전이 만일 그리스도의 말씀과 성례전과 역사가 아니라면, 그것은 어디까지나 적그리스도와 사탄의 말이며, 성례전이며, 역사다. 여기에는 결코 타협점이 있을 수 없다.

하지만 바울과 모든 사도들은, 그리스도의 진정한 목회자들 전부와 함께, 이 목회를 통해 전파하는 것이 결코 그들 자신의 말이나 표적이 아니라고 주장하며, 그 사실을 모두가 인정하고 받아들여 주기를 바란다. 그들은 자기 자신의 판단에 따라 말하거나 행동하거나 일하는 것이 결코 아니다. 그저 하나님의 말씀과 비밀을 전파하고 그리스도의 일을 행하는 이들이다. 그들은 자신의 목회를 통하여 사람들이 자기 자신을 보지 말고 주 그리스도를 보기를 원한다. 그리하여 자신이 외적인 활동의 목회자가 아니라 성령의 목회자가 되고, 또 그렇게 받아들여지길 원한다. 그들은 성령을 통하여 사람들을 믿게 만들고, 그들의 마음속에 그리스도를 새김으로써 구원으로 이끌 수 있기를 바란다. 이 신실한 사도는 위의 일곱 번째 본문과 여덟 번째, 아홉 번째, 열한 번째 본문에서 이러한 점을 매우 공들여 설명하고 증명한다. 여기에서 모든 능력과 온갖 역사는 우리 주 그리스도께 속한다. 목회자들은 그분이 택한 백성들 가운데서 그분이 이 일을 행하시고 성취하실 수 있도록 돕는 도구다.

바로 그런 이유 때문에 옛날에는 하나님의 자녀들이 경건한 교부들의 목회를 통하여 할례로써 구원을 인정받아야만 했던 것이다. 심지어는 제사장인 아론과 하나님의 온 백성조차도 반드시 모세를 통해서 하나님의 계약과 예배로 들어가야만 했다. 주님께서 사도들을 부르신 그 순간부터, 그들의 임무는 곧 다른 이들과 하나님의 모든 자녀들을 주님께로 인도하는 것이 되었다. 고넬료 역시, 하나님이 천사를 보내셔서 미리 은총을 선포하셨지만, 그래도 베드로를 통하여 정식으로 가르침을 받고 새 생명을 얻어야만 했다(사도행전 10장). 바울도 그리스도께서 이미 하늘로부터 개심시키셨지만, 아나니아를 통해 좀 더 정확하게 배워야만 했으며, 세례를 통하여 죄 씻음을 받고 정결해져야만 했다(사도행전 9장 1~19절; 22장 3~16절). 주님께서 이 실제를 유지하고자 하시는 것은 어디까지나 주님의 목회자들을 통하여 우리 안에서 개심과 해방과 모든 구원의 역사를 이루시기 위해서다. 그 목회자들의 선두는 주님께서 친히 부르셨고, 나머지는 교회의 목회를 통하여 부르시고, 임직하신다.

모든 경건한 그리스도인들이, 위의 본문들에 입각하여, 교회의 말씀 목회와 성례전을 피상적이고 불필요한 일로 경시하거나, 주님이 몸소 적용하시고자 했던 방법들을 사용하지 않고 모든 것을 하늘에 계신 그리스도로부터 직접 주고받아야 하는 것으로 여기는 매우 치명적인 잘못을 저지르지 않도록 스스로를 지켜야 하는 것도 바로 이런 이유에서다. 경건한 그리스도인들은 이토록 치명적인 잘못을 저지르는 이들에게 다음과 같은 말로 대항해야 한다: '나는 주님의 교회에서 주님의 선택된 목회자들을 임직하신 내 주님의 명령을 지키고 싶다. 그들을 통하여 나를 주님의 나라로 부르시고, 내 죄를 용서하시고, 나에게 새 생명을 주시며, 나를 지키시고, 가르치시고, 영생으로 인도하시는 것이 바로 주님의 뜻이다. 나는 그들에게 귀를 기울일 것이며, 그들이 이 목회에서 말하는 것과 행하는 것을 마치 주님처럼 경청할 것이다. 단 그들이 주님의 약속에 입각하여 임무를 수행할 경우에만, 그리고 그들 자신의 말이나 행동이 아니라 내 주 예수 그리스도의 말씀과 행동을 전파할 경우에만 말이다. 그 말씀과 행동을 듣고 받아들여, 그것들이 내 안에서도 역사할 수 있도록, 그리하여 주님이 찬미를 받으시고 주님의 선민이 구원을 받을 수 있게.'

Part 4
목회자
우리 주 예수께서 교회에 두고 들어쓰시는 다양한 목회자들

주님이 그리스도의 왕국에서 기적을 행하는 목회자들을 사용하신 것은 오로지 교회가 시작되던 시기뿐이었다.

우리 주 예수는 모두를 교회로 부르시고, 교회에 충실한 이들은 부족함이 없도록 좋은 것들을 채워주시겠다고 약속하심으로써, 교회 안에서 그분의 통치권을 행사하신다. 그런 연유로 교회가 시작되던 때부터 그분은 백성의 구원을 위하여 일종의 목회자를 임직하셨을 뿐 아니라 그를 들어 쓰시기까지 하였다. 세상이 그분의 말씀과 나라를 알아차리게 하기 위해서 단지 처음에만 들어 쓰신 이들이 있다. 마치 비밀스런 일이나 미래의 일들을 선포할 수 있는 은사를 받았던 선지자들처럼 말이다. 또한 주님께서 여러 가지 외국어로 직접 말할 수 있는 은사를 주신 이들도 있고,

기적을 행하고 주님의 이름으로 병자를 고치는 치유의 은사를 주신 이들도 있다.

사도란 무엇인가?

주님께서 오늘에도 여전히 들어 쓰시는 목회자들이 있다. 하지만 교회가 막 시작되던 때처럼 아주 총체적이거나 강력한 방식은 아니다. 주님의 최고 사절과 대표로서 그리스도의 왕국을 이리저리 가져오는 사도들 역시 마찬가지다. 처음에 이들은 사방에 교회를 세움으로써, 아주 짧은 시간에 그리스도의 왕국을 널리 전파하였다. 아마 오늘에도 여전히 주님께서는 이런 종류의 목회를 펼치고 계실 것이다. 아니, 늘 그러실 것이다. 하지만 우리에게는 그런 사도들이 별로 없으며, 그들 역시 최초의 사도들이 그랬던 것처럼 강력한 정신력이나 고귀한 역할을 가지고 사도직을 수행하지 않는다.

교회의 전임 목회자는 목사, 교사, 그리고 가난한 사람들을 섬기는 이들이다.

주님께서 교회를 맡기신 전임 목회자는 언제나 목사, 교사, 그리고 온 교회가 궁핍한 이들을 돌보도록 위임한 목회자들이다. 다음의 본문들은 이런 사람들에 관하여 이야기한다.

교육과 영성훈련의 목회

[고린도전서 12장 28절]
하나님께서 교회 안에 몇몇 일꾼을 세우셨습니다. 그들은 첫째는 사도요, 둘째는 예언자요, 셋째는 교사요, 다음은 기적을 행하는 사람이요, 다음은 병 고치는 은사를 받은 사람이요. 남을 도와주는 사람이요, 관리하는 사람이요, 여러 가지 방언으로 말하는 사람입니다.

하나님께서 친히 교회 안에 목회자 곧 사도들과 교사, 조력자, 관리자 같은 이들을 두신다.

[에베소서 4장 11~12절]
그분이 어떤 사람은 사도로, 어떤 사람은 예언자로, 어떤 사람은 복음 전도자로, 또 어떤 사람은 목사와 교사로 삼으셨습니다. 그것은 성도들을 준비시켜서, 봉사의 일을 하게 하고, 그리스도의 몸을 세우게 하려고 하는 것입니다.

그리스도께서 친히 회중 안에 목사와 교사를 포함한 모든 목회자들을 두신다. 그들의 목회를 통하여 교회가 말씀과 권징 안에서 세워지게 하기 위해서다.

[디도서 1장 5~6절]
내가 그대를 크레타에 남겨둔 것은, 남은 일들을 정리하고, 내가 지시한 대로, 성읍마다 장로들을 세우게 하려는 것입니다. 장로는 흠잡을 데가 없어야 하며, 한 아내의 남편이라야 하며, 그 자녀가 신자라야 하며, 방탕하다거나 순종하지 않는다는 비난을 받지 않아야 합니다.

여기에서 주목할 점은, 성령께서 각 회중마다 감독 임무를 수행할 만한 장로를 두기 원하신다는 것이다.

[사도행전 15장 2b절]
드디어 안디옥 교회는 이 문제로 바울과 바나바와 신도들 가운데 몇 사람을 예루살렘으로 올라가게 해서, 사도들과 장로들을 찾아보게 하였다.

예루살렘의 첫 교회는 다른 모든 교회들의 모범으로서 그리스도와 성령의 임직을 받았으며, 그 교회에는 사도뿐만 아니라 장로도 있었다.

[사도행전 15장 22a절]
그래서 사도들과 장로들과 온 교회가 대표들을 뽑아서, 바울과 바나바와 함께 안디옥으로 보내기로 결정하였다.

교회의 모든 일들에서 장로들의 충고는 고려의 대상이 되었다.

[사도행전 15장 23b절]
형제들인 우리 사도들과 장로들은…이방사람 교우 여러분에게 문안합니다.

[사도행전 14장 21b~23절]
바울과 바나바는 그 성에서 복음을 전하여 많은 제자를 얻은 뒤에, 루스드라와 이고니온과 안디옥으로 되돌아갔다. 그들은 제자들의 마음을 굳세게 해주고, 믿음을 지키라고 권하였다. 그리고 또 이렇게 말하였다. '우리가 하나님 나라에 들

어가려면, 반드시 많은 환난을 겪어야 합니다.' 그리고 그들을 위해서 각 교회에서 장로들을 임직한 뒤에, 금식을 하면서 기도하고, 그들이 믿게 된 주님께 그들을 맡겼다.

교회에는 일상적인 말씀의 목회를 통하여 믿음 안에 세울 만한 장로들이 있어야 하므로, 바울과 바나바 역시 이 교회들에 장로를 세웠다. 그리고 그들이 이 교회들을 신뢰하고 매우 존중했다는 점은 의심할 여지가 없다.

[사도행전 20장 17, 28절]
바울이 밀레도에서 에베소로 사람을 보내어, 교회 장로들을 불렀다. 장로들이 오니, 바울이 그들에게 말하였다: 여러분은 자기 자신을 잘 살피고 양떼를 잘 보살피십시오. 성령이 여러분을 양떼 가운데에 감독으로 세우셔서, 하나님께서 자기 아들의 피로 사신 교회를 돌보게 하셨습니다.

성령께서는 교회 안에 장로들을 두시고, 그들이 감독이 되어 모든 면에서 영혼 돌봄을 제공하고 마음을 쏟길 바라신다.

[사도행전 21장 18절]
이튿날 바울은 우리와 함께 야고보를 찾아갔는데, 장로들이 다 거기에 있었다.

야고보는 다른 장로들과 최고 감독보다도 먼저였다. 그래서 바울이 그를 먼저 찾아갔던 것이고, 다른 장로들 역시 그에게로 모여들었던 것이다.

몸의 필요를 위한 목회

[사도행전 6장 1~6절]
이 시기에 제자들이 점점 불어났다. 그런데 그리스말을 하는 유대 사람들이 히브리말을 하는 유대 사람들에게 불평을 터뜨렸다. 그것은 자기네 과부들이 날마다 구호음식을 나누어 받는 일에 소홀히 여김을 받기 때문이었다. 그래서 열두 사도가 제자들을 모두 불러놓고 말하였다. '우리가 하나님의 말씀을 전하는 일은 제쳐 놓고서 음식 베푸는 일에 힘쓰는 것은 좋지 못합니다. 그러니 형제자매 여러분, 신망이 있고 성령과 지혜가 충만한 사람 일곱을 여러분 가운데서 뽑으십시오. 그러면 그들에게 이 일을 맡기고, 우리는 기도하는 일과 말씀을 섬기는 일에 헌신하겠습니다.' 모든 사람이 이 말을 좋게 받아들여서, 믿음과 성령이 충만한 사람인 스데반과 빌립과 브로고로와 니가노르와 디몬과 바메나와 안디옥 출신의 이방 사람으로서 유대교에 개종한 사람인 니골라를 뽑아서 사도들 앞에 세웠다. 사도들은 기도하고 그들에게 안수하였다.

목회에는 말씀과 권징의 목회, 그리고 궁핍한 사람들을 돕기 위한 세속적인 목회, 이렇게 두 종류가 있으며, 이것들은 서로 다른 사람들에게 맡겨져야 한다.

지역교회는 성령과 지혜의 은사를 받고 평판이 좋은 사람들을 택하여 목회자로 세운다.

그러면 사도들이 그 선택을 확인하고, 선택받은 이들에게 안수함으로써 그들을 그 직무에 임직한다. 그러니까 그들이 직무를 잘 수행할 수 있도록 성령의 도우심을 불어넣어 주는 것이다.

[디모데전서 3장 8~10절]
이와 같이 집사들도 신중하며, 한 입으로 두 말을 하지 아니하며, 술에 탐닉하지 아니하며, 부정한 이득을 탐내지 아니하며, 믿음의 비밀을 깨끗한 양심에 간직한 사람이라야 합니다. 이런 사람들을 먼저 시험하여 보고, 책망 받을 일이 없으면 집사의 일을 하게 하십시오.

오로지 세속적인 영역에서만 목회하는 사람이라 할지라도 남이 보기에 전혀 흠잡을 데가 없고 경건해야 한다.

위의 본문들을 통해서 우리는 교회의 총체적인 감독이 언제나 다음의 두 가지 목회로 이루어져 있다는 사실을 알게 된다: 영혼 돌봄의 목회와 궁핍한 이들의 신체적 돌봄을 위한 목회.

집사와 부감독, 부집사는 무엇인가?
이 신체적 돌봄의 목회에 임직된 사람들로서, 이 직무가 교회 안에서 수행되었으므로 사도들과 그 후의 교회는 이들을 가리켜 집사 곧 종이라 칭했다. 그리고 교회가 점점 증가하고 전파됨에 따라 부집사 곧 잔심부름꾼이 임직되었고, 그 다음으론 부감독 곧 종의 수장까지 임직되었다.

집사의 임무는 자선을 행하는 것이다.
이 역할과 임무는 다음과 같은 것이었고, 지금도 여전히 그래야만 한다: 그리스도인들이 주일 예배나 다른 모임에 올 때 가난한 이들을 돌보기 위해 가져온 것과, 그 직위의 높낮이를 막론하고 어떤 특정인이 하나님의 이 같은 목회를 위해 교회에 바친 것을, 집에서나 바깥에서나, 신실하게 책임지는 것; 그리고 교회의 보편적인 법칙이나 장로들과 최고 사제 곧 감독의 특별한 가르침에 입각하여, 교구민이나 방문자를 가리지 않고 회중 가운데 궁핍한 이들 모두에게 그것을 나누어 주는 것. 이것은 교회 내의 온갖 필요를 감독하는 최고 관리자 곧 감독과 그의 동료 관리자인 장로들이, 날마다 발생하는 그리스도인들과 이방인들과 지역민들의 요구를 전반적으로 잘 파악하고 있기 때문이며, 그들이 교회의 자원에 따라 사람들을 돕는 일을 감독하기 때문이다.

그리고 고대의 경건한 교부들과 교회법 또는 정전에서 명확히 볼 수 있는 것처럼, 이 교회 목회자들은 늘 성실하게 교회 자산의 수입과 지출을 기록해왔다. 이것은 특히 로마의 독실한 교황이었던 성 그레고리의 서신에 잘 나타나 있다.

하지만 이러한 역할과 임무는 교회 내에서 오랫동안 교황의 횡포 아래 예속되어 있었다. 그리고 슬프게도 완전히 부패해 버렸다. 따라서 지난 몇 년 동안은 집사, 부집사, 부감독이라 불리는 사람들조차도 사실상 자신이 교회에서 맡은 역할이나 임무가 무엇인지를 제대로 아는 사람이 거의 없는 실정이다. 이런 역할을 수행하는 것을 매우 즐기면서도 말이다. 그들은 그저 대중 앞에서 복음이나 서신을 읊조리기만 하면 되는 줄로 안다. 애석하게도 온 교회의 자산은 이른바 사제라고 불리는 사람들 때문에 이미 오래 전에 완전히 교회를 떠났으며, 그리스도인 전체가 하나님 앞에서 극도로 두려워하고 세상 앞에서 수치심을 느껴야 할 정도로 지나치게 악용되고 착복되었다. 이들 스스로도 그 자산이 박해당한 이들의 유산이며 교회의 몫이라고 말한다. 따라서 정전에 확실히 증명되어 있는 것처럼, 그 자산이 오로지 궁핍한 이들을 돌보고 사람들 가운데 하나님의 나라를 세우는 일에만 사용되어야 한다고 주장한다.

이른바 사제들이 교회의 자산을 가난한 사람들로부터 빼앗아 갈 경우, 경건한 이들은 그들 대신 다른 자비로운 재단을 세우고자 한다. 하지만 사제들은 이것마저도 함부로 낭비해 버린다.

초대교회의 독실한 그리스도인들은 이른바 사제들이 가난한 그리스도인들에게 저지르는 이러한 신성모독과 해로운 행위에 대해, 온갖 종류의 구호소와 고아원, 진료소를 세움으로써 일종의 조치를 취하고자 하였다. 하지만 일단 이른바 사제들은 이 구호소와 재단들을 자기 손아귀에 넣을 수 있는 권력을 쥐게 되자, 이것들마저 대부분 고위 성직자와 장식, 수도원과 집을 위한 장소로 바꾸어 버렸다. 이것은 성령과 성모 마리아, 성 요한, 그리고 그 밖의 성인들에게 바쳐진 병원들의 경우만 보더라도 확실히 알 수 있다.

사실 더 오래 전 하나님의 집, 곧 가난한 이들과 교회 목회를 위해, 교육과 후원이 필요한 이들을 돌보기 위해 세워진 옛 재단과 수도원에서도 똑같은 일이 벌어졌다. 적그리스도의 간계와 횡포에 따라 그것들은 그리스도교를 섬기는 데 바쳐지지 않고 오히려 적그리스도 동료들의 해악과 장식에 이용되었다.

현재 조직되어 있는 전반적인 자선은 궁핍한 이들 모두를 적절히 돌보는 일의 시작에 불과하다. 교회 역시 마찬가지다.

이 시기에 주님은 주님의 말씀을 좀 더 완벽하게 이해할 수 있는 능력을 부어 주셨다. 그리하여 가난한 사람들을 전반적으로 돌보는 것에 관한 타협이 한 번 더 이루어졌다. 하지만 그리스도교 개혁의 거의 모든 측면들과 마찬가지로, 여기에서도 우리는 그리스도의 사랑과 그리스도의 왕국에 대한 열정이 요구하는 것에 비하면 겨우 시작밖에 못한 상황이었고, 지금도 여전히 천주교 신자들의 손에 신성 모독적으로 맡겨져 있는 옛 그리스도인들의 예를 찾아볼 수가 있다. 그러므로 이 직무는, 예전에 사도행전 4장 32절 이하의 초대교회가 그랬던 것처럼, 모두가 그리스도의 왕국을 위해 자신의 재산을 사용함으로써 사람들의 필요를 배려하는 것, 그리고 그 누구도 궁핍 때문에 고통 받지 않게 하는 것으로 재도입되어야 한다.

주님께서 백성의 신체적 필요를 위해 교회에서 제공하고자 하셨던 직무와 역할에 관한 이야기는 이것으로도 충분하다. 하지만 영혼 돌봄의 역할과 직무에 관해서는 더 많은 언급이 이루어져야 한다. 영혼 돌봄의 직무가 제대로 실행되는 곳에서는, 몸을 돌보는 목회 역시 별다른 문제가 없을 게 분명하기 때문이다.

목회 업무의 목적과 목표

바로 이러한 직무를 통해서, 성부께서 우리 주 그리스도께 맡기셨으나 아직까지 교회 곧 양의 우리로 인도되지 않은 하나님의 선민들 모두가 언젠가 교회와 양 우리로 인도되어 우리 주님의 일원이 된다. 또한 이미 교회와 주님의 친교로 인도된 사람들은 그곳에 계속 머무를 뿐만 아니라, 모든 죄에서 풀려나고 온갖 좋은 것들로 지도와 격려를 받게 된다. 그리하여 그리스도 안에서 신앙심이 날로 깊어지고 완전한 사람으로 자라나게 되며, 따라서 이해의 차원에서나 생활면에서나 그 누구도 부족한 짐이 없게 된다. 앞으로 더 자세히 살펴보게 되겠지만, 그것이 바로 교회 목회 업무의 목적이자 목표다.

이 모든 것은 오직 가르침과 훈계, 경고, 훈육, 위로, 용서, 그리고 주님과 주님의 교회와의 화해를 통해서만 성취하고 이룰 수 있다. 다시 말해서 하나님의 모든 말씀을 선포함으로써만 성취할 수 있는 것이다. 그리고 그것은 목회 업무를 수행하는 이들이 무리에게 보여주어야 할 훌륭한 삶의 모범과 더불어, 적합하고 고귀한 명성과 필수적인 경외심을 필요로 한다. 이 주제에 관한 본문은 앞으로 좀 더 소개할 것이다.

목회 업무를 제대로 수행하려면 교회가 수많은 연습을 치러야 한다.

목회 업무에는 교육과 훈계, 경고와 훈육, 위로와 용서 등 너무도 많은 것들이 포함되며, 또 이를 위해서는 좋은 평판과 경외심과 삶의 모범이 필요하다. 그리고 이렇게 다양한 직무를 전체적으로 수행할 때에는 선택 받은 백성 하나하나를 빠짐없이 돕는 방식으로 해야 한다. 그러므로 목회 업무를 제대로 수행하기 위해서는 얼마나 다양하고 고귀한 은사와 기술이 필요한지, 또한 얼마나 깊은 열정이 필요한지를 모든 그리스도인이 금방 알 수 있다. 이것은 주님께 인도되어 주님 안에서 보호받고 세움 받은 사람들이 모두 하나가 되지 못하고, 저마다 여러 가지 약점을 지닌데다가, 교회 안의 사람들 숫자도 너무나 많기 때문이다. 따라서 주님 역시 한두 사람에게만 모든 은사를 부어주시지 않고 각 사람마다 재능과 임무를 따로 맡기신다. 그러므로 저마다 다른 이의 도움을 필요로 하고 이용해야만 할 것이다.

주님은 목회 업무에 필요한 은사를 많은 이들에게 나누어 주신다.
주님은 한 사람에게 분명하고 알기 쉽게 가르칠 수 있는 기술을 주시는 반면, 권고하는 일에는 별다른 은총을 주시지 않는다. 또 어떤 사람에게는 온유하고 진지하게 권고할 수 있는 능력을 부어 주시는 대신, 성서를 가르치고 설명해 줄 수 있는 능력은 주시지 않는다. 또 어떤 사람의 경우, 주님은 꾸짖고 훈육하는 일에 특히나 효과적인 열정을 부어 주시는가 하면, 가르침이나 권고 면에서는 별다른 성과를 못 얻게 하신다. 온 회중을 돌볼 수 있도록, 그리고 사탄이 끼어들려고 하는 곳에 시기적절한 준비와 방어를 제공할 수 있도록, 주님께서 매우 정직하고 올바른 정신을 허락해 주신 사람이라 할지라도, 가르침이나 권고 같은 다른 큰 능력은 주시지 않는다. 상처 입고 멍든 이들을 위해 양심적으로, 그리고 실질적으로 직무를 수행하며, 그들을 온유하게, 그리고 강력하게 위로하고 정확한 힘과 훈육의 잣대를 적용시키도록 주님께서 임직하신 이들도, 다른 측면의 목회 업무에서는 별로 효율적이지 못하다.

교회는 많은 수의 장로들을 필요로 한다.

이와 같이 목회 업무는, 모든 지체들 가운데서 그리스도교를 아무런 잘못 없이, 아무런 얼룩이나 주름 없이 보여 줘야 하는, 매우 중대하고 중요한 역할을 담당하고 있기 때문에, 이 업무는 다양한 종류의 직무와 활동을 필요로 한다. 앞에서 이미 언급한 바와 같이, 우리는 이 두 가지 문제에 관한 본문들을 좀 더 많이 소개할 것이다. 주님은 이미 이 직무에 필요한 은사들을 한두 사람이 아니라 여러 사람들에게 다양한 방식으로 부어 주셨다. 주님의 교회가 모임과 근본적인 집단을 이룰 수 있다면, 적든지 많든지, 각 회중의 필요에 따라 장로를 세워야 한다는 것이 곧 주님의 뜻이었다. 이 장로들은 위에서 언급한 업무, 그러니까 이미 회중 속에 들어왔든지 아직 들어오지 않았든지, 그 회중에 소속된 사람들 모두를 얻고 세우는 일에 필요하다. 첫 번째 본문과 두 번째 본문을 비롯하여 앞에서 인용한 본문들 전부가 바로 이 점을 증명해 준다.

사도 바울이 디도에게 크레타에서 장로들을 임직하라고 명한 것은 바로 성령을 통해서다. 이와 마찬가지로, 예루살렘의 초대교회 역시 성령의 도우심 없이는 결코 장로를 선택하거나 임직하지 않았다. 그 교회에는 눈에 보이는 표적과 더불어 성령이 임하셨고, 사도들이 직접 그 교회를 관리하였다.

각 교회의 필요에 따라 상당한 숫자의 장로들이 있어야 한다는 사실은 목회 업무와 활동의 크고 광범위한 성격을 보더라도 얼마든지 짐작할 수 있다. 하지만 세 번째 본문과 일곱 번째 본문을 보면, 이것이 곧 주님의 역할이라는 사실 또한 알 수가 있다. 에베소에서 성령은 단 한 명의 장로가 아니라 여러 명의 장로들을 감독으로 앉히셨다. 사도 바울 역시, 크레타의 모든 도시에서 단 한 명이 아니라 여러 명의 장로들이 임직되어야 한다고 주장하였다. 그 시기에는 이 섬 도시들의 교회가 매우 적은 인원으로 이루어져 있었는데도 말이다.

장로들은 총체적인 목회 업무를 수행한다.
하지만 위의 모든 본문들을 통해서, 그리고 특별히 셋째와 일곱째 본문을 통해서, 사도 시대에는 장로들에게 총체적인 목회 업무와 온갖 임무들이 맡겨졌다고 하는 사실을 충분히 알 수 있다. 또한 세 번째 본문을 통해서 우리는 사도 바울이 이 장로들을 감독으로 앉혔다는 것 역시 알 수 있다. 그는 디도에게 지시하기를, 그 도시들에 장로를 임직하되, 그 장로들은 흠잡을 데가 없어야 한다고 했다. 그리고 그 이유를 설명하기 위해서 그는 이렇게 말한다: *감독은 흠잡을 데가 없어야 하기 때문이다*[디도서 1장 7절]. 그는 마치 이렇게 말하고 싶었던 것 같다: 내가 흠잡을 데 없는 장로들을 요구하는 것은, 이 장로들이 그리스도인의 감독 곧 총체적인 관리인이자 목자가 되어야 하기 때문이다. 감독 업무를 하려면 흠잡을 데가 없어야 한다. 다른 사람들 모두가 흠잡을 데 없이 경건한 생활을 하도록 선도하기 위해서는 우선 그들 자신부터 좀 더 경건하고, 흠잡을 데가 없으며, 다른 모든 사람들의 비난으로부터 자유로워야 하기 때문이다.

이로써 우리는 사도가 여기에서 말하는 장로는 감독 곧 철저한 관리인, 영혼을 돌보는 사람, 그리고 그리스도의 양떼를 치는 목자라는 점을 분명히 알 수 있다. 바로 그 때문에 각 교회에는 여러 명의 장로가 있어야 한다는 성령의 권징이 있는 것이다. 그리고 이 장로들은 모두가 영혼 돌봄과 목회 업무를 수행하는 목자와 감독, 곧 관리인이다.

이것은 일곱 번째 본문에서 훨씬 더 분명히 드러난다. 성 누가는 사도 바울이 에베소 교회의 장로들을 불러 함께 밀레도로 가자고 한 사실을 우리에게 전해준다. 그리고는 사도 바울이 그들에게 한 연설을 자세히 들려준다. 여기에서 그는 사도 바울이 이 장로들에게 특별히 다음과 같이 말했다고 기록한다: *여러분은 자기 자신을 잘 살피고, 양떼를 잘 보살피십시오. 성령이 여러분을 양떼 가운데에 감독으로 세우셔서, 하나님께서 자기 아들의 피로 사신 교회를 돌보게 하셨습니다*[사도행전 20장 28절].

여기에서 주목할 점은, 사도 바울이 증언한 것처럼, 성령께서 이 장로들을 감독으로 세우셔서 하나님의 교회를 먹이게 하셨다는 것이다. 장로들은 그리스도의 양떼를 지키는 목자요 최고 관리인이 되어야 했다. 이와 같이 우리는 성령의 권징에 따라 총체적인 영혼 돌봄과 목회 업무가 교회의 모든 장로들에게 맡겨졌다는 사실을 반복적으로 발견하게 된다. 바로 그런 이유 때문에 성 제롬도 장로와 감독들의 업무가 매한가지라고 주장했던 것이다.

그렇지만 특별히 감독으로 추천받은 수석장로가 있었다.

성 제롬은 계속해서 기록하기를, 초대교회에서는 그런 장로들이 교회에 전반적인 조언을 해주고 그들을 통치하였으나, 나중에는 장로들 가운데 한 명이 다른 장로들 위에 세워졌고, 감독이라는 칭호를 얻게 되었다고 한다. 교회 안에 분파와 집단들이 나타나기 시작하면서부터, 모두들 자기 집단에 장로가 배속되기를 원했다. 그러나 이러한 실천이 오래 지속된 것도 아니고, 모든 교회가 전부 그런 것도 아니었다. 우리는 성 제롬보다 더 고대의 교부들에게서, 사도 시대의 가장 저명한 교회들에서도 장로들이 모든 감독 업무를 맡았다고 하는 명백한 증거를 발견하게 된다. 그렇지만 사도들의 시대조차도 장로들 가운데 한 사람이 이 업무의 감독관으로 선택되고 임직되었으며, 그 사람은 다른 모든 사람들 위에서 영혼 돌봄과 감독 업무를 맡고 최대한 많이 수행하였다.

이렇게 해서 예루살렘 초대교회의 규정 역시 우리에게 여실히 드러난다. 성 누가는 야고보가 온 회중과 모든 장로들 위에 세워진 것에 대해 설명한다. 사도행전 15장 13절 이 아래 그는 교회 회의에서 베드로에 이어 야고보가 모든 장로들에게 뭐라고 말하는지를 상세히 보고한다. 그리고는 사도 바울에 관하여 이야기하기를, 그가 마지막으로 예루살렘에 가서 그곳 교회에 자기 임무에 관해 보고했을 당시, 우선은 야고보에게 먼저 간 다음 장로들이 와서 합류했다고 말한다. 이것은 위의 여덟째[아홉째] 본문에 잘 나타나 있다. 교회사의 증거, 그리고 터툴리안, 키프리안, 이레니우스, 유세비우스 같은 대부분의 고대 교부들의 증거에 비추어 보건대, 다른 교회에서도 똑같은 순서가 그대로 유지되었다. 그리고 이것은 여러 사람이 관련된 문제가 생길 때마다 한두 사람을 임직하여 다른 사람들을 감독하게 하고 그들을 대신해서 말하고 행동하게 하는 인간의 욕구 때문에라도 반드시 필요하다. 이것은 온갖 정치적 상황에서도 찾아볼 수 있다. 정부는 완전히 만장일치로 공동체 전체를 책임질만한 권위를 부여받게 된다. 하지만 그런 경우에도 한두 명의 선구적인 시민이 정부의 모든 문제들을 감독하고 해결할 책임을 떠맡게 된다. 물론 독단적으로 이런 일을 하는 것이 아니라, 전체 회의의 승인과 보편적인 법칙에 입각해야 한다. 정부의 요구를 알리고, 조언을 주고받으며, 다수의 결정에 따라 통지하고, 지시하고, 실행하는 것을 주로 책임지는 것은 바로 이 시민 대표들이다. 하지만 이것은 어디까지나 전체 회의와 도시 전반을 위하여, 그들의 이름으로 이루어진다. 결코 그들 자신을 위해서나 그들 마음대로 이루어지는 것이 아니다.

교회의 장로들 역시 자신의 직무와 영혼 돌봄의 목회를 수행할 때 이래야 하며, 그들 스스로가 이렇게 생각해야만 한다. 그리스도의 왕국이 모두들 안에서 커져가고 그리스도의 양들이 잘 자랄 수 있도록, 그들 모두가 성실히 돌봐야 한다.

하지만 이것을 질서 있게, 생산적인 방법으로 진행시키기 위해, 위에서 살펴본 것처럼, 하나님의 교회에 있는 장로들이 그들 가운데서, 또는 다른 사람들 가운데서 대표 한 사람을 선택하여 임직하였다. 그 사람은, 위의 시민대표처럼, 교회에 대하여 가장 막중한 책임을 맡게 되었고, 교회가 수행하는 온갖 임무와 사업에 대해서도 최고의 감독권을 행사하게 되었다. 그 사람은 또한 교회 전체를 대표하여 그리스도의 가르침과 권고와 훈육을 제공하는 일에서도 가장 큰 역할을 차지하였다. 그리고 이러한 최고의 감독 역할 때문에 이 사람은 감독, 곧 관리자 또는 감독자라 불리게 되었다.

주님이 교회에서 들어 쓰시는 목회자들에 관한 본문의 요약: 교회는 장로를 세워야 하며, 그 숫자는 각 교회의 필요에 따라 달라진다. 그리고 그들 가운데에는 감독이자 수석장로인 사람이 한 명 있다.

이렇게 해서 우리는 주님의 백성을 제대로 돌보고 보호하도록, 전혀 부족한 게 없이 모든 문제를 해결해 주도록, 주님이 교회에서 전반적으로, 항상 들어 쓰시는 여러 종류의 목회자들을 살펴보았다. 제대로 질서가 잡힌 그리스도교라면 모두 그런 목회자들이 세워져 있다. 각 교회의 인원수에 따라, 그리고 각 교회의 상황에 따라, 각 교회가 필요로 하는 만큼 많은 장로들을 세우고, 그 장로들이 영혼 돌봄과 목회 업무를 수행하게 해야 한다. 물론 이 장로들 사이에서도 성령의 권징은 여전히 유지될 것이다. 그 권징에 따라 몇 명이 막중한 책임을 맡아서, 그리스도의 양떼를 책임지고 감독한다. 잘 알려진 속담처럼, 목자가 많으면 돌봄이 부족하기 때문이다. 더군다나 그 교회들에서 몸을 돌보는 목회는, 그런 목적으로 임직받은 목회자들을 통해서, 그 누구도 궁핍 때문에 괴로워하지 않도록, 그 누구도 무질서한 생활로 다른 이들에게 짐이 되지 않도록 계획하고 실행해야 한다. 그러면 이제 이 장로들이 교회와 대표 장로들에 따라 어떻게 선택되고 임직되었는지를 살펴보도록 하자.

Part 5
장로

어떤 사람이 장로가 되어야 하는가,
그리고 어떤 식으로 선택하고 임직해야 하는가?

교회의 목회자들은 회중 가운데서 두터운 신뢰와 사랑을 받는 사람이어야 하며, 교회를 섬기는 일에 열심이고 숙련된 사람이어야 한다.

이 주님의 종들은 교육, 권면, 경고, 시벌, 권징, 용서를 통해 교회에서 우리의 구원 활동을 완수해야 하며, 하나님의 말씀을 베풂으로써 이 모든 일을 수행해야 한다. 그러므로 이 목회자들은 가능한 한 신도들의 신뢰와 존경을 받는 인물로서 신도들 가운데서 주님을 섬겨야 하고, 그리스도의 양을 치는 신실한 목자가 되는 일에 확고한 열정을 지닌 사람이어야 하며, 나아가 필수적인 기술과 성령의 능력을 갖춘 자라야 한다. 바로 그 때문에 목회자를 선택하고 임직할 때 하나님을 향한 최고의 두려움과 가장 부지런한 근면성을 손꼽는 것이다.

다음의 본문들을 통해서 이와 같은 사실을 살펴보겠지만, 장로들의 직제와 우리 존재의 특성 및 본성을 제대로 비교해 본다면 누구라도 이러한 사실을 추론해 낼 수 있을 것이다.

[디모데전서 3장 1~12절]
이 말은 옳습니다. 그러므로 감독은 책망할 것이 없으며, 한 아내의 남편이며, 절제하며, 신중하며, 단정하며, 나그네를 대접하며, 가르치기를 잘하며, 술을 즐기지 아니하며, 난폭하지 아니하고 너그러우며, 다투지 아니하며, 돈을 사랑하지 아니하며, 자기 가정을 잘 다스리며, 언제나 위엄을 가지고 자녀들을 순종하게 하는 사람이라야 합니다. (자기 가정을 다스릴 줄 모르는 사람이 어떻게 하나님의 교회를 돌볼 수 있겠습니까?) 또 새로 입교한 사람도 안 됩니다. 그리하면 그가 교만해져서, 마귀가 받을 심판에 떨어질 위험이 있습니다. 감독은 또한 교회 밖의 사람들에게도 좋은 평판을 받는 사람이라야 합니다. 그래야 그가 비방을 받지 않으며, 악마의 올무에 걸리지 않을 것입니다. 이와 같이, 집사들도 신중하며, 한 입으로 두 말을 하지 아니하며, 술에 탐닉하지 아니하며, 부정한 이득을 탐내지 아니하며, 믿음의 비밀을 깨끗한 양심에 간직한 사람이라야 합니다. 이런 사람들을 먼저 시험하여 보고, 책망 받을 일이 없으면 집사의 일을 하게 하십시오. 이와 같이, 여자들도 신중하며, 험담하지 아니하며, 절제하며, 모든 일에 성실한 사람이라야 합니다. 집사들은 한 아내의 남편이며, 자녀와 자기 가정을 잘 다스리는 사람이라야 합니다.

교회 목회에 임직될 사람은 신도들에게나 교회 밖 사람들에게나 똑같이 좋은 평판을 받는 사람이어야 하고, 개인적인 삶이 경건해야 하며, 이웃들에게 성실해야 하고, 교육이나 권면이나 거짓교리의 반박 등 모든 미덕을 골고루 갖춘 사람이어야 한다. 또한 자기 가정을 잘 다스릴 줄 알아야 하고, 그것을 증명해야 한다.

[디도서 1장 5~9절]

내가 그대를 크레타에 남겨둔 것은, 남은 일들을 정리하고, 내가 지시한 대로, 성읍마다 장로들을 세우게 하려는 것입니다. 장로는 흠잡을 데가 없어야 하며, 한 아내의 남편이라야 하며, 그 자녀가 신자라야 하며, 방탕하다거나 순종하지 않는다는 비난을 받지 않아야 합니다. 감독은 하나님의 청지기로서, 흠잡을 데가 없으며 ― 자기 고집대로 하지 아니하며, 쉽게 성내지 아니하며, 술을 즐기지 아니하며, 폭행하지 아니하며, 부정한 이득을 탐하지 아니하는 사람이라야 합니다. 오히려 그는 손님을 잘 대접하며, 선행을 좋아하며, 신중하며, 의로우며, 경건하며, 자제력이 있으며, 신실한 말씀의 가르침을 굳게 지키는 사람이라야 합니다. 그래야 그는 온전한 교훈으로 권면하고, 반대자들을 반박할 수 있을 것입니다.

디도는 디모데전서에 묘사된 바로 그런 사람들 가운데서, 신도들의 증언과 선택을 토대로 하여 장로들을 임직해야만 했다.

[디모데후서 2장 1~10절]

그러므로 내 아들이여, 그리스도 예수 안에 있는 은혜로 굳세어지십시오. 그대가 많은 증인을 통하여 나에게서 들은 것을 믿음직한 사람들에게 전수하십시오. 그리하면 그들이 다른 사람들을 또한 가르칠 수 있을 것입니다. 그대는 그리스도 예수의 훌륭한 군사답게 고난을 함께 달게 받으십시오. 누구든지 군에 복무를 하는 사람은 자기를 군사로 모집한 상관을 기쁘게 해주어야 합니다. 그러므로 그는 살림살이에 얽매여서는 안 됩니다. 운동경기를 하는 사람은 규칙대로 하지 않으면 월계관을 얻을 수 없습니다. 수고하는 농부가 소출을 먼저 받는 것이 마땅합니다. 내가 하는 말을 생각하여 보십시오. 주님께서는 모든 것을 깨닫는 능력을 그대에게 주실 것입니다. 내가 전하는 복음대로, 다윗의 자손으로 나시고 죽은 사람 가운데서 살아나신 예수 그리스도를 기억하십시오. 나는 이 복음 때문에 고난을 당하며, 죄수처럼 매여 있으나, 하나님의 말씀은 매여 있지 않습니다. 그러므로 나는 하나님께서 택하여주신 사람들을 위해서 모든 것을 참고 있습니다. 이것은 그들도 또한 그리스도 예수 안에 있는 구원을 영원한 영광과 함께 얻게 하려는 것입니다.

교회의 목회에 선택될 사람은 신실하고, 다른 사람을 가르칠만한 능력이 있어야 하며, 그리스도의 싸움에서 고난을 참아낼 수 있어야 하고, 세속적인 일들에 대한 염려나 살림살이를 완전히 버려야만 한다.

[디모데후서 2장 15~17a절]
그대는 진리의 말씀을 올바르게 가르치는 부끄러울 것 없는 일꾼으로 하나님께 인정을 받는 사람이 되기를 힘쓰십시오. 속된 잡담을 피하십시오. 그것이 사람을 더욱더 경건하지 아니함에 빠지게 합니다. 그들의 말은 암처럼 퍼져나갈 것입니다.

교회의 목회자들은 숙련되고 경험이 풍부해야 하며, 하나님의 말씀을 올바르게 가르치고 거짓 교리에 맞서야 한다.

[디모데후서 2장 22~26절]
그대는 젊음의 정욕을 피하고, 깨끗한 마음으로 주님을 찾는 사람들과 함께, 의와 믿음과 사랑과 평화를 좇으십시오. 어리석고 무식한 논쟁을 멀리하십시오. 그대가 아는 대로, 거기에서 싸움이 생깁니다. 주님의 종은 다투지 말아야 합니다. 그는 모든 사람에게 온유하고, 잘 가르치고, 참을성이 있어야 하고, 반대하는 사람을 온유하게 바로잡아 주어야 합니다. 그렇게 하면, 아마도 하나님께서 그 반대하는 사람들을 회개시키셔서, 진리를 깨닫게 하실 것입니다. 그들은 악마에게 사로잡혀서 악마의 뜻을 좇았지만, 정신을 차려서 그 악마의 올무에서 벗어날 것입니다.

교회 목회에 선택될 사람은 육체의 정욕을 단호히 피하고, 대신에 온갖 미덕을 추구해야 하며, 주제넘거나 무례한 질문에는 상관을 하지 말아야 한다. 또 싸움을 좋아하지 않고, 모든 이들에게 친절히 대해야 하며, 악한 사람들도 참아낼 줄 알아야 한다. 그리고 그리스도교 교리를 효율적으로 설명하고 꿋꿋이 지키는 일에 노련해야 한다.

[디모데후서 3장 14~17절]
그러나 그대는 그대가 배워서 굳게 믿는 그 진리 안에 머무십시오. 그대는 그것을 누구에게서 배웠는지를 알고 있습니다. 그대는 어려서부터 성경을 알고 있습니다. 성경은 그리스도 예수를 믿는 믿음으로 말미암아 그대에게 구원에 이르는 지혜를 줄 수 있습니다. 모든 성경은 하나님의 영감으로 된 것으로서, 교훈과 책망과 바르게 함과 의로 교육하기에 유익합니다. 성경은 하나님의 사랑을 유능하게 하고, 그에게 온갖 선한 일을 할 수 있게 하는 것입니다.

장로들 가운데서도 가장 높은 지위에 선출될 사람은, 디모데의 말처럼, 어려서부터 성경을 배워온 사람이어야 한다.

[디모데전서 4장 12~16절]
아무도 그대가 젊다고 해서, 그대를 업신여기지 못하게 하십시오. 도리어 그대는, 말과 행실과 사랑과 믿음과 순결에서, 믿는 이들의 본이 되십시오. 내가 갈 때까지, 성경을 읽는 일과 권면하는 일과 가르치는 일에 전념하십시오. 그대 속에 있는 은사, 곧 그대가 장로들의 안수를 받을 때에 예언을 통하여 그대에게 주신 그 은사를 소홀히 여기지 마십시오. 이 일들을 명심하고 힘써 행하십시오. 그리하여 그대가 발전하는 모습을 모든 사람에게 나타나게 하십시오. 그대 자신과 그대의 가르침을 살피십시오. 이런 일을 계속하십시오. 이렇게 함으로써 그대 자

신도 구원하고, 그대의 말을 듣는 사람들도 구원할 것입니다.

교회 목회에 선택될 사람은 멸시를 당하지 말아야 하고, 아직 젊어서 제대로 대우를 받지 못할 경우에는 말과 행동을 통해서 명성을 쌓아야 한다. 여기에서 주목해야 할 점은, 교회의 목회자들이 어떻게 선택 받는가, 그 임무를 잘 수행할 수 있는 성령의 은사가 어떻게 장로들의 안수와 함께 주어지는가 하는 것이다. 그리고 디모데가 예언의 메시지에 따라 발탁된 것처럼, 그 안수도 그들 안에서 역사하시는 성령에 따라 끊임없이 발탁되는 사람들에게만 주어진다는 사실에도 주목해야 한다.

[디모데전서 5장 21~22b절]
하나님과 그리스도 예수와 택하심을 받은 천사들 앞에서 내가 엄숙히 명령합니다. 그대는 편견 없이 이것들을 지키고, 어떤 일이든지 공평하게 처리하십시오. 아무에게나 경솔하게 안수하지 마십시오. 남의 죄에 끼어들지 말고, 자기를 깨끗하게 지키십시오.

여기에서 주목할 점은 교회의 목회자들이 얼마나 공들여 선택되는가 하는 것이다. 그 누구도 섣불리 안수를 해서는 안 된다. 다시 말해서, 그 누구도 시험을 치르지 않고 이 직무를 맡을 수 없는 것이다.

[사도행전 13장 1~3절]
안디옥 교회에 예언자들과 교사들이 있었는데, 그들은 바나바와, 니게르라고 하

는 시므온과, 구레네 사람 루기오와, (분봉왕 헤롯과 더불어 어릴 때부터 함께 자란) 마나엔과, 사울이다. 그들이 주님께 예배하며 금식하고 있을 때에, 성령이 그들에게 말씀하셨다. '너희는 나를 위해서 바나바와 사울을 따로 세워라. 내가 그들에게 맡기려 하는 일이 있다.' 그래서 그들은 금식하고 기도한 뒤에 두 사람에게 안수를 하며 떠나보냈다.

목회자를 선택할 때 우리는 성령의 선택을 파악하기 위해 노력해야 한다. 우리가 주의 깊게 생각해 왔던 것들과 정성껏 기도해 왔던 것들을 성령께서 우리에게 보여 주실 것이다. 그리고 그 진지함과 경건함 때문에 온 교회가 목회자들을 임직하게 될 것이다.

위의 본문들을 통해서 우리는 교회의 목회자들이 우선은 모두의 눈에 흠잡을 데가 없는 사람, 최대한 좋은 평판을 얻고 있는 사람, 그리고 아내와 자녀와 하인들도 잘 돌볼 줄 아는 사람들 가운데서 선택되어야 한다는 사실을 알게 된다. 이것은 첫 번째 본문과 두 번째 본문에 논증되어 있다.

둘째로는, 좋은 평판을 지니고 있으면서 가르침과 관리 능력도 뛰어나고 그 일에 적합하다고 인정받은 사람들 가운데서 선택해야 한다. 세 번째 본문과 네 번째 본문이 이렇게 가르치고 있다.

또한 셋째로는, 다른 사람들보다 많은 미덕을 지닌 사람들 가운데서 선택해야 한다. 이것은 첫 번째, 두 번째 본문과 다섯 번째, 일곱 번째 본문에 잘 드러나 있다.

하지만 그리스도의 양들에게 특히나 두드러진 모범이 될 수 있을만한 미덕 면에서 남보다 뛰어나야 한다는 것이 바로 성령의 특별한 요구다. 자신과 관련된 온갖 경건함의 미덕들, 그리고 이웃을 향한 온갖 정의가 요구되는 것이다. 또한 그들은 가르침과 징벌, 그리고 온갖 종류의 목회 업무에서 자신이 숙련되고, 열심 있고, 친절하고 사랑이 많다는 사실을 증명해야 한다. 그래야 사람을 얻는 일과 얻은 사람들을 양성하는 일에 더 뛰어날 수 있기 때문이다.

교회 목회자에게 요구되는 권징과 경건함.
교회의 목회자들이 모두 한 아내의 남편이어야 하고, 절제할 줄 알며, 고결하고, 정중하고, 경건하고, 자기 관리가 되어 있고, 순수하고, 술에 탐닉하지 말아야 한다는 것, 이것은 무엇보다도 중요한 성령의 뜻이다. 그들은 또한 규율을 유지할 줄 알아야 한다. 그래야 그들의 자녀와 종들이 해이하다는 비난을 받지 않을 것이다. 다시 말하지만, 그들이 본인뿐만 아니라 본인에게 속한 사람들의 경우에도 최고 수준의 규율과 경건함을 증명하고, 온갖 육체의 정욕과 근심걱정은 완전히 거두어야 한다는 것이 바로 성령의 뜻이다.

온 교회에게 온갖 육체의 욕망과 정욕을 버리라고 가르칠 수 있으려면, 그들부터 먼저 자기 자신과 자기에게 속한 사람들에게 최고의 모범을 보여줘야 하기 때문이다. 본성의 욕구를 최대한 확고히 거부하지 않는 사람은 쉽사리 사악한 정욕과 욕망에 사로잡힐 것이며, 그 결과 하나님의 것을 개인용도로 부주의하게 사용한다든가, 다른 사람들에게 부적합한 사람으로 낙인찍혀 경멸과 외면을 당하고 말 것이다.

아내에 관한 주제에서, 성령은 각 목회자들이 오직 한 아내의 남편이어야 한다는 차원에서 규율과 경건함을 규정한다. 그 누구도 두 명 이상의 아내를 두어서는 안 된다고 하는 것은 (교회가 시작되던 그 시기에는, 유대인이든 이방인이든, 그리스도께로 나아온 사람들 가운데 두 명 이상의 아내를 둔 이들이 있었다) 성령께서 목회자들의 결혼을 반대하시는 게 결코 아니라는 점을 증명해 주며, 장로들도 결혼한 상태에서 아무런 비난이나 죄책감 없이 생활할 수 있다는 점을 공식적으로 인정하는 것이다. 그렇기 때문에 사도 바울은 디모데와 디도에게 보내는 서신에서, '*책망할 것이 없으며*' 바로 뒤에 '*한 아내의 남편이며*'를 붙여 쓴 것이다(디모데전서 3장 2절; 디도서 1장 6절).

결혼생활 자체는 경건한 행위를 증진시킬 뿐, 결코 방해하지 않는다.

비록 결혼생활이 목회활동에 방해가 될 수도 있는 세속적 염려와 문제, 일거리들을 포함하고는 있지만, 한편으로는 목회자들이 절제되고 흠잡을 데 없는 삶을 살게 해줄 뿐만 아니라, 세속적인 근심과 일거리들로부터 자유로워져서 주님을 좀 더 신실하게, 열심히, 아무런 방해 없이 섬길 수 있게 해주는 등, 다양한 이점을 지니고 있는 것도 사실이다. 특히 신실하고 부지런한 교회 목회자들의 숫자가 턱없이 부족한 요즘은 더욱 그러하다. 적그리스도의 종들이 그리스도의 유산을 함부로 써버릴 수 있는 지위에 앉아 있기 때문이다.

하나님의 규정에 따르면, 여자는 모든 면에서 남편의 방해자가 아니라 조력자여야 한다.

하나님은 여자를 남자의 조력자로 창조하셨으며, 그리하여 남자와 여자가 함께 경건한 삶을 살 수 있도록 만드셨다. 따라서 결혼생활이 주님 안에서 시작되고 주님 안에서 지속되는 한, 아내는 남편을 주님으로부터 분리시키지 않는다. 또한 아내가 하나님의 나라에 열심일 때, 남편은 하나님의 일을 경시하지 않고 오히려 더 신실하게 수행함으로써 아내를 기쁘게 한다. 결혼생활 그 자체에는 본질적으로 경건하지 않은 게 전혀 없으며, 하나님의 명령과 축복을 받지 못할 게 하나도 없다. 따라서 결혼생활은 본질적으로 경건함이나 선행을 방해하는 것이 아니라 오히려 증진시킨다. 결혼생활은 언제나 주님 안에서 유지되어야 한다. 특히나 교회 목회자들의 경우에는 더더욱 그래야만 한다.

이것은 곧 주님의 명령도 없이 결혼생활을 포기해 버리는 사람의 경우, 그런다고 해서 세속적인 일들로부터 좀 더 자유로워지고 주 그리스도께 좀 더 마음껏, 헌신적으로 나아갈 수 있는 게 아니라, 오히려 훨씬 더 세상 속으로 가라앉아 주 그리스도께 버림받게 된다는 것을 의미한다. 그런데 애석하게도 우리는 이른바 사제들에게서 그런 예를 터무니없이 많이 발견하게 된다.

결혼이 교회 목회의 규범이었을 때에는 엄청난 축복을 가져왔다. 하지만 결혼이 금지된 이후로는 지독한 부정과 범죄를 불러일으켰다.

이것은 사람이 성령보다 더 지혜롭고 거룩해지길 원하기 때문에 벌어지는 일이다. 성서 어디에서도 성령께서 교회 목회자들에게 결혼을 피하라고 말씀하신 곳이 없다. 오히려 성령은 목회자들도 결혼하지 말라고 명령하지 않으신 대부분의 사람들과 똑같은 지위를 차지하게 되기를 바라신다. 그렇기 때문에 최초의 교회와 더 나중의 교회들이 목회자들의 결혼을 금지하지 않았다는 면에서 크게 축복을 받았던 것이다. 하지만 결혼이 금지되자마자, 안타깝게도 오늘의 상황에서 잘 알 수 있듯이, 결혼은 교회 내에서 매우 불경건한 범죄로 전락해 버렸다.

경건한 교부들이 어떻게 결혼을 피하게 되었는가?

교부들은 바울의 말뜻을 다음과 같이 오해하고 말았다. 곧 바울이 지극히 광범위한 의미에서, 그리고 마치 결혼 그 자체가 경건함을 방해하는 것처럼 기피하면서, 결혼 외부의 순결을 매우 높이 평가한 것으로 받아들인 것이다. 하지만 이것은 결코 사실이 아니다. 결혼은 하나님의 역사이자 축복이며 천국에서 명령받은 것이므로, 죄가 그것을 본질적으로 불결한 것이라 판결할 수 없는 것이다.

하지만 고대의 교부들은 이것을 충분히 고려하지 않았다. 그저 결혼생활에는 너무도 많은 육욕이 존재하며, 따라서 교회 목회에는 부적절한 것이고, 진정으로 열심인 그리스도인의 삶에 전부 부적합하다고 생각하였다. 그들이 독신생활과 과부살이를 매우 높이 평가한 반면, 결혼에는 지독한 혐오감을 드러냈던 것도 다 이 때문이다.

사도 바울의 '한 아내의 남편'이라는 말뜻을 오해하다.

또한 그것은 그들이 바울의 '한 아내의 남편'이라는 말뜻을 오해한 결과이기도 하다. 사도 바울이 마치 전 생애에 걸쳐서 오직 한 아내만 맞아야 한다고 명령한 것처럼 오해한 것이다. 그 뒤로 이러한 해석은 교회법에까지 영향을 미쳤고, 그리스도인 황제들 때문에 더욱 강화되었다. 아무리 경건하고 노련한 사람일지라도, 두 번 결혼을 했다거나, 한 번의 결혼도 처녀와 한 것이 아니라면, 절대로 교회 목회에 참여할 수 없게 된 것이다.

하지만 이러한 해석은, 바울의 말로 보나 가르침으로 보나 결코 올바른 해석이 아니다. 바울이 말한 것은 *한 아내의 남편*이지, 전 생애동안 오직 한 아내만 가진 사람이나 반드시 처녀와 결혼한 사람이 아니다. 그의 가르침을 샅샅이 뒤져보더라도, 그가 교회 목회를 위해 처녀나 과부와의 두 번째 또는 세 번째 결혼을 경멸했다고 결론내릴 만한 부분이 한 군데도 없다(그 여인들이 경건하고 존중할 만한 인물이라면 말이다). 더욱이 성 크리소스톰과 그 밖의 경건한 교부들은 *한 아내의 남편*이라고 하는 이 말을, 우리가 앞에서 상세히 설명한 것처럼 이해하고 설명하였다. 오직 이것만이 유일하게 진실하고 자연스러운 이해다.

천주교 신자들의 지독한 해악은, 교회 목회자들의 수치나 결함을 막지 않는 것, 그리고 무슨 일이 있어도 결혼을 허용치 않는 데 있다.

이렇게 미혼자들의 순결만 칭찬하고 결혼한 사람들의 순결을 비난하는 것은, 경건한 교부들의 경우 매우 좋은 효과를 낳았으며, 아마 독실한 교부들에게도 매우 좋게 비쳤던 것 같다. 그래서 결혼 밖의 진성한 순결을 그토록 열심히, 완벽하게 증명하였던 것이다. 그러나 우리의 천주교 신자들은 이 경건한 교부들의 예를 들어 가르침을 도전적으로 전파하고, 또 결혼이라는 문제에서 교회 목회자들에게 특면을 주고 독실한 아내와 결혼한 훌륭한 동료 사제들을 인정함으로써, 특면에 따라 그 사도, 그러니까 사실은 성령의 관대한 입장에 놓이는 것을 원치 않는다. 그 지독한 뻔뻔스러움 때문에, 애석하게도 그들이 수백 년 동안 그토록 지독하고 끔찍하게 교회를 괴롭혀왔기 때문에, 이제는 그리스도인들 모두가 이것이 전능하신 분과 인품이 훌륭한 사람들 전부에 대한 교만한 비웃음과 조롱에 불과할 뿐이라는 사실을 금방 알 수 있다. 이것 외에는 그들이 교회의 목회자들을 경멸할만한 수치나 결함이 전혀 없기 때문이다. 그토록 자주, 그토록 심각하게 표명해온, 그러면서도 그들이 너무도 오랫동안 짓밟아 왔던 하나님과 교회의 명령에 반대되는 것이 전혀 없는 것이다. 또한 그들이 돈이나 물건에 대한 답례로 특면을 주지 않는 것은 아주 집요하게 지키면서도, 돈을 위해서라면 그리스도와 그 밖의 모든 것을 몽땅 팔아치우는 것이 곧 이 인간적인 규칙이다.

천주교 신자들이 성직자들의 결혼을 그토록 집요하게 금지해 온 다섯 가지 이유

하지만 적그리스도는, 자기 종들에게 경건한 결혼생활을 허용하지 않고 그저 온갖 해악만 허용해야, 자기를 부당하게 다루거나 교정을 강요할 수 있는 고귀한 사람들이 자기 패거리와 섞일 기회가 더 적다는 사실을 아주 잘 알고 있다. 또한 적그리스도는 부정직이라는 결함이 사람들로부터 온갖 경건의 의미와 감정을 몰아낸다고 하는 사실을 잘 안다. 슬프게도 이것은 그 패거리들 모두에게서 너무도 쉽게 찾아볼 수 있는 현상이다. 결혼 금지 때문에, 이제는 그의 종이나 사제, 수도사로 채용하지 못할 만큼 지나치게 사악하고 불경스러운 것은 없게 되었을 정도다. 결혼금지는 또 사제와 수도사들의 수치스러운 삶 때문에 교회 목회 전체와 종교 전부가 경멸과 혐오의 대상이 되게 만든다. 그리고 사람들 자체도 점점 더 혐오스럽고 사악해진다. 이것은 교회의 목회와 권징이 경멸당할 경우 결코 피할 수 없는 일이다.

그러나 적그리스도는 이 모든 것에도 불구하고 자신이 부부간의 사랑에 관한 주님의 거룩하신 역사를 훼방 놓고 비방할 수 있다는 사실을 즐긴다. 요즘은 결혼 금지가 적그리스도로 하여금 교회 약탈을 지속하고 나아가 증가시킴으로써 어리석은 영혼들을 모두 파멸시키게 만들기도 한다. 적그리스도는 안 그래도 폭력적인 세대에게 훨씬 더 많은 의무를 지움으로써 자신의 사악함과 포악함을 계속 유지할 수 있는 것이다. 부디 우리 주 예수께서 이 불쌍한 양들을 그 늑대들의 손에서, 그리고 교회를 망치는 이들에게

서 구해주시기를 바란다.

 이제 본래의 이야기로 되돌아가자. 교회의 목회자들이 우선은 그 자질들을 갖춰야 하고, 그럼으로써 그들 사이에서나 그들에게 속한 사람들 사이에서 경건함과 권징의 본보기가 되어야 한다는 것이 곧 성령의 뜻이다. 교회의 목회자들이 그 자질들을 갖춰야 하는 두 번째 이유는, 그럼으로써 모든 이웃들에게 선행의 본보기가 될 수 있기 때문이다. 이 자질들 중 몇 가지는 이웃에게 선행을 베푸는 일을 더 이상 방해 받지 않게 해주며, 또 몇 가지는 이웃에게 선행을 베풀 때 더 많은 기쁨과 열정을 느끼게 해준다. 탐욕과 이익 추구는 이웃들에게 친절한 도움을 베풀지 못하도록 방해한다. 바로 그 때문에 성령께서, 첫 번째 본문과 두 번째 본문에서 알 수 있듯이, 탐욕을 부리지 않는 사람 또는 이익을 추구하지 않는 사람을 목회자로 원하시는 것이다. 또한 세 번째 본문이 보여주는 것처럼, 목회자는 세속적인 일들에 매여 있지 않아야 한다. 세상일들은 이웃에게 선행을 베풀고 가르쳐주고 싶은 의지와 성향과 항상성을 앗아가 버리기 때문이다. 나아가 목회자는 오만하거나 이기적이지 않아야 하고, 쉽사리 화를 내거나 걸핏하면 다투지도 않아야 하며, 따지기를 좋아하거나 완고해서도 안 된다. 또 복음을 위한 싸움에서 소심해서도 안 되며, 주제넘은 질문을 해서도 안 된다. 첫째와 둘째, 셋째, 다섯째 본문에 나타나 있듯이, 이러한 결함이 전혀 없는 사람을 교회의 목회를 위해 선택하는 것은 오로지 성령의 뜻에 따라서다.

교회 목회 때문에 기쁨과 행복을 느낄 수 있는 자질들

육체적으로나 정신적으로 이웃을 돕는 가운데 기쁨과 행복을 느끼기 위해서 성령이 요구하시는 자질들 가운데 가장 으뜸인 것은 바로 이것이다: 첫 번째 본문과 두 번째, 네 번째 본문이 가리키는 것처럼, 공정하고, 정의롭고, 거룩하고, 관대하고, 친절하고, 인내심이 많고, 합리적인 사람이어야 한다.

마지막으로, 성령은 교회 목회자들이 좀 더 효과적으로 유용하게 그리스도의 어린양들을 돌볼 수 있도록 그와 관련된 모든 일들과 권징 업무를 수행하는 데 특별히 도움이 될 만한 몇 가지 자질들에 관하여 말씀하신다. 그것은 다음과 같다: 사악한 이들을 잘 참아내며, 친절하고 신실하며, 부지런히 가르치며, 자기 가정을 잘 관리하며, 다른 이들의 존경을 받는 사람으로서, 새 신자가 아니어야 한다. 이것은 네 번째 본문에 잘 나타나 있다. 이로써 우리는 교회 목회자들이 특별히 갖추어야 할 자질들과, 그들이 결코 갖지 말아야 할 약점과 결함에 대해 잘 알게 된다.

다른 그리스도인들은 몰라도 교회 목회자라면 절대 묵인하지 말아야 할 것들

하지만 그렇다고 해서 모든 그리스도인들이 다 이런 자질들을 갖추어야 하는 것은 아니다. 또 이런 결함들을 모든 그리스도인들이 다 피해야 하는 것도 아니다; 그러나 다른 사람은 몰라도 목회자라면 반드시 이런 자질들을 갖추어야 하며, 그들에게서는 이런 결함들이 절대로 발견되어서는 안 된다. 물론 안타깝고 맞서 싸워야 할 일이긴 하지만, 목회자가 아닌 경우에는 교회 안에서 이런 결함을 다소 지녔다 할지라도 그냥 참아 넘겨야 한다. 어떤 이들은 포도주나 그 밖의 육신에 속한 것들을 지나치게 즐거워하기도 하고, 또 어떤 이들은 여전히 돈과 이익을 너무나 사랑하기도 하며, 또 어떤 이들은 너무 쉽게 화를 내거나 다투기도 한다 ― 그렇다 할지라도 이런 점들 때문에 그들을 교회 밖으로 몰아낼 수는 없다. 그들 역시 자신의 방법을 고쳐보고자 훈육을 받지만, 그들의 결함이 그들 자신을 슬프게 만들며, 너무나도 연약한 상태에 빠뜨린다. 하지만 가르침과 교회 확립의 목회를 위해서는 가장 큰 힘과 완전함이 요구되기 때문에, 그런 사람들을 감독이나 장로로 임직해서는 안 된다. 보통 시민의 위치에 적합하다고 해서 그 사람을 시 의회나 정부의 요직에 앉힐 수는 없는 것과도 같다.

이제 우리는 고대의 의회와 황제, 교황들에 따라 제정된 교회법 전체가 그런 진지한 접근을 가장 단호하게 주장했음에도 불구하고, 교회 목회자를 선택하고 임직하기 위한 이 진지한 접근이 안타깝게도 천주교 신자들 때문에 부패해버렸다는 사실을 잘 알 수 있다. 바로 이런 이유 때문에 우리가 온 마음을 다해 하늘에 계신 우리 아버지께 다음과 같이 기도하는 것이다: *그 이름을 거룩하게 하여 주시며, 그 나라를 오게 하여 주시며*[마태복음 6장 9절 이하]. 또한 이 땅에서 우리가 이러한 교회의 부패를 신속하게 효율적으로 처리할 수 있는 방법은 무엇인가 하는 질문보다 더 중요한 문제는 없다. 사도를 통해 성령이 내리신 목표에 온전히 도달할 수 있는 목회자, 성령이 우리에게 설명하신 표준을 모든 면에서 만족시킬 수 있는 목회자가 정 없다면, 그 목표에 가까이 다가서기 위해, 그 표준을 조금이라도 더 만족시키기 위해 정말로 열심히 노력하고 있는 사람을 뽑도록 하자. 가련한 이들을 그리스도께로 인도해야 할 사람이 정작 본인은 온 마음을 다해 그리스도께로 나아가지 않는다면, 과연 그 누가 환란과 재앙을 표현할 수 있겠는가?

거짓되고 신실치 못한 목회자를 파면시키고 참되고 신실한 목회자를 그 자리에 앉히는 것도 그리스도교가 져야 할 책임이다.

교회는 우리 주 그리스도께서 귀중한 피로써 사신 것이다. 따라서 교회는 그분의 거룩하고 자유로운 왕국이어야 한다. 이제 모든 것들이 다 교회의 것이고, 교회는 오로지 그리스도의 것이다. 이것은 교회 목회를 구실로 교회를 아주 비참하게 파멸시켜온 적그리스도들로부터 완전히 돌아서게 만드는 일, 그리고 교회에 딱 맞는 목회자를 제공하는 일이 결코 어떤 피조물의 능력에 달려 있지 않다는 뜻이다. 사실상 그들은 이 일에 실패할 경우 스스로를 거짓 목회자들의 신성모독과 사악한 본성의 동반자로 만들어 버린다. 성 크리소스톰이 네 번째 서신과 일곱 번째 서신, 그리고 그 밖의 글들에서 다른 거룩한 교부들과 마찬가지로 매우 진지하게 지적한 것처럼 말이다. 하지만 내가 지금 말하려는 것은 어떤 특정한 개인이 아니라 교회에 관해서다. 특정한 한 종파가 아니라 그리스도교 통치자를 찾아볼 수 있는, 그리스도의 회중 전체에 관해서다. 교회들 역시 언제나 성령, 그리하여 최고의 명령에 따라 행하기 때문에, 이른바 목회자라고는 하지만 실은 목회자에 적합하지 않은 이들을 파면시키고, 그리스도교 통치자들의 참여 속에, 그리고 그리스도의 모든 양들의 동의하에, 적합하고 적절한 목회자를 임직할 것이다.

지금까지 우리는 어떤 사람을 목회자로 선택해야 하는가 하는 문제를 고려할 때 영성, 그리고 목회자에 적합한 하나님의 은사에 가장 큰 강조점을 두었다. 목회자는 회중 전체의 존경과 신뢰를 가장 많이 받아야 하며, 독실한 행동 때문에 널리 이름이 나 있어야 한다. 또 목회자는 교리와 권징, 그리고 구원을 촉진시켜주는 것들 전부에 매우 능숙하고 열심이어야 하며, 모든 덕목을 최고 수준으로 갖추고 있어야 한다.

교회의 목회에는 수많은 종류의 은사가 요구된다. 따라서 교회 안에는 여러 부류의 사람들이 필요하다.

하지만 주님은 오직 한 사람이나 두세 사람에게만 이 모든 은사와 기술들을 몰아주시지 않는다. 따라서 교회에는 늘 많은 장로들이 있었으며, 이들이 하는 일과 존재가치는 저마다 달랐다. 물론 모든 장로들이 평판도 좋고 신망도 두터우며 뛰어날 정도로 온갖 미덕을 갖추어야 마땅하지만, 그렇다고 해서 그들이 모두 똑같은 일을 하고 똑같은 존재가치를 지녀야 하는 것은 아니다. 또 그들 모두가 온갖 기술을 갖추고, 똑같은 은사들이나 한 가지 은사를 받아야 하는 것도 아니다. 바로 그 때문에 고대 교회는 학식이 있거나 말을 잘하는 사람들뿐만 아니라 영적인 사람, 양식이 있는 사람, 열심인 사람들도 목회자로 임직하였던 것이다. 그들은 하나님께서 교회를 세우는 데 특별한 임무를 맡기신 인물로서 저마다 인정을 받았다. 어떤 사람은 마치 바울이 디모데를 인정했던 것처럼, 어렸을 때부터 신앙과 성서 안에서 양육 받은 것으로 인정을 받았으며, 또 어떤 사람은 아볼로처럼 신앙을 변호하는 능력이 뛰어난 달변가로 인정을 받았다. 그리고 어떤 사람은 친절하고 사랑이 많은 영혼으로 인정받았으며, 어떤 사람은 권징과 처벌로 흔쾌히 인정을 받았다. 결과적으로 저마다 특별한 이유에서 영혼 돌봄에 종사하는 사람으로 인정을 받은 것이었다.

같은 이유로 교회는 목회자를 고를 때 외적인 측면에서 모두 똑같은 유형의 사람을 선택하지 않았다: 하나님은 결코 그런 식으로 은사를 나눠주시지 않았기 때문이다. 하나님은 인간을 그저 구경만 하지 않으신다: 사실 그럼에도 불구하고 교회 목회자들은 모든 그리스도인이, 높든지 낮든지, 그리스도 안에서 하나라는 사실을 보여주기 위해 상류계급과 중간계급, 그리고 하층계급의 사람들을 골고루 등용하였다. 저마다 영혼을 돌보는 데 필요한 탁월한 은사를 지닌 것으로 판명되었기 때문이다.

대부분의 목회자들은 덕망 있고 유능한 가족이나 친구들과 함께 자라난 경우가 많았다. 사람들로부터 널리 인정과 승인을 받아야 했기 때문이기도 하고, 또 친절하고 바른 언행 때문이기도 했다: 암브로스, 어거스틴, 크리소스톰 같은 고대의 경건한 주교들도 대부분 그러했다. 하지만 이런 장점과 은사를 지닌 사람이라 할지라도 혼자서 신앙의 문제들을 완벽하게 이해할 수는 없다. 다른 사람을 가르치거나 권징하는 능력은 더더욱 말할 것도 없다. 따라서 교회는 그리스도교 이해에 필요한 은사와 열정을 지닌 탁월한 이들을 선택하는 것이 좋다. 비록 외적인 면에서 그리 매력적이거나 사랑스럽지 않은 사람이라 할지라도 말이다. *사람의 말과 천사의 말을 할 수 있고 온갖 신비들을 헤아릴 수 있다 할지라도*, 만일 신실하지 못하거나, 주님의 일에 열심이 없는 사람보다는, 차라리 언변이나 학식은 좀 부족하더라도 그리스도의 일에 진정으로 연루된 사람을 선택하는 것이 더 낫다.

고대의 질서정연한 사도 교회들이 모든 계급과 모든 유형에서 골고루 장로들을 선출한 것도 바로 이런 이유에서다. 이것은 사실 대부분의 공동체에서 상식과 경험을 토대로 하여 통상적으로 벌어지는 일이다. 그것은 공동체 내의 공적인 평화를 더 잘 유지하기 위해서일 뿐만 아니라, 대중의 욕구를 좀 더 편하고 자유롭게 해결해 주기 위해서이기도 하다.

성 암브로스는 교회가 온갖 부류의 덕망 있고 양식 있는 사람들로부터 장로를 선택하지 않는다고 불만을 토로한다.

성 암브로스가 그 시대에 이미 교회들이 이전처럼 온갖 부류의 경건한 사람들을 뽑지 않고 오로지 학식 있는 사람들만 뽑기 시작했다고 불만을 토로하는 것도 바로 이런 이유에서다. 그는 디모데전서 5장과 관련하여 다음과 같이 기록한다. '회당과 후기 교회에는 장로들이 있었다. 그들의 조언 없이는 교회의 어떤 일도 이루어지지 않았다. 그런 실천이 어떤 실수 때문에 폐지되었는지 나는 모른다. 박사나 학자나 교사들의 조잡함 때문인지, 아니면 오만함 때문인지.' 이 경건한 주교는 교회의 목회가 하나님을 경외하는 그리스도인, 진정으로 열심인 그리스도인이 아니라 오로지 학자나 교사들에 따라서만 이루어지는 건 잘못이라고 주장한다.

감독이 교회의 모든 권력을 한 손에 거머쥐는 것은 무척이나 해로운 일이다. 하나님은 주님의 교회를 돌보기 위해 수많은 사람들을 들어 쓰신다. 따라서 이 임무가 소수의 사람들에게만 제한될 경우 반드시 나쁜 일이 일어나게 된다.

게다가 그 후로 감독들이 교회 안에서 거의 모든 권력을 독차지하게 된 것은 훨씬 더 큰 잘못이다. 그들은 하나님의 법처럼 오직 한 사람만 행사하는 법이 가장 선한 형태의 법이라고 주장한다; 하지만 그들 스스로가 자신은 하나님과 완전히 다르다는 사실을 여실히 드러낸다. 영혼 돌봄은 아주 많은 요구사항을 만들어 낸다. 따라서 아무리 적은 회중이라 할지라도 단 한 사람이나 적은 인원으로는 그 법을 제대로 행사할 수가 없다. 플라톤이 기록한 것처럼, 영적인 법을 행사하기 위해 부름 받은 사람들 가운데서 한 명의 지도자를 세우는 것이 여러 사람을 세우는 것보다 쉬운 건 사실이다. 하지만 진정한 영혼 돌봄에 아주 깊이 연루된 경우에는, 이 임무에 가장 숙련된 사람이라 할지라도, 혼자서나 소수의 인원만으로는 그리 많은 것을 성취할 수 없다. 모든 기술과 능력은 하나님께로부터 온다. 하나님은 소수가 아니라 다수를 통하여 주님의 교회에서 이 임무를 완수하길 원하신다. 이 세움의 임무에서 하나님은 수많은 도구를 갖기를 원하시며 또 그들을 들어 쓰고자 하신다. 그래야 주님의 수많은 백성들에게 임무를 맡기고 그들을 좀 더 견고하게 묶어줄 수 있기 때문이다. 하나님은 다른 이들을 사도와 복음전도자 등으로 들어 쓰신다. 하나님의 백성 가운데 무익한 사람은 한 명도 없다. 그들 사이에는 가장 큰 합일과 질서가 존재해야 하며, 서로가 서로를 의지할 수 있어야 한다. 그리하여 모든 것이 하나가 되고 공통되어야 하며, 공동의 활동을 통하여 시작하고 지속되어야 한다.

하지만 우리는 바울의 예를 반드시 짚고 넘어가야 한다. 그는 교회를 너무도 지독하게 교란시킨 고린도 사람들을 사탄에게 넘겨 버리고 싶었다. 물론 그 사도는 얼마든지 이 일을 혼자서 처리할 수 있었다. 교회의 다른 사람들이 그를 대신하여 그 일을 수행해 줄 것이었다. 한 사람을 사탄에게 넘겨 육체적으로 심한 고통을 줌으로써 영혼을 구원하는 이 임무는 평범한 교회가 하는 일이 아니라 기적을 행하는 특별한 개인적 은사를 지닌 사람이 할 수 있는 일이기 때문이다. 하지만 그 사도는 고린도 교회 안에서 이 임무를 수행하고자 했다. 그는 고린도전서 5장 1~5절에서 알 수 있듯이, 교회 전체가 한 자리에 모여서 자기와 함께 이 임무를 수행할 수 있기를 원했다.

그러나 로마서 12장과 고린도전서 12장, 에베소서 4장 가운데 우리가 제1장에서 셋째, 넷째, 다섯째 본문으로 인용했던 구절들을 보면, 이 문제들에 대한 올바른 근거를 찾아볼 수 있다. 거기에는 주님께서 교회 목회에 연루된 사람들의 무리를 얼마나 간절히 원하시는지, 그리고 그 안에서 여러 부류의 수많은 사람들, 모든 계층과 모든 유형의 사람들을 얼마나 간절히 원하시는지가 아주 잘 드러나 있다. 그리고 영혼 돌봄의 임무를 올바르게 제대로 수행하기 위해서는 모든 계층과 모든 유형의 사람들로부터 분별 있고 열심 있는 하나님의 백성을 많이 선택하여 영혼 돌봄의 임무를 맡겨야만 하는 근본적이고도 본질적인 이유도 바로 이것이다.

어떤 사람을 교회 목회자로 임직해야 하는가의 요약

다음은 영적인 능력과 외적인 특성 둘 다를 감안하여 어떤 부류의 사람들을 교회 목회자로 삼아야 하는지에 관한 우리의 연구를 결론짓는 것이다. 이 모든 것의 목적과 목표는 주님의 일을 수행하는 데 정말로 숙련되고 열심인 사람, 교회의 신뢰와 신임을 얻을 수 있는 사람을 선택하기 위함이다. 교회 목회자는 이 두 가지 특성 외에도 다른 특성들을 갖춰야 하며, 온갖 덕목을 최고로 갖춘 사람이라야 한다. 또한 그들의 숫자는 충분히 많아야 한다. 주님은 어디까지나 수많은 방법들을 통하여 주님의 일을 완수하고자 하시기 때문이다. 그리고 그들은 모든 계층, 모든 유형의 사람들로부터 선택되어야 한다. 주님은 모든 계층과 모든 유형의 사람들에게 임무를 맡김으로써 그분의 목회에 들어 쓰길 원하시기 때문이다.

목회자의 선택과 임직

사도 시대의 교회 목회자 선택과 임직

이제 여덟 번째와 아홉 번째 본문을 통하여 교회의 장로와 목회자들을 선택하고 임직하는 방법에 관하여 알게 되었다. 그 본문들에서 우리는 어떻게 해서 디모데가 예언자적 메시지, 곧 이전에 성령께서 알려주셨던 것, 수많은 증인들이 지켜보는 가운데 장로들의 손에 주어졌던 것을 통해 잘 입증된 교회의 은사를 받게 되었는지 알게 된다. 또한 우리는 바울과 바나바가 어떻게 해서 이교도를 위한 사도직에 선택되고 임직되었는지를 알 수 있다. 이들은 하나님을 섬기는 일에 전념하고 금식하였다. 말씀과 성례전을 통하여 하나님의 모든 일들에 참여하였으며, 하나님의 선하심을 생각하고 찬미하는 동안 몸의 음식과 온갖 세속적인 활동을 끊었다. 그러자 그들이 가는 곳마다 성령께서 인도하셨다. 여기에서 우리는 교회 목회자의 올바른 선택과 임직을 위해서는 다음의 네 가지가 필요하다는 사실을 알아야 한다.

교회 목회자의 올바른 선택과 임직에 필요한 네 가지 : 무엇보다도 우리는 충실한 목회자를 보내 주시라고 하나님께 기도드려야 한다.

첫째는 교회가 주님께 충실히 부르짖고 기도드려야 한다는 것이다. 늘 그러하되, 목회자를 선택하고 임직할 때에는 특별히 더 열심히 기도드려야 한다. 사도행전 1장 (24절 이하)에서 초대 교회가 유다를 대신할 사도를 선택하고자 할 때 기도드렸던 것처럼,

숙련되고 충실한, 그리고 능력 있는 목회자를 추수 밭에〔마태복음 9장 38절〕 보내 주시고, 선택하신 이가 누구인가를 교회에게 보여 주시라고 기도드려야 한다. 이것은 아홉 번째 본문에 잘 드러나 있다.

목회자를 선택할 때에는 주님께서 어떤 사람에게 그 목회에 관한 기술과 열정을 부어 주셨는지를 면밀히 살펴보아야 한다.

둘째는 교회가 그리스도교를 세우는 일에 정말로 적합한 능력을 부여받은 사람이 누구인지를 알려면, 사람이나 상황과는 상관없이, 성령의 인도하심에 가장 주의 깊게 관심을 기울여야 한다는 것이다. 주님께서 사람들에게 주님의 교회를 교화하는 데 도움이 되고 싶은 의지와 능력을 주셨다면, 이것은 곧 그들이 이 목회를 위해 선택되어야 할 사람이라는 성령의 전체적인 인도하심이다.

초대교회에서 바울과 바나바, 디모데 등은 성령의 특별한 지도를 받았다. 하지만 이것은 특별한 경우였다. 아볼로와 아굴라, 브리스길라의 경우에는 성령의 일반적인 지도에도 만족하였다. 그들은 성령의 지도 가운데 그분이 그리스도의 일에 대해 정통적이고, 웅변적이고, 열정적인 것을 알게 되었다. 우리 역시 기적적인 증거를 기대해서는 안 된다. 성령의 일반적인 지도에 충분한 관심을 기울여야 하는 것이다.

바로 그런 이유 때문에 네 번째〔세 번째〕 본문에는 이렇게 기록되어 있다: 그대가 많은 증인을 통하여 나에게서 들은 것을 믿음직한 사람들에게 전수하십시오. 그리하면 그들이 다른 사람들을 또한 가르칠 수 있을 것입니다[디모데후서 2장 2절]. 여기에서 사도는 디모데에게 훈계하기를, 주님께서 이 일에 적합하고 신뢰할 만한 인물로 보내주신 이들을 부지런히 분간하고 식별하라고 한다. 또한 제대로 시험을 통과하기도 전에 너무 성급하게 임직하지 말라고 경고할 때에도 역시 이러한 부지런함과 지식을 요구한다[디모데전서 5장 22a절].

마찬가지로 디도에게 도시의 장로들을 임직하라고 지시한 다음 곧바로 어떤 사람 *흠잡을 데가 없는 사람, 한 아내의 남편 등*[디도서 1장 6절] 이어야 하는지를 설명할 때에도, 그는 교회 목회자를 선택하고 임직하는 사람은 하나님이 주신 상식에 입각하여 부지런히 분별하고, 성령의 증거를 가장 많이 드러내는 사람이 누구인지, 곧 이 임무에 가장 적합하고 숙련된 사람, 은사를 가장 많이 받은 사람이 누구인지를 신실하게 결정해야 한다고 지시한다.

교회의 모든 목회자들은 먼저 시험에 통과해야 한다.
이 사도가 집사에 관해 언급하는 것도 바로 이런 이유에서다. 집사 역시 다른 모든 목회자들의 경우와 마찬가지로, 열심히 관찰하여야 한다: *이런 사람들을 먼저 시험하여 보고, 책망 받을 일이 없으면 집사의 일을 하게 하십시오*[디모데전서 3장 10절]. 이것은 그가 아직 충분히 알려지지 않은 초심자를 선택하지 않으려 했다는 사실을 통해서도 잘 드러난다. 게다가 고대인들은 자기 교회에 감독으로 임직할 만한 적합한 인물이 있을 경우, 다른 교회에서 감독을 선출하는 것을 허용하지 않았다. 마찬가지로, 그 누구도 이

전에 경험해본 임무보다 더 높은 교회 목회에 선출될 수 없었다.

이 모든 것들이 교회가 주님의 인도하심을 간절히 기도하고 얼마나 부지런히 실행에 옮겨야 하는지, 거짓된 겉모습에 속지 않고 성령의 참된 지도를 분별하고 발견할 수 있도록, 얼마나 진지하게 모든 것을 조사하고 관찰하고 밝혀내야 하는지를 보여준다.

선택된 사람들을 옛 교회법과 황실법령에 따라 조사하고 인증하는 방법

다음은 고대 교회가 이것들을 지시한 방법이다. 이것들은 또한 유스티니아누스 황제에 따라 비준되고 법적으로 지시되었다. (Con. 6과 123). 한 사람을 감독 곧 상급의 영혼을 돌보는 사람과 목사로 임직하고 취임시키기 위해서는, 그 사람을 임직하고 그 자리에 앉혀준 하나님의 회중이 모두 모인 자리에서 그 임무에 필요한 신성성과 적합성을 설명해 주는 교회의 온갖 신성한 규칙과 법과 규정을 읽어주어야 했다. 그런 다음에는 모든 사람이 다 있는 자리에서, 그가 합법적으로 선택되었는지, 어떤 선물이나 보상이나 약속 때문에 선출을 받은 건 아닌지 물어야 했다. 그리고 주님의 도우심으로 그의 직무를 적합하게 수행할 수 있으리라 믿고 확신하는지 여부도 물어야 했다. 이것은 혹여 선출 과정이나 그 사람 자체에게 뭔가 잘못되거나 부족한 점이 있다면 확인하고 인정하는 게 더 낫기 때문이었다. 행여나 회중 가운데 그 사람에 관하여 다른 식으로 알고 있는 사람이 있다면, 온 회중이 모인 자리에서 자신에 관하여 어떤 점을 주장하거나 부인하는 것은 거의 불가능할 것이었다.

온 회중 역시 질문을 받았다. 그 사람이 이 직무에 적합하고 정직한 사람임을 인정하는지, 그리고 합법적으로 선출된 사람임을 인정하는지 말이다.

또 만일 회중 가운데 선출 과정이나 그 사람 자체에 대해 어떤 장애요인을 밝히고 싶어 하는 이가 있다면, 그 사람이 누구든, 또 어떻게 밝히든 상관없이, 이것을 최우선적으로 조사하고 탐색하고 확인해야 했다. 선출된 후보자는 이렇게 온 교회의 확인과 동의를 거쳐 흠잡을 데가 없는 사람으로 판명나기 전까지 그 거룩한 임무에 임직되어서는 안 되었다.

이것이 바로 교회 목회자의 선택과 임직에 필요한 두 번째 조건이다. 합법적인 목회자를 선택하고 임직하기 위해서는 부지런한 돌봄과 검증을 거쳐야 하는 것이다.

교회 지도자들은 경건한 합의와 백성의 뜻에 따라 목회자의 선출을 계획하고 실행해야 한다.

셋째로, 우리는 위의 본문들로부터 이 선출과 임직에 어떤 법이 적용되는지를 알게 된다. 무엇보다도 먼저 온 교회의 합의가 있어야 한다. 목회자는 주님의 백성이 보기에 흠잡을 데가 없을 뿐 아니라, 그들의 신뢰와 사랑까지도 받을 수 있어야 하기 때문이다. 그 다음으로는, 다른 장로와 지도자들이 그 선출을 실시하고 관리하며 취임예식을 실행해야 한다. 그것은 특별한 지식을 갖춘 소수의 대리인을 통해서 온 교회로부터 목회자의 적합성을 반드시 입증 받아야 하기 때문이다. 특히나 그 규모가 큰 회중이라면 더더

5. 장로 **113**

욱 그렇다. 이것은 사도 바울이 디모데에게 성급히 누군가에게 안수를 해서는 안 된다고 지시한 점을 통해서도 잘 드러난다(디모데전서 5장 22a절). 또한 사도 바울은 디도에게도 도시를 위해 장로를 임직하되, 흠잡을 데 없고(디도서 1장 6절), 온 회중이 틀림없이 전심으로 기쁘게 감독으로 맞이할 만한 덕목을 골고루 갖춘 사람을 임직하라고 지시하였다. 하지만 그렇다고 해서, 많은 이들이 주장하는 것처럼, 사도 바울이 디모데와 디도에게 지도자로서 자기 권한과 뜻에 따라, 회중의 뜻과 동의에 상관없이, 자기가 원하는 사람을 감독으로 임직하라고 명령한 것은 아니다. 모든 교회법에는 그 누구도 교회의 뜻에 반하여 감독을 임직해서는 안 된다는 조항이 특별히 규정되어 있기 때문이다(Dist. lxi. cap. Nullus, et per quinque capita sequentia).

성 어거스틴이 후임자를 임직한 방법

교회가 시작된 이래로 지교회의 지도자들은 목회자를 선출해 왔다. 모든 사람들에 따라 실시되든가, 또는 그 목적을 위해 특별히 선택된 몇 사람에 따라 실시되었다. 성 어거스틴의 서신들 가운데에는 에라디우스의 선출과 임직에 관한 기록이 포함되어 있다. 에라디우스는 성 어거스틴이 후임자로 선택하고 임직한 사람이다. 이 기록들을 통해서 우리는 어거스틴이 다음과 같은 순서를 따랐다는 사실을 알게 된다: 어느 날 그는 교회 목회자들과 모든 사람을 교회로 불러 모아놓고 설교를 한 다음, 자기가 살아 있는 동안 미래의 감독을 임직하는 데 도움이 되고 싶다고 알렸다. 자기가 죽은 다음에 일어날 수도 있는 분쟁과 싸움을 방지하기 위해서였다. 또 그는 교회 목회자들과 모든 사람들에게, 에라디우스가 자기 뒤를 이어 주교가 되는 것이 자기 뜻이며, 그것이 바로 하나님의 뜻이라고 확신한다고 발표하였다. 목회자들과 교인들은 이 말을 듣자마자 스물세 번씩 다음과 같이 외쳤다: '하나님께 감사를, 그리스도께 찬미를.' 그런 다음 그들은 '그리스도여, 우리 말을 들으소서, 어거스틴에게 장수를'이라고 여섯 번 외쳤고, 또 '당신은 우리의 아버지, 당신은 우리의 감독'이라고 여덟 번 외쳤다.

이렇게 해서 에라디우스는 사람들에게 널리 알려졌으며, 성 어거스틴은 자신이 사람들 앞에서 공표한 것만큼이나 사람들도 그를 감독으로 받아들이길 원한다는 확신을 갖게 되었다. 하지만 그래도 성 어거스틴은 사람들의 외침을 원했다. 그들의 뜻을 법률가들이 기록하고, 또 다른 목회자들과 교인들이 서명함으로써 확실히 선언하기를 원했다: 그리하여 교회는 무엇보다도 에라디우스에 관하여 다음과 같이 스무 번씩 외쳤다: '그는 훌륭하다, 그는 정의롭다.'

장로와 감독은 목회의 열매를 많이 맺을 수 있어아 하며, 사람들의 신뢰와 승인을 받아야 하기 때문에, 고대의 교부들은 다른 목회자들과 교인들과 지도자들의 동의 없이는 그 누구도 이 직무에 임직되지 못하도록 규정을 지키고 관리하는 일에 열심을 다하였다. 제9장과 제29장(Distinct. xxiv. cap. Nullus. C. Episcopus, Dist. lxi. Cap. Nullus, Dist. lxiii)에 나타나 있는 것처럼 말이다.

위에 언급한 법에서, 유스티니아누스 황제는 선출 과정에서 한

가지 법칙을 지켜야 한다고 명령하였다. 그리고 그 법칙은 고대법에도 명시되어 있음이 확실하다. 이 법칙은 다음과 같은 방식으로 시행되었다.

고대 교회법은 감독, 곧 목회자와 영혼을 돌보는 사람이 선출되어야 한다는 점을 확증한다.

교회에서 감독을 선출할 때에는, 그 교회의 목회자들과 그 도시 지도자들이 함께 모여 세 사람 가운데서 선택을 하고 그 이름을 기록해야 한다. 하지만 먼저 저마다가 거룩한 복음의 서약을 맺어야 한다. 어떤 선물이나 약속 때문에, 또는 우정이나 후원이나 다른 사람의 압박 때문에 자기 표를 행사하지 않겠다고, 어디까지나 자신이 선출하는 사람의 보편적인 정통 신앙과 존경할만한 인격 때문에 표를 행사해야 한다고 말이다. 그리고 그들의 이러한 서약은 선출 기록에도 포함시켜야 한다. 이 같은 법칙도 찾아볼 수 있다 (Dist. xxiii. Cap. Illud statuendum).

수사 신부란 무엇인가?

비록 길게 언급할 수는 없지만, 우리는 이 거룩한 교회 목회자 선출과 관련하여 지금까지 오랫동안 벌어진 일에 대해 진정으로 뉘우쳐야 한다. 첫째로, 이른바 사제들은 목회자들의 선출을 회중으로부터 빼앗아 자기들에게 귀속시켜 버렸다. 따라서 그것은 고위 성직자와, 자칭 수사 신부들, 곧 다른 이들보다 더 거룩한 법 요즘은 모두가 그들만큼 알고 그들만큼 순종하는 법에 따라 살아가는 교회의 정규 목회자들에게로 한정되었다. 그 결과 아주 여러 해 동안 세속적인 선호와 이득과 기술 이른바 사제의 지위와 재산과 자유와 권력을 유지하고 확장시키기 위한 기술을 토대로 한 선출이 실행되어 왔다. 진정한 영혼 돌봄에 관한 한 자신이 어떤 것을 성취하거나 수행할 수 없다는 사실을 아는 사람은 아무도 없었으며, 있더라도 아주 극소수에 불과했다.

하지만 교회의 목회자 선출이 이러한 사람들에 따라 좀 더 부패하면 할수록, 하나님을 경외하는 경건한 그리스도인들은 더욱 더 성실하게 지켜보아야 한다. 고위 목회자와 중급 목회자들의 선출이 재개되는 것과, 이 직무에 적합한 사람, 곧 그리스도의 왕국을 세우는 데 열심이고 능력 있는 사람, 교회 안에서 그런 점을 인정받고, 승인 받고, 사랑 받는 사람이 선출되는 과정을 말이다.

만일 교회가 이런 목표를 지니고 있다면, 선출이 좀 더 성실하게, 그리고 올바른 법과 사랑의 정신으로 실행될 수 있도록 기꺼이 조처를 취할 것이다. 교회는 사람들 사이에서 그 입지와 능력이 가장 큰 이들에게 선출의 실시와 감독을 맡겨야 한다. 그와 동시에 선출된 사람을 모두가 사랑하고 존경할 수 있도록, 그리고 아무도 반대를 하지 않도록, 모든 사람의 뜻과 동의를 미리 얻어내고 추구해야 한다. 그리스도 교리의 목회자들이 하나님의 자녀들로부터 사랑을 받지 못하거나 필요 없는 존재가 된다면, 제아무리 재능을 많이 갖고 있거나 정직하고 열심 있는 사람이라 할지라도, 결코 많은 열매를 맺을 수 없기 때문이다. 하지만 그와 동시에 늘 살펴봐야 하는 것은, 사람들이 후보자를 승인하거나 거부하는 이유가 무엇인가이다. 그리고 만일 거부의 이유가 사실이 아니거나 잘못된 의심을 기초로 한 것이라면, 매우 분별력 있고 영적인 사람들을 통해서 조심스럽게 그 원인을 제거해야 한다.

교회 목회자를 임직하고 취임시키는 올바른 방법

위의 본문들로부터 우리가 목회자의 선출과 취임에 관해 알 수 있는 네 번째 사실은, 선출된 이들의 취임에는 엄청난 진지함과 존경심이 뒤따른다는 것이다. 아홉 번째 본문에서 알 수 있듯이, 바울과 바나바는 온 교회의 금식과 기도를 통해서 그 직무에 임직되었다. 마찬가지로, 장로들이 디모데에게 직무를 맡기는 절차에도 엄청난 진지함과 존경심이 수반되었다(디모데전서 4장 14절).

사제 임직의 거짓 증거

선출된 목회자를 온 회중에게 소개하고 그 사람의 결격 사유나 단점을 아는 이가 없는지 묻는 고대 교회의 관습과 법이 늘 존재했던 것은 바로 이런 이유에서다. 이와 같은 용어와 형식은 지금도 여전히 사제를 임직하는 과정에 존재한다. 임직을 하는 사제가 다음과 같이 질문한다: '저 사람들이 훌륭합니까?' 그러면 다른 누군가가 대답한다: '저 사람들은 훌륭합니다.' 그런 다음 사제가 다시 질문한다: '저들이 정의롭습니까?' 그러면 다른 사람들이 대답한다. '저들이 정의롭습니다.' 하지만 애석하게도 여러분은 임직을 하는 사람과, 보조자들과, 임직을 받는 사람으로부터, 이것이 훌륭하고 정의로운 목회자의 임직을 보장해 주리라는 생각과 조사가 얼마나 잘못된 것인가를 확실히 깨달을 수가 있다.

이와 같이 선출된 사람을 소개하고 그 사람이 적합한 인물로 판명되고 나면, 그 사람과 온 교회에게 그 직무를 주제로 한 간곡한 설교가 주어졌다. 그 직무에 임직된 사람이 회중에게 어떤 식으로 행동해야 하는지, 또 회중이 그 사람에게 어떻게 행동해야 하는지에 대해서 말이다. 그런 다음에는 간절한 기도와 가난한 이들을 위한 헌납과 성만찬 예식이 이어졌다. 그리고 선출된 사람은 주님 앞에서, 주님으로부터 그 직무에 임직되었으며, 자기 직무를 잘 수행할 수 있도록 성령의 위로와 확인을 받았다.

이러한 교회 예식은, 여덟 번째와 아홉 번째 본문에 분명히 드러나 있듯이, 사도들의 관습에서 그 기원을 찾을 수 있다. 그리고 거룩한 교부들의 글을 통해서 알 수 있듯이, 참된 감독이 교회를 통치하는 동안에는 이 예식이 신실하게 지켜졌다.

이제는 교회 목회자의 취임과 선출에서 진심어린 사도적 진지함을 찾아보기가 힘들다.

애석하게도 천주교 신자들은 이 모두를 하나의 무익하고도 맹목적인 예식으로 전락시켜 버렸다. 심지어는 그것을 일부 개혁시켜 나가고 있는 우리 교회에서조차, 안타깝게도, 목회자의 선출과 임직에서 드러나는 진지함과 열정이 사도들과 고대 교회가 보여주었던 진지함과 열정에 훨씬 못 미치는 수준이다. 그러므로 애석하지만, 교회의 직무에 그토록 크고 많은 결점이 사방에서 확실히 나타나는 것도 그리 놀라운 일이 아니다. 부디 주님께서 우리에게 은혜를 베푸셔서, 최소한 우리가 이 모든 결점들을 인정하고 그것을 개선하기 위해 진지한 노력을 기울이도록 해주시기를. 주님이 우리에게서 주님의 왕국을 빼앗아, 열매를 맺을 만한 다른 백성들에게 주시는 상황까지 가고 싶지 않다면, 이것이야말로 우리가 가장 우선적으로 해야 할 일일 것이다.

Part 6
영혼을 돌보는 사람

그리스도의 무리 전체를 위해, 그리고 개별적인 교인을 위해,
영혼을 돌보는 사람과 목회자가 수행해야 할 주요업무와 활동은 무엇인가?

교회의 목회자들은 목자로서의 직무를 통하여 주님께서 그리스도의 양들에게 약속하신 모든 것을 제공해 주어야 한다.

교회에서 영혼 돌봄과 목회적 직무를 수행하도록 임직된 사람들은 우리 주 예수의 양떼들 가운데서, 곧 생명의 길로 선택받은 모든 이들 가운데서, 목자장이시며 우리 영혼의 감독이신 우리 주 예수를 섬겨야 한다. 그리하여 그들의 직무를 통해서, 우리 주님이 목자의 직무를 통하여 약속하신 모든 것이 드러나고 제공될 수 있도록 해야 한다. 여기에는 하나님의 말씀을 통하여, 그리스도의 양들, 곧 그리스도의 양떼와 양 우리로부터 떨어져 나와 길을 잃은 양들을 불러 모으는 일과, 그 불러 모은 양들이 양떼와 함께 양 우리 안에 머무르도록 지켜보는 일도 포함된다. 그리고 그들이 다시금 길을 잃을 경우에는 또 다시 데려와야 하며, 양떼와 함께 머무는 이들을 온갖 유혹과 고난으로부터 보호해 주고, 그들이 약탈당할 경우 다시금 도와주어야 한다. 다시 말해서, 그들의 지속적인 성장에 도움이 되는 것들을 하나도 빼앗기지 않도록, 그리하여 신앙심이 깊어질 수 있도록 지켜봐야만 하는 것이다.

영혼 돌봄의 다섯 가지 주요 임무

이렇게 볼 때, 목회적 직무와 진정한 영혼 돌봄에는 다섯 가지의 중요한 임무가 요구된다는 사실을 명백히 알 수 있다. 첫째는, 육체적 부절제나 거짓된 숭배로 인하여 아직까지 우리 주님과 멀리 떨어져 있는 이들을 우리 주 그리스도께로 인도하여 그분과 친교를 나누게 하는 것이다. 둘째는, 예전에 그리스도와 그분의 교회로 인도되었다가 세상의 일들이나 거짓된 교리 때문에 길을 잃어버린 이들을 되찾는 것이다. 셋째는, 그리스도교 안에 머무르고 있으면서도 지독하게 타락하고 죄를 범한 이들이 진정으로 교화될 수 있도록 도와주는 것이다. 넷째는, 그리스도와의 친교를 유지하고, 또 특별히 나쁘거나 지독한 행동을 저지르지 않으면서도, 그리스도인의 삶에서 다소 연약하거나 병이 든 이들이, 진정한 그리스도의 힘과 건강을 되찾을 수 있도록 재확립시켜주는 것이다. 다섯째는, 그리스도의 양떼와 함께 양 우리 안에 머물면서, 지독한 죄를 짓지도 않고, 그리스도인으로서의 걸음이 약해지거나 병들지도 않은 이들을 온갖 공격과 타락으로부터 보호해주고 지속적으로 모든 선한 것들로 격려해주는 것이다. 주님은 영혼 돌봄과 목회적 직무의 이 다섯 가지 임무를 에스겔 34장〔16절〕의 양떼 목장 비유에 아름답게 요약해 놓으셨다. 주님은 이렇게 말씀하신다:

> 헤매는 것은 찾아오고, 길 잃은 것은 도로 데려오며, 다리가 부러지고 상한 것은 싸매어 주며, 약한 것은 튼튼하게 만들겠다. 그러나 살진 것들과 힘센 것들은 내가 멸하겠다. 내가 이렇게 그것들을 공평하게 먹이겠다.

진정한 영혼 돌봄에 연루된 임무의 종류와 특성

(1) 헤매는 양의 특성

헤매는 양이란, 하나님의 자녀로 세례를 받았든 안 받았든 상관없이, 그분의 왕국으로 불러주셨지만 여전히 우리 주 그리스도를 인정하지 않고 그분의 교회에 완전히 이방인으로 지내는 이들 전부를 가리킨다. 이렇게 그리스도의 양떼로부터 멀리 떨어져 길을 잃고 헤매는 것은, 대부분의 경우, 세상의 일들에 너무 깊이 연루된 나머지 하나님과 그분의 왕국을 전혀 존중하지 않기 때문에 발생하는 일이다. 그리하여 그들은 결혼 잔치〔마태복음 22장 1~14절〕와 그리스도의 중요한 만찬〔누가복음 14장 16~24절〕에 초대받은 순간에도, 뭔가 다른 일을 해야 한다고 거절한다: 한 사람은 밭을 샀고, 한 사람은 새로운 소 멍에를 시험하였으며, 또 한 사람은 아내를 취하였다. 그 외에도 사람들은 유대인, 이슬람교도와 마찬가지로, 거짓된 예배와 온갖 종파의 총체적인 업무 때문에 방해를 받고 있다.

(2) 길 잃은 양의 특성

길을 잃고 버림받은 양이란, 그리스도의 양떼와 함께 지내면서 그리스도인의 삶에 연루되어 있었다가 그것을 떠나버린 이들, 하지만 아직 그리스도를 완전히 배반할 버릴 정도는 아닌 이들을 가리킨다. 이렇게 배반한 이들은 결국 성령에 대한 모독, 곧 자신이 인정하고 증거했었던, 자기에게 구원을 안겨 주고 선포해 주었던 하나님의 은혜와 능력에 대한 모독으로 나아간다. 히브리서 6장 [4~6절]에서 알 수 있듯이, 이런 이들을 다시 데려오는 것은 불가능하다. 요한1서 2장 [19절]에 있는 것처럼, 그들이 제아무리 우리에게서 왔다 할지라도, 결코 우리들 곧 그리스도의 양떼에 속한 이들은 아니다.

하지만 그리스도의 양떼로부터 벗어나 길을 잃고 버림받은 양들 가운데, 그럼에도 불구하고 사실은 그리스도의 양인 사람, 마음은 여전히 그리스도 안에 머무는 사람이 있다. 비록 때로는 세상의 일과 육체의 일들 때문에, 또 때로는 거짓된 교리와 거짓된 예배 때문에, 잠시 동안 그리스도의 회중으로부터 완전히 뒤돌아서서 멀리 떠났다 할지라도, 그리하여 완전히 길을 잃어버렸다 할지라도 말이다.

(3) 다리가 부러지고 상한 양의 특성

다리가 부러지고 상한 양이란, 그리스도와의 친교 안에 머무르고 있으면서도 내적인 존재가 상처 입고 상한 이들을 가리킨다. 그들은 마치 영적인 수족, 곧 훌륭하고 올바른 일들을 행할 수 있는 고결하고 신성한 능력이 망가지고 산산조각 난 이들과도 같다. 골로새서 3장 [5절]에서 사도 바울이 악을 땅에 속한 지체 곧 옛 아담의 일들로 묘사하는 것과 반대로, 우리를 선한 그리스도인의 삶으로 이끌어줄 수 있는 기술과 자질과 힘은 하늘에 속한 지체이며 새 아담에게 속해 있다. 이렇게 하늘에 속한 내적 존재의 지체와 수족은 심각하고 중대한 잘못과 죄악 때문에 상하고, 흩어지고, 망가지고, 부러진다.

여기에는 그리스도의 진리를 배반하거나 멀어지는 것이 모두 포함된다. 마치 베드로가, 그리고 갈라디아 사람들이 배신하였을 때 그들의 신앙 곧 내적인 사람의 머리가 상처를 입은 것처럼 말이다. 이와 마찬가지로, 한 사람의 이웃에게 가해진 막대한 상처도 모두 여기에 포함된다. 그 상처 때문에 사랑 곧 내적인 사람의 마음과 가슴이 손상을 입게 되는 것이다. 고린도 사람들 역시 서로에게 부정과 폭력을 행사하고, 이교도들 앞에서 서로를 법에 고소하고, 자기들 안에 분리와 불화를 일으킴으로써 손상을 입었다. 또한 거룩함과 고결함 곧 하늘 아담의 피와 얼굴을 불결하고 역겹고 상하게 만드는 온갖 지독한 악덕들도 다 여기에 포함된다. 이것은 사도 바울이 고린도후서 12장 [21절]과 13장 [2절]에서 수많은 고린도 사람들을 고소한 이유이기도 하다.

그리고 모든 덕목들이 내적인 존재의 수족과 지체인 것처럼, 그리스도인들도 생각이나 언어, 행동 면에서 죄를 범하거나 또는 선한 생각이나 언어, 행동 면에서 실패를 할 경우, 그 때문에 늘 영적인 수족이 상처를 입거나 다치거나 부러지게 된다. 또 비록 수족의 일부분만 상했다 할지라도 지체 없이 도움을 받아야 한다. 안 그러면 온 몸이 부패해 버리고 말 것이다.

(4) 약한 양의 특성

약하고 힘없는 양이란, 교회 안에 머물러 있으면서 지독한 악행에도 빠지지 않고 별다른 흉악한 죄도 저지르지 않지만, 그럼에도 불구하고 신앙과 사랑과 그리스도인의 삶의 온갖 강점들 차원에서 매우 연약한 이들을 가리킨다. 여기에는 육체적 공격에 직면하여 겁을 먹은 이들, 이웃을 돕는 일에 관한 한 느리고 둔감한 이들, 권징에 무관심한 이들, 올바르게 이해하지 못하고 잘못을 저지르는 이들이 포함된다. 또한 열병 곧 사악한 욕망과 육욕의 난잡한 자극에 시달리는 이들도 여기에 포함된다. 그들의 체온은 분노와 질투, 시샘, 육체적 정욕의 중독 때문에 냉정과 열정 사이를 변덕스럽게 오가며, 그 결과 그리스도인으로서의 삶이 병들고 약해진다.

이와 반대로 살지고 힘센 양들은 진정한 그리스도인이며, 그리스도인으로서의 삶이 안정되고 잘 성장해 가는 이들이다.

이제 교회의 목회적 직무는, 헤 매는 양들을 모두 찾아내어 그리스도의 양 우리로 데려오고, 예전에 그리스도께로 와서 그분의 양 우리에 있었으나 다시금 길을 잃고 버림받은 양들을 되찾는 데까지 확대되어야 한다. 또한 상한 이들을 고쳐 주고, 병들고 약한 이들을 강하게 만들어 주며, 살지고 힘센 이들도 지켜 주고 올바르게 인도해 주어야 한다. 따라서 지금부터는 영혼 돌봄의 다섯 가지 임무와 관련된 일곱 개의 본문을 차례대로 소개하고 검토하고자 한다.

Part 7
헤매는 양
헤매는 양을 어떻게 찾을 것인가?

[누가복음 14장 (21b~23절)]
'그러자 집주인이 노하여 종더러 말하기를, "어서 시내의 거리와 골목으로 나가서, 가난한 사람들과 지체에 장애가 있는 사람들과 눈먼 사람들과 다리 저는 사람들을 이리로 데려 오너라" 하였다. 그렇게 한 뒤에 종이 말하였다. "주인님, 분부대로 하였습니다만, 아직도 자리가 남아 있습니다." 주인이 종에게 말하였다. "큰길과 산울타리로 나가서, 사람들을 억지로라도 데려다가, 내 집을 채워라."

그리스도의 목회자들은 사람들을 그리스도와의 친교로 이끌기 위해 할 수 있는 일은 무엇이든지 해야 한다. 따라서 그들은 마치 사람들을 억지로 데려오는 것처럼 비칠 수도 있다.

[요한복음 10장 (16절)]
'나에게는 이 우리에 속하지 않은 다른 양들이 있다. 나는 그 양들도 이끌어 와야 한다. 그들도 내 목소리를 들을 것이며, 한 목자 아래에서 한 무리 양떼가 될 것이다.'

여기에서 주목할 것은, 주님께서 모든 양들을 그분의 양떼에게로 이끄실 것이며, 그 양들이 그분의 음성을 들을 것이라는 점이다.

[마가복음 16장 (15절)]
'너희는 온 세상에 나가서, 만민에게 복음을 전파하여라.'

복음은 온 세상 만민 곧 만백성에게 전파되어야 한다. 누구에게나, 무엇에게나 말이다.

[디모데전서 2장 (4절)]
'[하나님께서는] 모든 사람이 다 구원을 얻고 진리를 알게 되기를 원하십니다.'

모든 사람이 진리를 알아야 하며, 따라서 진리를 모든 이들에게 선포해야 한다.

위의 본문들로부터 우리가 알 수 있는 것은 세 가지다. 첫째는 그리스도교 안에서 그분의 직무를 수행하는 사람은 모든 이들을 그리스도에 대한 지식으로 이끌기 위해 노력해야 한다는 점이다.

둘째는 이 일을 행할 때에는 최고의 성실함과 굽히지 않는 인내심을 갖고 임해야 한다는 것이다. 그리고 셋째는 잃어버린 양들이 그리스도의 양 우리, 곧 교회의 완전한 친교 속으로 들어와 그들의 목자이신 그리스도께 자신을 완전히 바치기 전까지는 결코 그 양들을 얻은 게 아니라는 점이다.

모든 사람이 그리스도를 자기 주로 인정해야 하며, 따라서 그분의 왕국을 모든 나라에 선포하고 권유해야만 한다.

첫 번째 사실, 곧 영혼을 돌보는 사람과 그리스도의 신실한 목회자들은 어느 한 군데도 빠짐없이 구석구석 구원의 말씀을 전파하여야 하며, 접근이 가능한 사람들 모두를 우리 주 그리스도께로 이끌기 위해 부지런히 노력해야 한다는 사실은, 위 본문들뿐만 아니라 성서 전반에 걸쳐 그리스도의 왕국에 관한 모든 예언과 설교에서도 찾아볼 수 있는 증거와 가르침이다. 성부께서는 살아있는 모든 것에 대한 권한을 우리 주 그리스도께 일임하셨다. 그리스도는 하늘과 땅의 모든 만물을 채우셔야 한다. 모두가 그분께 무릎을 꿇어야 하고, 모두가 그분께 영광과 찬미를 돌려야 한다. 그분은 이 세상 끝날까지 통치하셔야 하며, 모든 나라를 상속받으셔야 한다.

하지만 애석하게도, 모두가 다 하나님께 선택받는 것은 아니다. 주님이 주시는 구원을 멸시하는 이들도 많다. 이것은 위에 인용된 비유를 통해서도 잘 드러난다. 초대받은 이들이 아무도 주님의 잔치 음식을 맛보려 하지 않았던 것이다. 하지만 주님의 선택이 지닌 비밀을 우리에게 드러내는 것은 그분의 뜻이 아니다. 오히려 그분은 우리에게 온 *세상으로 나가서 모든 만물에게 그분의 복음을 선포하라고* 명하신다. 온 세상 만민에게 전파하라고 하신다. 그러므로 모든 만민이 하나님에 따라 만들어진 하나님의 피조물이라는 사실만으로도, 우리가 그들에게 가서 그들을 영생으로 이끌기 위해 최대한 성실히 노력해야 할 충분한 근거가 된다.

주님께서 *만민*이라는 개괄적 표현을 사용하신 것도 바로 이 때문이다. 주님은 오로지 당신 나라의 확실한 시민들만 잔치에 초대하지 않으신다. 주님은 종에게 이렇게 말씀하신다: *어서 시내의 거리와 골목으로 나가서, 가난한 사람들과 지체에 장애가 있는 사람들과 눈먼 사람들과 다리 저는 사람들을 이리로 데려 오너라.* 또 주님은 이렇게 말씀하신다: *큰길과 산울타리로 나가서, 사람들을 억지로라도 데려다가, 내 집을 채워라.* 이 말씀을 통해서 주님은 우리에게 가르치신다. 그분의 목회자들은 원하는 사람은 누구나 다 그분의 교회, 그리고 구원의 완전한 친교로 이끌기 위해 최대한 노력해야 한다고 말이다. 불쌍하고 더러운 이들이라도 상관없다. 실은 그들을 이끄는 것만으로는 부족하다. 억지로라도 데려와야 하는 것이다.

양이 아닌 이들은, 그리스도의 목장으로 이끌어 오려고 노력하는 과정에서 그 정체를 드러낼 것이다.

선택받지 않은 이들, 그리스도의 양떼에 속하지 않은 이들은, 그리스도께 오라고 부지런히 찾아다니고, 초대하고, 재촉했음에도 불구하고 그들에게 주어진 구원을 멸시하고 거부하는 순간, 그 존재가 드러나게 될 것이다. 마치 요한복음 10장 [26절]에서 주님이 이렇게 말씀하신 유대인들처럼 말이다: *그런데 너희가 믿지 않는 것은, 너희가 내 양이 아니기 때문이다.* 그러므로 만일 어떤 사람을 충분히 찾아다니고 초대했음에도 불구하고 그리스도의 왕국을 멸시하거나 심지어 박해하기까지 한다면, 우리는 주님이 명령하신 대로, 구원을 개에게 주거나 진주를 돼지 앞에 던지지 말고 [마태복음 7장 6절], 우리 신발에 묻은 먼지를 턴 다음 그를 주님의 심판에 맡겨야 한다.

꾸준하고 굴하지 않는 성실함으로 잃어버린 양들을 찾아야 한다.
하지만 그리스도의 신실한 목회자는 그 어떤 사람도 쉽사리 포기해서는 안 된다. 그가 아직 사람이고 하나님의 피조물인 한, 그리고 아직 그가 개라는 사실을 드러내지 않는 한 말이다. 개로 판명된 자는, 그를 하늘나라로 불러들이려는 사람이 그가 구원을 발견하도록 성실히 도와주면 줄수록, 점점 더 그 사람에게 화를 낸다. 또한 거룩한 복음의 진주를 좀 더 매력적이고 영광스럽게 소개하면 할수록, 점점 더 그것을 멸시하고 짓밟아버린다. 바로 이 때문에 우리는 두 번째 사실, 곧 주님이 신실하고 진지하고 성실하게 주님의 어린 양을 찾길 원하신다는 사실을 마음 속 깊이 받아들이고 충실히 생각해야만 한다. 주님은 그들이 어디에 흩어져 있든지 반드시 찾아내길 원하시며, 바울이 모든 종류의 사람에게 모든 것이 다 되었던 것처럼 [고린도전서 9장 22절], 아주 진지하고 성실하게 그들을 찾기를 원하신다. 심지어는 주님이 정말로 그러셨던 것처럼, 자기의 생명까지 걸고 잃어버린 어린 양을 찾아내어 데려오기를 바라신다.

사람들을 억지로 그리스도의 왕국으로 데려오는 방법

주님은 주님의 목회자들이 느리고 굼뜨지 않게, 아니 거의 강요에 가까울 정도로 진지하고 끈기 있게 사람들을 당신께로 데려오길 원하신다. 주님은 사람들을 *억지로라도 데려오라고* 말씀하신다. 이것은 어떤 사람을 자기 의사와 상관없이 억지로 끌고 오라는 말이 아니라, 아주 끈기 있게 대하라는 말이다. 악한 육체에게는 그것이 마치 강요나 끈질긴 압박처럼 느껴질 것이다. 성령께서는 사람들을 그리스도께로 인도하기 위하여 이런 식으로 육체에 거스르게 역사하시기 때문이다.

잃어버린 양들이 교회의 총체적인 친교와 규율에 참여하기 전까지는 진짜로 그들을 그리스도께 데려온 것이 아니다.

위의 본문들로부터 우리가 알 수 있는 세 번째 사실은 잃어버린 양들을 찾아서 그리스도께로 이끌어오는 목적과 목표다. 이것은 곧 그들이 매사에 그리스도의 음성을 듣고, 주님께서 양들의 구원을 촉진시키기 위해 임직하신 모든 것들을 이용함으로써, 그리스도의 돌봄과 목장에 완전히 참여할 수 있도록, 그들을 그리스도의 양 우리로 데려오기 위함이다. 거기에는 일반적인 의미와 특별한 의미의 교리와 훈계, 경고와 교정, 권징과 위로도 포함된다. 또한 말씀과 거룩한 성례전, 거룩한 회중, 공동기도, 감사, 그리고 가난한 이들을 돌보는 일도 여기에 포함된다. 요약컨대, 그리스도의 구원은 그리스도의 친교 속에서 배타적으로, 그리고 전적으로 경험되어야 한다. 우리가 이 작은 책의 첫 번째 장에서 설명한 것처럼 말이다.

이렇듯 주님의 잃어버린 양들을 주님의 양떼와 양 우리로 데려와 한 우리의 한 양떼로 만드는 것이 바로 주님의 뜻이다. 따라서 주님의 잃어버린 양들을 찾아 그분께 데려옴으로써 그분을 섬겨야 하는 이들은, 영생의 피난처와 목장은 주님께서 그분의 백성을 위하여 영원히 선언하고 명령하신 것들로 이루어져 있다는 사실을 양들이 알고, 그들 스스로가 그리스도의 양떼와 양 우리에 완전히 속하기를 원하게 될 때까지, 그리고 매사에 자신의 이해가 아니라 목자의 음성만을 따르고 순종하기를 원하게 될 때까지, 잃어버린 양들을 위한 봉사와 수고와 노력을 늦추지 말아야 한다.

이로써 우리는 다음과 같은 결론을 내릴 수 있다. 그리스도인은 모두가 다 그리스도의 지체이며 도구이다. 또한 (그분의 부르심에 따라, 그리고 그분이 그들 안에 사심으로써 그들이 지니게 된 그분의 능력에 따라)그들의 전반적인 삶 속에 사시는 이는 그들 자신이 아니라 바로 그리스도시다. 그렇기 때문에, 그리스도인은 그 무엇보다도 주님을 섬기는 일에 앞장서야 하며, 그분의 잃어버린 양들을 성실하게 찾아내어 그분께로 데려오고 교회와의 친교로 이끌기 위해 최선을 다해야 한다. 실제로 우리는 다른 무엇보다도 이것을 위해 기도드린다: *그 나라를 오게 하여 주시며(*

마태복음 6장 10절].

잃어버린 양들을 찾는 일에 통치자가 도움을 줄 수 있는 방법
둘째로 우리가 내릴 수 있는 결론은, 주님께서 (모든 영혼이 그분께 속하게 되기를 원하셔서) 뛰어나고 훌륭한 사람을 땅 위에 있는 그분의 양들의 목자장으로 임직하셨기 때문에, 그 사람은 가능한 한 모든 힘과 능력을 동원하여, 여전히 길을 잃고 방황하는 주님의 양들을 최대한 부지런히 찾아내 그분께로 데려와야 할 책임이 있다는 것이다. 이 통치자는 하나님과 그리스도처럼 다른 모든 사람들이 보이는 곳에 모두를 위하여 존재한다. 따라서 그들은 다른 모든 사람들이 보이는 것에서 모두를 위하여 하나님과 그리스도의 일에 착수하고 그 일을 수행해야 한다. 잃어버린 이들을 찾아 구해 주는 일을 계속 해야 하는 것이다.

말씀과 성만찬을 나누고 교회 규율을 적용시키는 이는 통치자 본인이 아니다.
그렇다고 해서 그들 자신이 말씀을 선포하거나 성만찬을 나누고 교회 규율을 적용시킨다는 말은 아니다. 앞에서 설명한 것처럼, 이것은 교회의 특별한 직무이며 임무이기 때문이다. 하지만 통치자들은 모든 사람을 능가하는 가장 높은 권위를 지녔으므로, 모든 사람이 올바르고 합당한 방식으로 살면서 자기 의무를 제대로 수행하는지 지켜봐야 한다. 이것은 곧 한 사람이라도 성실하게 찾아내 그리스도께 나아오도록 격려하는 일에 게으른 이가 없는지 지켜봐야 할 책임이 그 누구보다도 통치자들에게 있다는 말이다. 그리스도의 양떼가 아닌 사람, 그리스도의 양 우리에 속하지 않은 사람은 그 누구도 행복이나 구원을 얻을 수 없다. 오로지 그곳에서만 영생의 피난처와 목장을 발견할 수 있는 것이다.

통치자는 교회에게 신실한 목회자를 제공해 주고, 젊은이들의 교육과 훈육에 신경 써야 하며, 그 누구도 그리스도의 온전한 교리와 친교로부터 돌아서지 못하게 해야 한다.

통치자는 이스라엘 백성을 거룩한 방식으로 통치했던 고대의 거룩한 왕과 통치자들, 그리고 고대의 경건한 그리스도인들의 본을 제대로 따라야 한다. 교회가 늑대와 앞잡이들 때문에 상처를 입고 부상을 당하지 않도록, 목회적 직무와 영혼 돌봄을 신실하고 올바르게 실천하는 신실하고도 부지런한 목회자들을 지닐 수 있도록, 교회의 직무와 영혼의 돌봄을 제공해야 한다. 그 다음으로, 모든 젊은이들의 교육과 훈육에 신경 쓰고, 거룩함을 가르치고 촉진시키도록 격려해 주어야 한다. 셋째로, 늙은이든 젊은이든 그 누구도 거짓 가르침이나 어리석음이나 오만으로 인하여 다른 이들을 방해하지 못하도록 해야 하며, 스스로 돌아섬으로써 이 구원의 직무를 멸시하지 못하게 해야 한다.

황실법령은 그 누구도 거짓 교리와 분파를 도입하거나 포용하지 못하도록 막는다.

우리에게는 아직 옛 그리스도교 황제들의 법이 남아 있다. 그

법은, 공적으로 통상적인 교회 예배의 장소든지, 사적으로 긴밀한 예배나 개인적인 예배의 장소든지 상관없이, 결코 거짓 교리를 소개하거나 그리스도와의 친교로부터 분리되는 것을 허용치 않는다. 또한 그 법은 그리스도의 이름을 담지한 이가 절대로 교회와의 친교와 거룩한 성만찬으로부터 스스로 물러서게 놔두지 않는다. 그리스도와의 친교 속에 머물러 있지 않는 이는 교회 분리론자라는 비난을 받게 되며, 온갖 명예와 영예로운 직무에서 제외되기 때문이다. 특정 분파를 포용하는 이들은 벌금이나 다른 엄벌을 통해서 재앙으로부터 돌아서도록 격려해 준다. 이 법령과 규정도 들어 있다(Cod. De Sum. Tri. et f.c.l. Nullus, De Hoereticis, Novellis, constitutione xix).

성 어거스틴은 세례를 받은 이는 그 누구라도 교회로부터 분리되지 못하게 해야 한다고 지시한다. 사람들이 교회 안에 머무르도록 강요하는 방법

그리고 성 어거스틴은 이 황실법령을 백작이자 황실의 수장인 보니페이스에게 설명하면서 찬미하고 옹호한다. 그리고 다른 곳에서도 그 법이 그리스도교적이며 유익하다고 설명한다. 또한 그는 왕과 통치자들이 하나님의 명령에 위배되는 것들을 거룩하고 엄하게 금지하고 처벌함으로써, 자기 직무를 통해 주님을 섬겼다는 증거를 성서로부터 제시한다. 나아가 그는 왕과 통치자들이, 아내가 자기 남편에게 신실하도록 지켜보는 것보다 훨씬 더 신경써서 영혼들이 자기 배우자인 그리스도께 신실하게 머물도록 지켜봐야 한다는 증거도 제시한다. 그리고 하나님을 버린 이는 인간

의 문제로 변절한 자보다 훨씬 더 가혹한 벌을 받아야 한다는 증거를 제시하며, 또 아내를 남편에게 돌아오도록, 또는 도망간 노예를 주인에게 돌아오도록 재촉하고 강요하는 것보다 훨씬 더 진지하게, 주님을 버린 이들을 주님께 돌아오도록 재촉하고 강요해야 한다는 증거까지 제시한다. 주님을 버린 것이 비록 무지에서 비롯된 결과라 할지라도, 처벌을 하지 않고 그냥 넘어가서는 안 되며, 조금 너그럽게라도 반드시 처벌해야 한다. 성 어거스틴은 또한 이토록 엄격한 황제의 정책으로 인하여 수많은 방랑자들이 어떻게 교회와 진정한 그리스도인의 친교로 다시 인도되었는지를 설명한다. 그는 이렇게 잘못으로부터 진리로, 분파로부터 그리스도의 친교로 재촉하고 강요하는 것이, 주님께서 이미 누가복음 15장 [14장] [16절 이하]의 큰 잔치 비유에서 말씀하셨던 강요와 동일한 것이라고 설명한다.

그 누구도 자기 뜻에 반하여 선한 것들을 강요당할 수는 없다.

그 누구도 이 강요를 부끄러워해서는 안 된다. 성 어거스틴이 본인 의시에 반하여, 그러니까 통상적으로 이 교리와 반대되는 명령을 믿도록 강요해야 한다고 가르치는 것은 아니기 때문이다. 그는 그 누구도 자기 뜻에 반하여 그리스도를 믿거나 선한 일을 해서는 안 된다는 사실을 매우 잘 알고 있었다. 또한 그는 입술로는 믿는다고 말하면서 마음으로는 믿지 않는 위선자를 원하지도 않았다. 하지만 그 거룩한 교사는, 사람들이 사악한 정욕과 욕망을 버리고 온전한 교리와 양심적인 행복으로 나아갈 수 있도록, 친절하신 우리 하나님이 은총과 성공만큼이나 합법적인 처벌과 강압도 많이 가하신다고 보았다. 인류의 구원을 위해 그분이 명하신 다른 말이나 행동처럼 말이다.

하나님은 외면적인 처벌을 이용하여 사람들에게 고난을 주시고 그들이 선한 것에 이끌리도록 하신다.

인자하신 하나님, 신실하신 성부께서는 우리를 위하여 엄격함과 달콤함을 함께 이용하신다. 그분은 종종 많은 이들이 엄청난 부도덕과 심각한 범죄를 저지르도록 내버려 두셨다가, 다시금 규율과 올바른 행위에 대한 욕구와 사랑을 서서히 불어넣으신다. 또한 그분은 임직된 통치자들을 통하여 그들의 부도덕과 잘못을 확고하고 엄격하게 처벌하시며, 그들을 해악으로부터 강제로 떼어 놓으신다. 또한 경건한 주교이자 신실한 영혼을 돌보는 사람인 성 어거스틴은, 황실의 처벌을 받은 다음 도나투스파로부터 벗어나 그리스도와의 진정한 친교로 인도된 수천 명의 사람들을 통하여, 우리 하나님이 사람들을 거짓 교리와 분파와 종교의 모독으로부터 되찾기 위해서도 처벌과 강제적인 금지를 이용하신다는 사실을 파악하였다. 이것은 무엇보다도 그들이 온전한 교리에 귀를 기울임으로써 다른 사람 때문에 길을 잃거나 문제에 빠지지 않도록 하시기 위함이다. 또한 교리를 통하여 그들의 잘못을 전부 제거해 주시는 그분의 성령을 그들에게 주시고, 그리하여 그들이 진리를 기뻐하고 열중할 수 있게 하시기 위함이다.

잘못을 저지르는 이들에 대한 처벌은 그들이 개심하지 않는다 할지라도 가치가 있다.

만일 그런 일이 일어나지 않고, 그 사람들, 곧 자신을 향한 사랑과 다른 사람들 속에 있는 그리스도를 향한 사악한 경멸감 때문에 중대한 죄를 저지르는 사람들이 그 죄 속에 계속 머물러 있는다 할지라도, 우리는 그들에 대한 합법적 처벌과 강제력을 동원하고, 또 하나님이 그런 상황에서 취하도록 명하신 것들을 하나도 빠짐없이 실행함으로써 그들에 대한 책임을 완수해야 한다. 하나님은 종교의 모든 거절과 손상에 대한 외적인 처벌과 강제적인 금지를 반드시 시행해야 한다고 확실히 명령하셨다. 이것은 그러한 사악함이 얼마나 해롭고 치명적인지를 여실히 보여준다. 통치자들은 온갖 악한 행위들에 대해 두려운 존재가 되어야 하며, 그 행위가 악하면 악할수록 더더욱 그래야만 한다. 신명기 17장 [14절 이하], 디모데전서 1장 [8절 이하].

둘째로, 만일 처벌을 통해서 자신뿐만 아니라 남들도 타락시키지 못하게 막을 수 있다면, 죄를 저지르는 이들을 그토록 엄격하게 다루는 데 성공한다는 것은 결코 작은 일이 아니다. 그 누구라도 다른 사람들을 잘못된 길로 이끄는 것보다는 본인이 직접 잘못을 저지르는 것이 좀 더 무난한 일일 것이다.

사람은 그리스도께 속한 몸과 영혼을 갖고 태어나며, 거룩한 세례를 통하여 그분께 맡겨지기 때문에, 그리스도교 지도자들은 그들이 그리스도의 명에와 교회로부터 벗어나지 못하게 해야 한다.

그렇다고 해서, 꽤 많은 사람들이 착각하듯이, 저마다 그리스도께 헌신할지 말지 자유롭게 결정하도록 임직된 통치자들이 내버려 두어야 한다는 말은 결코 아니다. 그들은 하늘에 계신 아버지로 인하여 그리스도께 속하게 된 존재다. 그들은 그리스도를 위해 창조되고 태어났으며, 오직 그리스도를 통해서만 살아가고 모든 것을 누린다. 물론 본인 의사와 반할 경우 성실히 임할 수 있는 사람은 아무도 없으며, 강요 그 자체만으로는 그 누구에게도 신실함을 불어넣을 수 없다. 하지만 그럼에도 불구하고, 임직된 통치자는 자연인이 거장 곁에 머무르도록 억지로 강요하고자 한다. 그러니 그들이 그리스도와 함께 머물면서 그분을 섬길 수 있도록, 주님께서 주신 강제력(결국은 전부 그리스도의 것)을 최대한 동원하지 않을 이유가 어디 있겠는가? 적그리스도가 사악한 목적으로 그런 강제력을 이용한 것은 사실이지만, 그렇다고 해서 그것이 본질적으로 하나님의 선물, 선한 것이 아니라는 뜻은 아니다. 그리스도의 왕국을 위해 그것을 사용하는 것은 올바른 일이다.

그 누구도 강제로 거짓 고백을 하거나 억지로 성만찬 예식에 참여해서는 안 된다.

그 누구도 자신이 믿지 않는 것을 믿는다고 말하도록 강요당해서는 안 된다. 또한 본인의 의사가 전혀 없을 때에는 성만찬에 참여해서도 안 된다. 이것이 바로 교황의 임무다. 하지만 그리스도께로 태어나 세례를 받은 그리스도인은 그 누구라도 그리스도의 가르침에 귀를 기울이도록 만들어야 하며, 그리스도의 가르침을 모독하고 다른 사람들이 싫어하게 만듦으로써 공공연히 그리스도의 가르침과 반대되는 삶을 살도록 내버려 둬서도 안 된다.

그리스도인은 그리스도인들 사이에서 그 어떤 명예도 허용해서는 안 된다.
그리스도에 대한 모독은 그리스도인들에게 가장 중대하고 혐오스러운 모독행위이며, 그들은 오직 신앙만을 존중하고 영예롭게 여긴다. 따라서 진정한 그리스도인이라면, 교회의 모든 활동과 거룩한 성만찬 속에 담긴 귀하고 복된 그리스도와의 친교를 멸시하는 이들을 기뻐하거나 존중해서는 결코 안 된다. 사실상 이러한 의식에 불참하는 이들은 사실 모두가 그것을 멸시하는 이들이다. 이러한 불참을 통해서 비그리스도인으로 살아가는 것에 대한 관심을 표명하는 셈이다. 성만찬에 불참하는 것은 결코 허용되지 않은 일이다. 만일 그들이 그리스도인으로 살고자 한다면, 그리스도께서 모든 그리스도인에게 명하신 이 거룩한 성만찬에 참여해야만 한다.

그리스도인들 가운데서 통치에 임직된 사람은 오로지 최고의 그리스도인들뿐이다.
그리스도인은 모든 그리스도인들 가운데 가장 그리스도인다운 사람을 통치에 임직해야 한다. 따라서 모든 황실법령들, 특히 19번째에 명시되어 있는 것처럼(Constit. in Novellis), 모든 면에서 교회의 친교를 지키지 않는 통치자는 절대로 선출하지 말아야 한다.

만일 비그리스도인들 가운데 한 사람이 성만찬 예식을 이용해서 거짓으로 그리스도인이 되려 한다 해도, 그가 맺은 열매로 인하여 양의 탈을 쓴 늑대라는 사실이 틀림없이 밝혀질 것이다. 하나님을 향한 진정한 경외심과 신앙심은 공허한 겉모습을 통해 묘사될 수 없기 때문이다.

시편 15편 [4절]의 노래처럼, 그리스도인들 사이에서 통치자들이 *하나님을 업신여기는 이를 경멸하고 주님을 두려워하는 사람을 존경한다*는 것은 분명한 사실이다. 그들의 통치는 시편 101편 [6~8절]에 실린 노래에 잘 묘사되어 있다: *나는 이 땅에서 믿음직한 사람을 눈여겨보았다가, 내 곁에 있게 하고, 흠이 없이 사는 사람을 찾아서 나를 받들게 하렵니다. 속이는 이는 나의 집에서 살지 못하게 하며, 거짓말하는 이는 내 앞에 서지 못하게 하렵니다. 이 땅의 모든 악인들에게 아침마다 입을 다물게 하고, 사악한 이들을 모두 주님의 성에서 끊어 버리겠습니다.* 그러므로 모두들 최대한 거짓 태도를 취하고 시늉을 하도록 내버려 두자. 진지함은 신앙심을 촉진시키고 사악함을 몰아낸다. 진정한 마음에서 우러난 것이 아니라 그저 말과 행동뿐일 경우에는, 다른 사람들에게 해를 끼치는 일이 발생하지 않도록 해야 한다. 성 어거스틴은 앞에서 인용한 곳과 그 밖의 곳들에서 이 모든 것을 명확하고 철저하게 가르쳤다. 내가 그것을 간단하게나마 설명하고자 했던 것도 바로 이런 이유에서다. 최고의 학식을 갖춘, 너무도 현명하게 하나님의 일을 행하는 이 주교가, 그리스도께서 그분의 통치자와 권력자들에게 요구하시는 그리스도 왕국으로의 복음적 강요와 마찬가지로, 통치자들의 처벌과 강제력에 따른 종교 유지도 인정하고 있다는 사실에 대해 그 누구도 이의를 제기해서는 안 된다.

우리 통치자들이 자기 힘으로 경건한 사람을 얻을 수 있는 방법
이제 원래의 주제로 되돌아가보자. 우리가 위에서 설명한 대로, 통치자들이 만일 성실하고 책임감 있게, 주 그리스도께로 태어나 거룩한 세례를 통해 그분께 맡겨진 사람들 전부를 제대로 찾아내어 신앙심을 강요한다면, 우리 하나님께서도 틀림없이 그들에게, 유대인이나 이슬람교도나 그 밖의 이교도들처럼 출생과 양육을 통해 그리스도로부터 멀어진 이들을 제대로 찾아내어 그리스도께로 데려오는 일을 맡기실 것이다. 이것은 그들이 이 세상의 영역을 사랑하고 그것을 확대시키고 싶어 하는 것만큼이나, 그리스도의 왕국을 사랑하고 그 사랑을 키워 나가길 원해야만 가능한 일이다.

우리가 이교도들을 설득하여 그리스도께로 인도하는 것보다 그들의 소유와 재산을 갖는 데 더 힘쓴다면, 하나님은 오히려 그들이 우리의 소유와 재산을 강탈하게 만드실 것이다.

하지만 애석하게도 우리는 유대인과 이슬람교도와 다른 이교도들의 토지와 소유를 획득하기 위해서만 힘을 쓰지, 그들의 영혼을 우리 주 그리스도께로 인도하는 일은 별로 중요하게 여기지 않는 이들을 발견하게 된다. 이것은 세상의 주인이라 일컫는 임직된 군주뿐만 아니라 이른바 영성지도자들에게도 해당되는 말이다.

그들은 모스크바 시민들이 돈을 지불하지 않고 천주교로 들어오는 걸 원치 않았다.

몇 년 전 모스크바 시민들이 천주교의 친교에 참여하고자 했으나, 교황이 너무도 많은 액수의 돈을 요구하는 바람에 그렇게 할 수가 없었다. 이 양들로부터는 양털을 얻을 수가 없었기에, 교황이 더 이상 이 양들과 관계를 맺지 않으려 했던 것이다.

바로 이 때문에 하나님은 정의로운 심판을 통해서, 그들이 오히려 우리의 세속적인 소유와 재산을 빼앗아 가도록 만들어 놓으셨다. 우리가 유대인과 이슬람교도와 그 밖의 이교도들을 그리스도의 왕국으로 인도하지 않고 그저 그들의 세속적인 소유와 재산을 빼앗으려고만 했기 때문이다. 결국 유대인들은 고리대금을 통해 가난한 그리스도인들을 심하게 착취하였고, 이슬람교도들은 매일 폭력을 행사하여 우리의 땅과 사람들을 빼앗아갔으며, 이러한 현상은 날로 심해지고 있다.

하나님의 극심한 분노는 새로운 땅과 섬의 발견과 정복을 통해서도 알 수 있다. 사람들은 이로써 그리스도교 세계가 굉장히 확대되기라도 한 것처럼 크게 기뻐하고 뽐내지만, 실상은 가난한 사람들이 탁발승에게 배운 거짓 미신 때문에 처음에는 몸과 소유를, 그 다음에는 영혼을 빼앗겨 버린 것이다.

새로 발견된 땅의 주민들은 차라리 자살을 택할 정도로 매우 비인간적인 대우를 받는다. 새로 발견된 섬과 육지 때문에 우리 백성들이 손상을 입게 되었다.

나는 황제 폐하의 고해신부인 장 글라피옹이 주요 인물들 앞에서 불만을 토로하는 소리를 들었다. 새로 발견된 땅에서 스페인 사람들이 자신들을 위해 금이나 다른 것들을 찾도록 가난한 이들을 억지로 밀어붙이고 괴롭힌 나머지, 그 노역과 고통을 견디다 못해 그만 자살하고 만다는 것이었다. 둘째로, 우리 백성들 편에서 과연 얻은 것이 무엇인가? 항해를 하는 동안 훌륭한 사람을 얼마나 많이 잃었는가? 얻은 것이 매우 많다고들 말하지만, 실상 거기서 얻은 것은 끔찍한 전쟁의 계기와 유혹, 화려함과 오만함, 그리고 가난한 보통 사람들에 대한 압제뿐이었다. 이 모든 무역과 정복을 통하여 아주 극소수의 사람만이 전 세계의 상품과 재산을 차지하게 되었으며, 그것을 이용하여 나머지 사람들에게 온갖 종류의 해악과 권력을 행사하였기 때문이다. 나머지 사람들은 대개가 고되고 지독한 노역을 통해 간신히 밥벌이만 하는 수준이었다. 그런데도 그들은 이것을 그리스도교 세계의 확장이라고 일컫는 것이다. 주님은 우리의 군주와 통치자들에게 올바른 방법으로 그리스도교 세계를 확대시키고 개선해 나갈 수 있는 이해심과 의지를 심어 주신다.

그리스도인들이 잃어버린 양을 찾는 일에 자주 실패할 경우, 교회 목회자들이 이 일을 맡아야 한다.

따라서 교회의 장로들은, 우리가 이 책에서 보통의 그리스도인들과 통치자들이 잃어버린 양을 찾는 일에 부족하다고 결론 내린 것들을 공급할 수 있도록 항상 신경 써야 한다. 그리고 외국인에게 가야 할 사도적 소명이나 명령을 받지 않은 사람은, 성령께서 주교와 감독관으로 임직하신 교회 안에서, 그리스도와의 친교에 속하지 않은 사람이 방황하는 일이 없도록 구석구석 지켜보아야 한다. 하지만 그들을 그리스도와의 충만한 친교로 이끌기 위해서는, 하나님이 자기에게 맡기신 일을 제대로 실행할 수 있도록 매사에 노력해야만 한다.

우리는 세례를 받았으나 길을 헤매는 양들을 최대한 성실하게 추적하여 찾아내야만 한다.

그리스도의 이름으로 세례를 받은 이들의 경우에는 특히나 더 성실하게 이 임무를 수행해야 한다. 이런 사람을 한 명이라도 포기했다가는 우리 주 그리스도께 엄청난 비난을 받게 될 것이다. 이들은 교회의 직무를 통해서 그리스도의 생명으로 양육되고 지속적인 격려를 받도록 세례로 인하여 우리 주 그리스도께 바쳐지고 결합되었기 때문이다. 이것은 곧 그가 세례 받은 자(개나 돼지, 곧 그리스도의 적이나 멸시자여서 하나님의 말씀으로 할 수 있는 게 아무 것도 없다는 사실이 판명된 사람을 제외하고)를 하나라도 포기하는 그리스도의 목회자는, 하나님과 우리 주 그리스도께 자신을 변호하기가 어렵다는 것을 의미한다. 그렇게 흩어져 길을 헤매는 양들은, 하나님이 선지자 에스겔을 통하여 말씀하신 것처럼, 결국 사악한 본성 때문에 죽게 되어 있지만, 주님은 교회에서 그들의 구원을 추구하고 회개와 그리스도의 은총으로 인도하라고 임직하신 이들의 손에 그들의 피를 요구하실 것이다. 주님은 크게 실망하신 나머지 이 믿을 수 없고 불충한 목자들을 다음과 같이 고소하실 것이다: *너희는 잃어버린 양들을 찾지 않았다*[에스겔 34장 4절].

그러므로 유일하게 참되고 선하신 우리의 목자 그리스도께서, 그분의 모든 교회들에게 진정으로 충실하고 부지런한 장로들을 보내주시길 바란다. 유대인과 이슬람교도와 모든 이교도들을 포함하여, 그들이 접촉한 이들과 그리스도께 속한 이들을 모두 그분께 온전히 데려올 수 있도록, 한 사람도 그냥 내버려두지 않을 그런 장로들을 말이다. 그리하여 이 장로들이, 세례를 받았으나 거짓 종교나 속세의 쾌락 때문에 길을 헤매고 타락해 버린 이들, 그 결과 그리스도의 양 우리와 목장으로부터 완전히 떨어져 살게 된 이들을 위하여 특별한 열심과 거룩한 열정으로 성실히 노력하게 되기를 바란다.

이것으로 목회적 직무와 영혼 돌봄의 첫 번째 임무에 관한 고찰, 곧 헤매는 그리스도의 양들을 찾고 그들을 그리스도의 양떼와 양 우리로 데려오는 것에 관한 고찰을 마무리하겠다.

영혼을 돌보는 **참된 목회자**

Part 8
길 잃은 양
길 잃은 양을 어떻게 되찾을 것인가?

[누가복음 15장 (4~6절)]
'너희 가운데서 어떤 사람이 양 백 마리를 가지고 있는데, 그 가운데서 한 마리를 잃으면, 아흔아홉 마리를 들에 두고, 그 길 잃은 양을 찾을 때까지 찾아다니지 않겠느냐? 찾으면 기뻐하며 자기 어깨에 메고 집으로 돌아와서, 벗과 이웃 사람을 불러 모으고, "나와 함께 기뻐해 주십시오. 잃었던 내 양을 찾았습니다." 하고 말할 것이다.'

여기에서 주목해야 할 점은, 그리스도의 충실한 목회자들은 길 잃은 양 한 마리를 추적하되, 그 양을 발견할 때까지 결코 포기하지 말아야 하며, 양을 찾은 다음에는 크게 기뻐하며 어깨에 메고 돌아와야 한다는 것이다.

[갈라디아서 4장 (19~20절)]
나의 자녀 여러분, 나는 여러분 속에 그리스도의 형상이 이루어지기까지 다시 해산의 고통을 겪습니다. 이제라도 내가 여러분을 만나 어조를 부드럽게 바꾸어서 말할 수 있으면 좋겠습니다. 나는 여러분의 일을 어떻게 하면 좋을지 당황하고 있습니다.

그러한 성실함과 걱정과 고민이야말로, 출산과도 맞먹을 정도로 고통스러운 일, 길 잃은 이들을 되찾아 오는 일의 특징이어야 한다.

[디모데후서 2장 (24~26절)]
주님의 종은 다투지 말아야 합니다. 그는 모든 사람에게 온유하고, 잘 가르치고, 참을성이 있어야 하고, 반대하는 사람을 온유하게 바로잡아 주어야 합니다. 그렇게 하면, 아마도 하나님께서 그 반대하는 사람들을 회개시키셔서, 진리를 깨닫게 하실 것입니다. 그들은 악마에게 사로잡혀서 악마의 뜻을 좇았지만, 정신을 차려서 그 악마의 올무에서 벗어날 것입니다.

여기에서 주목할 점은, 악마의 덫에서 사람들을 다시 구해 내려면 온갖 친절함과 부지런함을 다 동원해야 한다는 것이다.

길 잃은 양의 특성

우리는 길 잃고 버림받은 양들, 그러니까 그리스도의 양떼와 양 우리로부터 나와 방황하는 이들이, 한때는 그리스도의 양떼와 더불어 양 우리 안에 머물렀다는 점을 살펴보았다. 이런 일은 거짓 교리와 종교 때문에 자주 발생한다. 마치 갈라디아 사람들이 그리스도의 참된 믿음과 친교로부터 돌아서서, 모세의 의식들 중 부실하고 보잘것없는 요소 때문에 율법의 노예가 되었던 것처럼, 그리하여 거짓 사도들의 이단에 빠졌던 것처럼 말이다. 그 밖에도, 사도 바울이 디모데후서 4장 [10절]에서 자기를 버리고 다시금 세상을 사랑하게 된 데마에 관하여 불평한 것처럼, 이 세상을 향한 사랑 때문에도 이런 일이 발생한다. 이런 일은 사도행전 13장 [13절]에서 마가가 바울과 바나바를 은밀히 떠났을 때에도 일어났다.

두 가지 종류의 배교

하지만 배교의 이 두 가지 예는, 앞에서 얘기한 것처럼, 두 가지 상이한 유형을 띠고 있음이 드러난다. 한편으로는 우리 주 그리스도로부터 완전히 벗어나지 않았으면서 그리스도의 양떼로부터 떠나는 사람들이 있다. 그리고 또 한편으로는 주님으로부터 완전히 멀어질 정도로 신앙을 버리는 이들이 있다. 이들은 요한일서 2장 [19절]에서 사도요한이 기록하는 것처럼, 우리로부터 완전히 떠났으므로 결코 우리에게 속하지 않은 이들이며, 한 번도 그리스도께 자신을 온전히 맡긴 적이 없는 이들이다. 이들은 마치 사도 바울이 빌립보서 3장 [18절 이하]에서 언급한 이들과도 같다: *내가 여러분에게 여러 번 말하였고, 지금도 눈물을 흘리면서 말하지만, 그리스도의 십자가의 원수로 살아가는 사람이 많이 있습니다. 그들의 마지막은 멸망입니다. 그들은 배를 자기네의 하나님으로 삼고, 자기네의 수치를 영광으로 삼고, 땅의 것만을 생각합니다.* 또한 그 사도가 디모데전서 5장 [11절 이하]에서 말하는 음탕한 과부들 역시 여기에 포함된다: 어떤 과부들은 이미 곁길로 나가서, 사탄을 따라갔습니다.

변절한 이들 모두를 데려오려고 노력해야 한다.
우리 주 그리스도로부터 완전히 떨어져 나갈 정도로 그리스도 교로부터 변절한 사람을 금방 알아볼 수는 없다. 따라서 우리는 하나님의 교회로부터 분리된 이들 모두를 다시 데려오는 일에 최대한 성실히 임해야 한다. 거짓 가르침과 이른바 거짓 종교 때문에 이런 일이 발생했든지, 아니면 세상의 물질적인 과잉 때문에 발생했든지 상관없이 말이다. 그리고 우리가 그들을 어깨에 메고 돌아와, 그들이 그리스도의 총체적인 친교 안에서 그리스도의 양들과 함께 머물게 하는 그 순간까지, 돌 하나도 남김없이 모두 돌려놓아야 한다.

헤매는 양들에 관해 앞에서 언급한 것들 전부가 이 길 잃은 양들에게도 똑같이 적용된다. 우리는 그리스도의 양떼로부터 떨어져 나가는 이들을 볼 때마다, 결코 한 번의 예외도 없이, 최상의 성실함과 끊임없는 근면함으로, 그들을 다시금 데려오기 위해 노력해야 한다. 그리고 이 양들을 그리스도의 양 우리에 다시 넣을 때까지, 곧 그리스도의 참되고 온전한 친교 속으로 이끌 때까지, 그러한 노력은 계속되어야 한다. 이것은 위의 세 군데 뿐만 아니라 다른 성서 본문들에도 역시 분명하고 명확하게 드러나 있다.

첫 번째 본문의 의미. 양을 어깨에 메고 돌아온다는 말의 의미

첫 번째 본문이 우리에게 가르쳐 주는 것은, 한 마리 양이 무리로부터 멀어져 헤매는 순간 곧바로 아흔아홉 마리 양을 내버려 두고 그 잃어버린 양 한 마리를 찾아나서야 하며, 그 양을 발견할 때까지 계속해서 찾아다녀야 한다는 것이다. 찾은 다음에는 그 양을 어깨에 메고서, 최고의 열망과 기쁨을 안고 양떼에게로 돌아가야 한다. 이것은 곧 우리가 이 길 잃은 양들을 위해 존재하고 성장해야 하며, 또 무슨 일이든 해야 한다는 뜻이다. 그리고 그들을 다시 교회의 참되고 온전한 친교로 데려올 때까지, 그리하여 그리스도께서 그들을 교회 안에서 먹이고 보호하실 때까지, 그들을 위해, 그들로 인한 일들을 모두 참아내고, 피하거나 견뎌내야 한다는 뜻이다. 이미 앞에서 살펴본 것처럼, 우리는 한 번도 그리스도를 알지 못했던 이들을 모두 그분께로 데려오기 위해 필요한 모든 일들을 해야만 한다. 하물며 예전에 그분을 받아들였었고 아직도 그분에게 속한 이들, 따라서 특별히 우리에게 맡겨진 이들을 그분께로 다시 데려오기 위해서는 얼마나 더 성실하게, 얼마나 더 많은 수고와 노력을 기울여야 하겠는가?

해산의 고통에 관한 두 번째 본문의 의미

사실 이 목적을 위해서는 출산의 고통과 수고에 맞먹을 정도로 성실과 진심과 열망을 다해야 한다. 두 번째 본문에 잘 드러나 있듯이, 사도 바울은 이것에 관하여 한 가지 예를 들려준다. 산고를 겪는 여인이 무엇을 더 바랄 수 있겠는가? 자신의 아이를 해산하기 위해서가 아니라면 왜 그토록 극심한 고통과 수고를 겪겠는가? 그러므로 우리가 주목해야 할 점은, 변절한 이들 가운데 그리스도께서 다시금 태어나고 제대로 자리를 잡기 위해서는, 다시 말해서 길 잃은 양들을 그리스도의 양 우리와 그리스도의 온전한 친교 속으로 다시 이끌어 들이기 위해서는, 그 정도의 성실과 진심과 열망, 고통과 수고가 요구된다는 것이다.

그리고 이러한 성실과 열망과 수고는 모든 그리스도인들과 그리스도의 살아 있는 지체들 전부에게 요구되지만, 그 가운데서도 특별히 임직받은 목자장들과 통치자들에게 더욱 더 필요하다. 또한 그리스도의 진리를 선포하고 가르치는 일에 관한 한, 임직받은 목자들과 영혼을 돌보는 사람들이야말로 가장 두드러지게 앞장 서야 한다.

길 잃은 양들을 데려오도록 돕는 일에서 통치자가 맡은 역할, 그리고 영혼을 돌보는 사람의 역할

통치자들은 이 일을 성실히 도와야 한다. 거짓 교리나 어떤 해로운 자극도 부지런히 몰아내야 하며, 사람들이 영혼을 돌보는 사람이 들려주는 그리스도의 가르침을 받아들이고 그리스도의 친교로 되돌아오도록 성실하게 격려해야 하는 것이다. 하지만 영혼을 돌보는 사람들은 최대한 부지런히 이 사람들을 뒤따라가서, 하나님이 그들에게 허락하신 방법을 모두 동원하여, 명확하고 강력한 죄의 인정과 반증, 그리고 그리스도의 진리와 해방에 관한 진심어린 설명을 통해서, 이 사람들을 사탄의 타락과 올가미로부터 건져

내고 그들의 목자이신 그리스도와 그분의 양떼에게로 완전히 데려오기 위해 애써야 한다.

  이들은 다른 모든 것들을 내버려 두고 길 잃어버린 한 마리 양을 되찾아오기 위해 온갖 일을 다 겪는 목자가 되어야 한다. 그저 그 양을 인도하거나 몰아오는 것으로 끝나는 것이 아니라, 우리가 앞에서 언급한 첫 번째 본문의 가르침처럼, 그 양을 어깨에 메고 돌아와야만 하는 것이다. 또한 이들은 두 번째 본문이 입증해 주듯이, 고통과 수고 가운데 아이를 다시 출산하는 어머니가 되어야 한다. 그리고 사탄이 자기 뜻대로 조종하려고 사로잡은 이들을 악마의 올가미로부터 풀어 주기 위해 모든 것을 참고 견디며, 부드럽고도 예리하게, 모든 일을 감수하는 주님의 종이 되어야 한다: 이것이 바로 세 번째 본문의 의미다.

영혼을 돌보는 **참된 목회자**

Part 9
상처 입은 양

다치고 상처 입은 양을 어떻게 싸매고 치유할 것인가?

[마태복음 18장 (15~17a절)]
'네 형제가 너에게 죄를 짓거든, 가서, 단 둘이 있는 자리에서 그에게 충고하여라. 그가 너의 말을 들으면, 너는 그 형제를 얻은 것이다. 그러나 듣지 않거든, 한두 사람을 더 데리고 가거라. "그가 하는 모든 말을, 두세 증인의 입을 빌어서 확정 지으려는 것이다." 그러나 그 형제가 그들의 말도 듣지 않거든, 교회에 말하여라.'

죄를 지은 사람은 이웃들 가운데 한 사람이 바로잡고 고쳐주어야 한다; 하지만 만일 이 일이 소용없을 경우에는 지역교회가 함께 나서야 한다.

[고린도후서 2장 (6~8절)]
여러분 대다수는 그러한 사람에게 이미 충분한 벌을 내렸습니다. 그러니 여러분

은 도리어 그를 용서해 주고, 위로해 주어야 합니다. 그 사람이 지나친 슬픔에 짓눌리는 일이 없도록 해야 합니다. 그러므로 나는, 여러분이 그에게 사랑을 나타내어 보이기를 권합니다.

여기에서 주목해야 할 것은, 이 사람이 온 교회를 위하여 처벌 받아야 하며, 이렇게 함으로써 잘못을 바로잡고 상처를 치유 받게 된다는 점이다.

[고린도후서 12장 (20~21절)]
내가 두려워하는 것은, 내가 가서 여러분을 만나볼 때에, 여러분이 혹시 내 기대에 어긋나지 않을까 하는 것과, 또 내가 여러분의 기대에 어긋나지 않을까 하는 것입니다. 또 여러분 가운데에 싸움과 시기와 분노와 경쟁심과 비방과 수군거림과 교만과 무질서가 있지나 않을까 두렵습니다. 내가 여러분에게 다시 갈 때에, 여러분 때문에 내 하나님께 내가 부끄러움을 당하지나 않을까 걱정이 됩니다. 또 내가, 전에 죄를 지은 많은 사람들이 스스로 행한 부정함과 음란함과 방탕함을 회개하지 않는 것을 보고서, 슬피 울게 되지나 않을까 걱정이 됩니다.

바울은 극심한 처벌 때문에 상처 입은 고린도 사람들을 치유하고자 하였다. 그리고 그는 그들을 대신해서 자신을 벌하고 슬픔을 견딘다고 생각할 정도로 그들을 매우 사랑하였다.

[갈라디아서 6장 (1~2절)]
형제자매 여러분, 어떤 사람이 어떤 죄에 빠진 일이 드러나면, 성령의 인도하심을 따라 사는 사람인 여러분은 온유한 마음으로 그런 사람을 바로잡아 주고, 자기 스스로를 살펴서, 유혹에 빠지지 않도록 조심하십시오. 여러분은 서로 남의 짐을 져 주십시오. 그렇게 하면 여러분이 그리스도의 법을 성취하실 것입니다.

그리스도인은 저마다 다들 남의 결점과 죄를 자신의 것처럼 여기며, 그것을 제거하고 좀 더 개선하기 위해, 모든 사랑과 온유함으로, 할 수 있는 모든 일을 행한다.

위의 본문들은 우리에게 다음의 세 가지를 가르쳐 준다. 첫째는 상처 입은 양들이 모든 그리스도인들로부터 치유를 받아야 하며, 특히 영혼을 돌보는 사람으로부터 치유를 받아야 한다는 것이다; 둘째는 이러한 치유가 상처 입거나 다친 양들 모두에게 시행되어야 한다는 것이다; 그리고 셋째는 상처 입은 양들을 치유하는 데 쓰이는 약과 치유법의 본질이다.

우리는 앞에서 이렇게 상처 입고 다친 양들의 특성을 설명하였다; 이들은 교회와 그리스도의 친교 안에 머무르고는 있지만, 공공연하고 악명 높은 죄와 악습에 빠진 이들이다. 그들은 그리스도에 대한 자신의 고백을 버리고, 그리스도의 진리를 부인한다. 그리고 한편으로는 하나님과 그분의 거룩한 말씀과 그분이 하신 모든 일들을 모독하고, 상급자에 대한 불복종과 범죄를 저지른다. 또 그들은 말과 행동으로 자기 이웃의 재산과 인격과 명예에 해를 끼치며, 온갖 악덕과 방종을 일삼는다.

상처 입은 양들은 모든 그리스도인과 통치자와 영혼을 돌보는 사람으로부터 치유를 받아야 한다.

그러므로 우리가 여기에서 가장 먼저 알아야 할 것은, 다치고 상처 입은 양들을 싸매고 치유해야 할 사람이 누구인가 하는 점이다. 그것은 일단 모든 그리스도인들의 책임이다. 그리스도께서 결국은 모든 그리스도인 안에 사시면서 역사하셔야 하기 때문이다. 하지만 주로 이 일에 전념해야 할 사람은, 영혼의 돌봄과 죄의 치유를 위해 특별히 임직된 이들이다. 통치자들 역시 이 일에 전력을 기울여야 한다. 그들은 영혼의 전문의뿐만 아니라 모든 그리스도인들이 이 분야에서 성실하고 효율적으로 자기 임무를 완수할 수 있도록 준비시켜 주어야 한다. 이것은 하나님이 모든 영혼을 맡기신 통치자들의 직무에 속한다. 따라서 그들은 모든 영혼이 올바르게 제대로 살고 있는지, 성부께서 하늘과 땅의 모든 권한을 부여하신 우리 주 그리스도를 매사에 정직하고 성실하게 섬기고 있는지, 최선을 다해 지켜보아야 한다.

모든 그리스도인들은 죄인이 회개할 수 있도록 도와야 한다.
첫 번째 본문에서 우리는 주님이 모든 그리스도인들에게 다음과 같이 말씀하시는 것을 듣게 된다: 네 형제가 너에게 죄를 짓거든. 이와 마찬가지로, 네 번째 본문에서 성령은 영적인 사람, 곧 그리스도인으로서 그리스도인의 삶을 살고 싶어 하는 사람은 누구든지, 죄에 붙잡힌 이들을 되찾아 오라고 명령하신다.

처벌과 교화의 임무는 영혼을 돌보는 사람들이 수행해야 한다.
두 번째 본문은 많은 사람들에 따른 처벌, 교회를 대표한 처벌에 관하여 언급한다; 이러한 처벌은 곧 사도 바울이 요구했던 것이고, 고린도 교회 장로들이 실행했던 것이다. 그러므로 우리는 이 본문에서 영혼을 돌보는 사람들이 수행해야 할 처벌과 교화에 대해 처음으로 듣게 된다. 주님이 그런 처벌을 필요로 하신다는 사실은, 사적인 충고를 들은 후에도 개심을 거부하는 이들은 교회에 보고하여 교회가 장로들을 통해서 경고하고 처벌하도록 하라는 명령에 분명히 드러나 있다. 이것이 바로 사도 바울이 디모데에게 지시한 것이기도 하다. 바울은 디모데전서 5장 〔20절〕에서 다음과 같이 말한다: *죄를 짓는 사람을 모든 사람 앞에서 꾸짖어서, 나머지 사람들도 두려워하게 하십시오.*

하지만 세 번째 본문에서 우리는, 교회의 목회자들이 다른 누구보다도 성실하게 열성적으로, 다치고 상처 입은 영혼들에게 약을 제공하고, 다른 이들의 활동만으로는 부족한 것들을 채워주어야 한다는 사실을 훨씬 더 명확히 알게 된다. 사도 바울이 고린도 사람들에 관하여 불만을 토로한 것도 바로 이 때문이다. 그는 고린도 교회가 한 사람을 처벌하거나 교화시키지도 않고 그냥 보내버렸다는 사실을 전해 들었다. 이 일로 그는 자신을 낮추고 몹시 슬퍼하길 원했다. 곧 금식과 기도를 통해서 교화시키길 원했던 것이다. 이렇게 함으로써 그는 온 교회가 이 문제에 대해 열의를 갖고 진지하게 임하도록 일깨우고자 하였다. 사실 그는 그곳으로 직접 가서 처벌을 내리고, 자신의 임무를 소홀히 한 이들을 혹독하게 다루기를 원했다. 그리고 이러한 바람을 13장 〔1절 이하〕에서 곧바로 밝혔다.

상처 입은 양들의 치유는 그리스도의 임무다. 그리스도께서는 모든 그리스도인들의 중개로 그 임무를 수행하고자 하신다.

이렇게 해서 우리는 일단 모든 그리스도인들이 자기 이웃에 관하여 상처 입은 이들을 어떤 식으로 싸매고 치유해야 하는지, 그 중에서도 특히 그리스도의 양들을 위해 피난처와 목장을 제공하도록 특별히 임직 받은 사람들은 상처 입은 이들을 어떻게 싸매고 치유해야 하는지 알게 된다. 가장 중요한 점은 바로 이것이다: 이렇게 싸매고 치유하는 것은 그리스도의 임무다. 그리스도께서는 그분의 양들을 위해 이 일을 수행하기로 약속하셨다. 그러므로 그분은 어느 한 지체도 이 일을 소홀히 하지 않기를 바라신다. 그리고 그분께서 특별히 그 역할을 맡기기 위해 임직하신 지체들, 그분의 하급-목자들, 곧 통치자와 영혼 도우미들 모두가 최대한 성실하게 이 일을 수행하기를 원하신다.

우리는 상처 입은 양들을 모두 치유하는 일에 참여해야 한다.
두 번째로 중요한 것은, 이렇게 다치고 상처 입은 양들이 모두 자기 목자이신 그리스도의 음성을 듣고 양으로 남아 있는 한, 그 양들을 싸매고 치유하는 임무를 수행해야 할 책임은 계속 지속된다는 점이다. 이것은 위의 본문들과 그 외의 본문들을 통해서도 분명히 드러난다. 이 본문들은 모두 개괄적인 언어로 표현되어 있다: 만일 어떤 사람이 죄를 짓거든, 만일 어떤 사람이 잘못에 빠지거든, 만일 어떤 것이 다치고 상처를 입거든. 주님은 네 형제가 너에게 죄를 짓거든 하고 말씀하신다. 이러한 도움을 제공하는 데에는 별다른 이유가 필요 없다. 그저 그 사람이 형제고 죄를 지었을 경우, 이러한 도움을 제공해야 하는 것이다. 비록 주님이 너에게 라고 말씀하시지만, 참된 그리스도인은 자기가 머리이신 주 그리스도께 죄를 범하고 모욕했음을 인정할 것이다.

상처 입은 이들을 위한 치유

세 번째 요점은, 다치고 상처 입은 이들에게 우리가 제공해야 할 충고와 치유의 본질이다. 우리는 위의 네 분문과 그 밖의 본문들에서 이 본질에 대해 알 수 있다. 이 치유는 다름이 아니라, 죄를 범한 이가 자기 죄를 충분히 인정하게 만들고, 그리하여 죄에 대한 진정한 인정과 회개와 슬픔으로 나아갈 수 있게 해주는 것이다. 그리고 이를 통하여 죄인이 다시금 평안을 찾고 은총에 대한 희망을 키워나감으로써, 진정한 교화에 대한 열정과 갈망을 갖게 하는 것이다.

죄를 인정하고 회개할 수 있도록 지적해 줘야 한다. 죄인을 얻는 방법

첫 번째 본문에서 수님은 명하시기를, 죄를 지적하고 폭로함으로써 죄인이 자기 죄를 확신하고 그 죄 때문에 괴로워하게 해야 하며, 그런 다음 참된 회개를 통하여 다시 돌아오게 해야 한다고 하신다. 여기에서 주님은 '엘렉쎄인'이라는 단어를 사용하신다. 이 단어는 어떤 사람의 잘못을 분명히 지적해주고 그 사람에게 그 잘못을 확신시켜 준다는 뜻을 지닌다. 주님은 계속해서 다음과 같이 말씀하신다: *그가 너의 말을 들으면, 너는 그 형제를 얻은 것이다.*

*네 형제*와 *얻다*라는 단어를 사용하심으로써, 주님은 죄 지은 이들의 처벌을 요구하신다는 사실을 분명히 하신다. 참된 형제애, 그리고 형제를 영원한 죽음으로부터 영원한 생명으로 이끄는 것에 대한 관심과 일치하도록 말이다. 죄인이 와서 '제가 죄를 지었습니다. 저는 은총을 원합니다. 제 행실을 고치고 싶습니다.'라고 말하고, 또 자기 죄 때문에 온전히 괴로워하고 굴욕을 당한 후에, 그리스도 안에서 다시 위로를 받아 모든 일을 바로잡는 일에 최선을 다하게 되는 그 순간까지, 그는 결코 되찾아온 게 아니다. 그런 다음에야 비로소 내적 존재의 다친 부분 때문에 입은 손상을 정말로 싸매고 치유할 수 있는 것이다.

죄인의 처벌은 온유한 마음과 커다란 사랑이 그 특징이어야 한다.
그러므로 그리스도의 명령대로 죄인을 바로잡고 얻고자 하는 사람은, 네 번째 본문이 요구하는 것처럼, 어디까지나 온유한 마음과 진심 어린 사랑으로 이 일을 해야 한다. 그 사랑 — 네 번째 본문이 가르치는 사랑 — 으로 죄인의 짐을 기꺼이 견디고 참아낼 수 있으며, 세 번째 본문에서 바울이 예를 든 것처럼, 죄인이 잘못을 바로잡게 할 수 있다.

이와 같은 치유법은 사도 바울이 자기에게 맡겨진 한 고린도사람을 위해 준비하고 처방한 것이다. 바울은 온 교회를 위하여 그가 처벌을 받도록 허락하였으며, 특별히 그를 영의 힘으로 직접 훈육하였다. 바울은 그의 영혼이 구원을 받을 수 있게 하기 위해서, 그의 육체가 고행을 당하도록 사탄에게 넘겨주었다. 이런 식으로 바울은 죄인이 자기 죄를 후회하고 뉘우치게 만듦으로써, 죄가 그 사람 안에서 완전히 제거되고 죽게 만들었다. 그런 다음에는 이 죄인이 위안을 받고 진정한 개심을 경험함으로써 강인해질 수 있도록, 고린도 교회에 편지를 썼다. 충분한 처벌과 엄격함 뒤에는, 용서와 위로와 사랑을 보여주어야 한다고 말이다. *그래야 그가 지나친 슬픔에 압도되는 일이 안 생길 것이기 때문이다.* 물론 바울 역시 그를 용서하고 위로하였다.

그 고린도 사람이 치유 받은 방법

여기에서 확실히 알 수 있는 것은, 다치고 상처 입은 양들을 위한 이 영적인 치유법이 무엇이며, 이것을 어떤 식으로 사용해야 하는가이다. 이 고린도 사람은 내적인 존재를 심하게 다쳤으며, 부정직함 때문에 그 피와 피부가 몹시 더럽게 오염되어 있었다. 하지만 이제는 사도와 고린도 교회가 함께 교정과 처벌을 통하여 그를 정화시켜 주었다. 이렇게 강렬한 치유법을 통하여, 더러운 감염과 오염된 육체를 깨끗이 제거한 것이다. 그리고 그런 다음에는 용서와 위로와 사랑의 훈계를 통해서, 그가 건강한 피와 깨끗하고 순전한 피부를 다시 얻을 수 있게 해주고, 또 이런 식으로 그를 치유해 주었다.

나단이 다윗의 상처를 치유한 방법

나단 역시 다윗이 간통과 살인과 극악무도한 하나님 이름 모독 때문에 입은 상처를 치유해 주었다. 다윗은 사악하게도 우리야를

죽이기 위해, 하나님의 적들이 하나님의 백성을 짓밟고 승리하게 만들었다. 예언자 나단은 그를 신랄하게 비난하고 그가 저지른 큰 죄를 확인시킴으로써, 다윗의 부러진 수족을 고치고 사악하고 더러운 죄를 정화시켜 주었다. 이것이 다윗 안에서 진정으로 성취된 것은, 그가 나단에게 다음과 같이 말한 순간이었다: *내가 주님께 죄를 지었습니다.* 그러자 예언자는 하나님의 은총으로 다시 한 번 그를 위로하며 이렇게 말하였다: *주님께서 임금님의 죄를 용서해 주실 것입니다. 그러므로 임금님은 죽지는 않으실 것입니다.* 이리하여 예언자는 그를 다시금 강력하게 만들어 주었고, 그의 영적인 수족을 치유해 주었다.

모든 영적 건강은 죄의 용서에 대한 믿음에 달려 있다.

그러므로 내적인 인간의 건강과 생명은 하나님의 인자하심에 대한 참되고 생생한 믿음, 그리고 주 그리스도께서 우리를 위해 얻어내신 죄의 용서에 대한 확실한 신뢰에 존재한다. 이러한 믿음과 신뢰는 우리가 진정으로 하나님과 그분을 기쁘시게 할 만한 모든 것들을 사랑하게 해주며, 또 그분의 선하신 영을 우리에게 가져온다. 그리고 그 선하신 영은 우리가 온갖 악한 것을 피하고 모든 선한 일을 행하도록 올바른 의지와 능력을 안겨준다.

강력한 치료약이 필요한 죄도 있다.

하지만 어떤 상처는 오랜 과정의 약물치유와 강력한 정화, 소작, 절단과 소각을 거친 다음에야 비로소 진짜로 치유되기도 한다. 그런 과정이 끝난 다음에야 비로소 자기 죄를 깊이 반성하고 사악한 욕구와 갈망을 완전히 정화할 수 있게 되는 것이다. 두 번째 본문에 언급된 고린도 사람의 경우도 바로 이런 종류의 상처를 입었다. 그렇기 때문에 친절하고 온유한 사도가 그를 아주 오랫동안 사탄에게 넘겨주었던 것이다. 그의 육체가 변화되고 그의 영혼이 구원받을 수 있도록 말이다. 고린도 교회의 그리스도인 친교로부터 추방을 당하고 처벌을 받는다는 것은 그에게 너무나도 큰 고통이었다. 그래서 사도 바울은 그에 관하여 이렇게 썼다: *그 사람이 지나친 슬픔에 짓눌리는 일이 없도록 해야 합니다*. 하지만 이 길고 강렬한 치료약은 그와 다른 사람들 모두에게 엄청난 개선을 불러일으켰다: 그 안에서 온갖 세상적인 사악함이 죽게 하였을 뿐만 아니라, 다른 사람들 역시 이런 죄나 다른 범죄를 저지르지 않도록 막아 준 것이다.

다윗이 회개한 방법

다윗의 회개 역시 마찬가지였다. 그는 밧세바가 처음으로 자기에게 낳아준 아이의 죽음 때문에 마음 아파했을 뿐만 아니라, 자기 아들 압살롬의 반역이라는 너무나도 끔찍하고 가혹한 처벌로 인하여 몹시 괴로워했다.

사도 교회는 엄격한 처벌을 통하여 죄인들이 자기 죄를 참회하도록 만들었다.

고대 교회와 사도 교회 역시 온갖 중대한 범죄들에 대하여 위와 똑같은 엄격함을 보여 주었다. 그렇게 함으로써 죄인들을 거룩한 슬픔과 참회로 인도하였다. 그리고 그 슬픔과 참회는 죄인들을 회개로 이끌었으며, 그것을 후회하는 사람은 아무도 없었다. 또한 그렇게 함으로써 회중 안에 두려움, 그리스도인의 삶을 살고자 하는 열정과 열의, 그리고 죄악에 대한 분노와 증오가 함께 유지되고 강화되게 하였다. 이것은 고린도후서 7장 〔10절 이하〕에서도 거룩한 사도에 따라 입증되었다.

공적인 참회의 기원

여기에서 우리는 터툴리안과 키프리안과 암브로스와 고대의 경건한 교부들 모두에게서 읽었던 공적인 고백과 참회의 기원을 만나게 된다. 그리스도인들 가운데 한 사람이 어떤 식으로든 심각하고 공적인 죄에 빠졌고 또 그 때문에 다른 사람들까지 화가 났을 경우, 그 사람은 그리스도의 식탁 친교에 참여할 수 없었다. 회개와 개심의 분명하고 충분한 증거를 교회에 제시할 때, 자기 죄에 대하여 진심으로 뉘우치고 있다는 것을 충분히 입증하고 온 마음을 다해 자기 행동을 바로잡는 일에 전념할 때까지 말이다.

이 공적인 고백과 참회와 속죄의 본질

이러한 속죄와 그리고 회개와 개심에 대한 입증은, 죄를 짓고 교회를 화나게 한 이들이 다음과 같은 방식으로 수행해야 했다. 우선 그들은 교회의 모든 사람들 앞에서 자신이 죄를 짓고 부정을 저질렀음을 고백하고 인정해야 했다. 그러면 교회의 장로들이 임시로 판결을 내렸다. 그들은 울음과 탄식, 가장 진지한 기도와 간구, 금식과 철야, 온갖 신체적 즐거움의 절제, 그리고 아낌없는 기부와 그리스도인의 온갖 권징 준수를 통해서, 자신의 죄를 철저히 후회하고 속죄해야만 했다. 그들은 입고, 먹고, 마시고, 행하는 모든 것들을 통하여, 자신이 완전히 상한 마음과 부서진 영혼으로 얼마나 후회하고 있으며 얼마나 죄의 용서를 원하고 있는지를 입증해야 했다. 그리고 자기 삶의 완전한 변화와 교정을 얼마나 간절히 원하고 있는가를 보여주어야 했다.

참회가 필요한 죄인들을 언제 어떻게 그리스도의 친교로 되찾아와 그들의 죄를 용서할 수 있는가?

그들은 필요한 기간 동안 자신의 죄에 대한 회개와 슬픔, 그리고 자기 행동을 바로잡겠다는 참되고 굳센 결의를 교회에게 증명하고 이것들을 충분히 실천해야 했다. 또한 자신이 예전에 범죄 때문에 화나게 만들고 죄를 짓도록 부추겼던 사람들에게 모범을 보임으로써 악을 방지하고 순전함을 권유해야 했다. 이 모든 일을 실천한 다음에야 비로소 장로들이 교회를 대표해서 그들을 용서하고, 주 그리스도, 교회와 공공연히 화해하도록 허락하였다. 그리고 그들을 하나님의 진노의 속박으로부터 자유롭게 해주고, 주님의 이름으로 그들의 죄를 용서하였으며, 그들이 다시금 성만찬과 교회의 모든 친교에 참여할 수 있도록 받아들였다.

테오도시우스 황제가 공적인 참회를 할 수밖에 없도록 만든 범죄

가장 거룩하고 경건한 황제 테오도시우스는 분노가 자신을 압도하도록 만들었으며(성 암브로스가 기록한 대로, 그는 특별히 그런 성향이 강했다), 데살로니가에서 자신의 관리 몇 명이 살해당하는 반란이 일자 끔찍한 살인을 저지르고 말았다. 그는 마치 연극을 보여줄 것처럼 시민들을 극장으로 불러 모은 다음, 군인들에게 명하여 그들을 전부 죽이도록 만들었다. 이렇게 죽은 사람이 죄인이냐 아니냐를 떠나서 무려 칠천여 명에 달하였다.

이 황제가 참회를 하고 용서를 받게 된 방법

이렇게 끔찍한 일을 저지른 후에 황제는 밀라노로 갔다. 다른 그리스도인들처럼 교회에 가서 성만찬에 참여하기 위해서였다. 하지만 성 암브로스가 모든 사람이 보는 앞에서 그를 막아섰다. 그리고 예수 그리스도의 이름으로 그가 참회하도록 하였으며, 그가 저지른 끔찍한 살인과 심각한 범죄에 합당한 참회를 마칠 때까지 그리스도교로부터 추방하였다. 그 황제는 여덟 달 동안 그리스도인의 인내심으로 이러한 추방을 견뎌냈다. 그리고 처음에는 루피누스 집사를 통해서, 그리고 그 다음에는 본인이 직접, 최대한 겸허한 마음으로 성 암브로스에게 가서 눈물로 교회의 용서와 화해를 간청하였다. 하지만 성 암브로스는 그 황제가 참회자들과 더불어 교회 앞에 공적으로 나타나, 얼굴을 땅에 대고, 그리스도의 회중 앞에서 자신의 죄를 공공연히 고백하고 회개할 때까지, 결코 추방령을 거두지 않았다. 그 황제는 성 암브로스가 자기에게 부과한 참회의 행동으로서, 온 제국에 하나의 법령을 포고하는 일에 동의하였으며, 또 실제로 곧바로 법령을 선포하였다. 이렇게 해서 그의 후회와 참회가 온 제국에 널리 알려졌으며, 그가 데살로니가의 반란을 황급히 처벌해 버린 일로 상처를 입은 사람들 모두가 그의 참회 때문에 기뻐하게 되었다. 또 그 때문에 화가 난 사람들도 모두 보상을 받게 되었다. 또한 이 법령을 통해 그들은 그 황제가 너무 성급하고 가혹하게 처벌했던 일을 진심으로 뉘우치고 있다는 것, 그리고 자기 행동을 바로잡는 일에 전력을 기울이고 있다는 것을 분명히 알게 되었다.

이 법령에서 그는, 자신뿐만 아니라 다른 군주들까지, 너무 성급하게 가혹한 처벌을 내리지 못하도록 금지시키고, 그렇게 가혹한 처벌을 내릴 때에는 반드시 시간적인 여유를 두도록 지시하였다. 따라서 그는 이 법령을 자기 이름만으로 포고하지 않고, 자신과 함께 제국을 섭정하고 있는 공동의 통치자들, 곧 자기보다 더 젊은 그라티안과 발렌티니아누스의 이름까지 덧붙였다. 그들은 아버지인 발렌티니아누스 장로로부터 실질적인 수호자, 곧 제국의 공동 통치자로 임직받았다.

테오도시우스가 자신의 참회로서 포고한 법령

이 법령에는 다음과 같이 적혀 있다: 만일 황제가 범죄의 본질을 고려하여 어떤 사람을 보통 때보다 좀 더 가혹하게 처벌하라고 명령할 경우, 그 처벌을 받도록 선고받은 피고인을 곧바로 처벌하거나 판결을 곧바로 집행하지 말아야 한다. 그 대신 그가 처한 상황과 입장을 삼십 일 동안 살펴보아야 하며, 그 기간 동안 피고인은 포박하여 감금해 놓고, 성실한 간수들이 지켜봐야 한다.

경건한 테오도시우스 황제는 이 법령을 포고하고 강화함으로써, 온 제국이 이 법령을 받아들이도록 만들었다. 그리고 후대의 유스티니아누스 1세 황제가 제국의 법과 명령에 포함시킬 정도로, 그 법령을 중요시하였다. 우리는 그것을 찾아볼 수 있다(C. de poenis 가운데 'Si vindicari' 초반부).

여기에서 주목해야 할 점은, 참된 주교들이 교회를 통치하는 동안에는, 가증스럽고 공공연한 죄로써 교회에 상처를 입힌 이들에 대하여, 이처럼 교회가 엄격한 조치를 취했다는 것이다.

이러한 참회는 하나님의 법령

거룩하고 신실한 주교들이 이렇게 엄격한 태도를 취한 것은, 그것이 그저 인간의 법령이 아니라 그리스도께서 명령하시고 요구하신 것이기 때문이었다. 사도 바울은 스스로도 이 법령을 주님의 명령으로서 최대한 엄격하게 지켰을 뿐만 아니라, 다른 사람들이 이 법령을 무시할 경우에도 호되게 책망하였다. 그는 고린도 사람들에게 다음과 같이 쓴다: *그런데도 여러분은 교만해져 있습니다. 오히려 여러분은 그러한 현상을 통탄하고, 그러한 일을 저지른 이를 여러분 가운데서 제거했어야 하지 않았겠습니까?* [고린도전서 5장 2절] 여기에서 주목해야 할 점은, 고린도 지역교회가 이 사람의 악행을 슬퍼하고 통탄하며 자기들로부터 추방해야 했다는 것이다. 사도 바울은 '자기가 일으킨 문제를 회피하지 않는 사람'이 아니라, '이 일을 저지름으로써 죄를 지은 사람'이라고 말한다.

고린도에서 공공연히 아주 심각한 죄를 지은 그는, 절망에 빠지지 않게 보호해주어야 할 정도로 양심의 가책을 크게 받았다. 하지만 그는 참회를 해야만 했으며, 일 년이 넘도록 하나님의 교회로부터 추방당해야 했다.

고린도 사람들은 그 사도의 처벌이 자기들에게 적용되도록 하였으며, 예전의 결점들을 보완하였다. 이에 사도는 그들에게 다음과 같이 쓴다: '여러분 대다수는 그러한 사람(곧 참회자)에게 이미 충분한 벌을 내렸습니다. 그러니 여러분은 도리어 그를 용서해 주고 위로해 주어야 합니다. *그 사람이 지나친 슬픔에 짓눌리는 일이 없도록 해야 합니다.*' 여기에서 주목해야 할 점은, 그 사도가 고린도 사람들에게 이 참회자를 용서해 주라고 경고한다는 것, 또 그가 고린도전서 5장 [1절 이하]에서 명령했던 대로, 대다수 곧 온 교회가 이미 그 사람을 충분히 처벌했다는 것이다. 그리고 그는 다음과 같은 이유를 덧붙인다: *그 사람이 지나친 슬픔에 짓눌리는 일이 없도록 해야 합니다.* 이 사람은 자신의 죄 때문에 너무도 큰 슬픔을 겪었다. 이제는 행여 슬픔에 짓눌린 나머지 절망에 빠질 수도 있다는 걱정이 생긴다. 분명히 그는 오랜 기간 동안 자기 행실을 바로잡기 위해 전력을 다했을 것이며, 최대한 겸손한 마음으로 교회의 처벌을 받아들였을 것이다. 그리하여 진정으로 교회의 말에 귀 기울였을 것이다. 하지만 아직 그가 용서를 받은 것은 아니다. 그는 아주 오랫동안 처벌을 받고 참회해야만 했다. 거룩한 사도는 고린도 사람들에게 첫 번째 서신을 보낸 다음에 디모데전서와 디도서를 보냈다. 그리고 이 모든 게 지나고 멀리 여행을 다녀온 다음에야 비로소 고린도 사람들에게 이 두 번째 서신을 보내, 자신도 이 참회자를 용서할 테니 그들 역시 용서하라고 충고하였다. 고린도후서 9장에서도 알 수 있듯이, 이것은 자그마치 일 년이 넘는 기간이었다.

이로써 우리는 그 사도가 좀 더 심각한 죄에 빠진 이들의 추방과 참회에 주목했다는 사실을 알 수 있다. 비록 그들이 자기 죄로부터 돌아서서 후회한다 하더라도, 교회의 그 누구도 주님의 명령과 법을 무시하면 안 되는 것이었다. 그렇지 않다면 고린도 사람들이 그 명령을 무시한 것 때문에 그 사도가 그토록 엄격하고 신랄하게 그들을 비난하지는 않았을 것이다. 그가 인간의 법에 그토록 관심을 지닌 적은 없었다.

그 사도는 죄를 짓고서도 여전히 행실을 고치지 못한 이들을 엄한 처벌로 위협한다.

여기에서 우리는 또 고린도후서 13장 〔2절 이하〕에 있는 말씀을 깨닫게 된다: 내가 두 번째로 여러분을 방문하였을 때에, 전에 범죄한 사람들과 또 그 밖에 모든 사람에게 이미 말한 바와 같이, 지금 떨어져 있으면서도 다시 말하여 둡니다. 내가 이번에 다시 가면, 그러한 사람들을 그냥 두지 않겠습니다. 여러분은 그리스도께서 내 안에서 말씀하고 계시다는 증거를 구하고 있으니 말입니다. 그리스도는 여러분에게 약하신 분이 아닙니다. 그는 여러분 가운데서 능력을 떨치시는 분입니다. 다음 말씀 역시 마찬가지다〔고린도후서 13장 10절]: 내가 떠나 있는 동안에 이렇게 편지를 하는 것은, 내가 가서, 주님께서 주신 권한을 가지고 사건들을 처리할 때에, 너무 엄하게 대할 필요가 없게 하려는 것입니다. 이 권위는 여러분을 넘어뜨리라고 주신 것이 아니라 세우라고 주신 것입니다.

이 모든 것들로부터 우리가 알 수 있는 것은 그 사도가 고린도 사람들을 특별히 거칠고 엄한 처벌로 위협한다는 것이다. 그는 이렇게 말한다: 그냥 두지 않겠습니다. 그리고 너무 엄하게 대할 필요가 없게 하려는 것입니다. 이러한 엄격함과 가혹함이 결코 악한 게 아님을 보여주기 위하여 그는 그리스도의 능력에 호소하여 그들을 위협한다: 여러분은 그리스도께서 내 안에서 말씀하고 계시다는 증거를 구하고 있으니 말입니다. 그리스도는 여러분에게 약하신 분이 아닙니다. 그는 여러분 가운데서 능력을 떨치시는 분입니다. 이렇게 해서 사도는, 자신이 죄인들에게 위협하고 있는 이러한 처벌이 결코 인간의 법이 아니라 주님의 명령이며 매우 중대한 일임을 증명한다.

그는 또한 위의 세 번째 본문에 인용된 12장을 통해서도 이를 증명한다: 여러분 때문에 내 하나님께 내가 부끄러움을 당하지나 않을까 걱정이 됩니다. 또 내가 전에 죄를 지은 많은 사람들이 …… 슬피 울게 되지나 않을까 걱정이 됩니다. 그는 고린도전서 5장 [2a절]에서 고린도 사람들 역시 이렇게 부끄러움을 당하고 슬피 울 것을 요구한다: 그런데도 여러분은 교만해져 있습니다. 오히려 여러분은 그러한 현상을 통탄했어야 하지 않았겠습니까?

고린도전서 9장과 고린도후서 12장의 의미

이 부끄러움과 슬픔에는 진지한 금식과 기도, 그리고 죄에 대한 뉘우침이 포함되었다. 이것은 성서에서 고대 그리스 번역자들이 부끄러움과 슬픔에 해당되는 단어들을 그들의 언어로 옮긴 곳마다 찾아볼 수 있다.

예를 들면, 출애굽기 33장 [4절]에서 사람들은 금송아지로 인한 자신들의 죄를 속죄해야만 했다. 또 레위기 16장 [29절]에서도, 하나님은 온 공동체에게 해년마다 속죄할 것을 명령하셨다. 사사기 21장 [2절]에서는, 이스라엘 백성들이 베냐민 사람들에게 패배한 다음 소리를 높여 크게 통곡하였고, 사무엘상 7장 [6절]에서는 백성들이 자신의 죄를 탄식하고 그 죄를 참회하였다. 그 다음에는 아합 왕의 참회가 있었다. 그는 열왕기상 21장 [27절]에서 나봇을 살해한 죄에 대하여 속죄하였다. 그리고 니느웨 사람들의 속죄와, 우리가 성서에서 읽게 되는 온갖 사람들의 참회가 있으며, 예언자들이 슬픔과 회개와 속죄를 요구하면서 경고한 이들의 참회가 있다.

하나님은 순결한 영혼을 돌보는 사람들이 죄인들을 위해 참회해야 한다고 말씀하신다; 하물며 실제로 죄를 지은 이들의 참회는 얼마나 더 많이 원하시겠는가?

그러니 사랑하는 그리스도인들이여, 이 모든 것들로부터 무엇을 알 수 있는지, 어떤 결론을 내려야 하는지 살펴보자. 사도가 말하는 이 부끄러움과 슬픔은 육체의 심각한 고행, 죄로 인한 금식과 탄식, 기도와 간구다. 사도는 교회 안에서 누군가가 무거운 죄를 지었을 경우에도 온 교회에게 이러한 굴욕을 요구하였다. 사실 그는 이것이 너무나도 본질적인 것이라고 여긴다. 그러므로 죄 지은 이들이 이것을 거부할 경우, 자신이 영혼을 돌보는 사람의 수장으로서, 하나님 앞에서 스스로 이런 수치를 당할 책임이 있다고 생각한다. 그는 다음과 같이 쓴다[고린도후서 12장 21a절]: *여러분 때문에 내 하나님께 내가 부끄러움을 당하지나 않을까 걱정이 됩니다. 또 내가 슬피 울게 되지나 않을까 걱정이 됩니다.* 여기에서 주목할 점은, 이 부끄러움이 인간이 아니라 하나님에 따라 주어지는 것임을 그가 알고 있다는 것이다.

따라서 그 사도는 하나님이 다른 사람들의 죄를 참회시키기 위하여 자기에게 그런 심각한 굴욕을 요구하신다고 생각했다. 실제로 그는 죄를 지은 이들이 그것을 거부할 경우 자기 스스로 굴욕을 당하고자 하였다. 그리고 그에게는 모든 범죄가 진심 어린 슬픔의 문제였으며, 따라서 그는 인간의 죄를 막고 바로잡기 위해서 최선을 다하였다. 그러므로 우리는 이 사도가 좀 더 심각한 죄의 교정과 시벌과 참회야말로 주 하나님이 가장 중요하게 요구하시는 것이라고 여겼음을 아주 명확히 알 수 있다. 바로 이런 이유에서 그는 교회 안에서 어떤 사람이 심각한 죄를 짓거나 범죄를 저질렀을 경우 온 교회, 특히 영혼을 돌보는 사람들이 이 일을 스스로 떠맡아야 한다고 주장했던 것이다.

참회는 하나님이 법으로 명령하신 것이다

그 밖에 또 어떤 식으로 그 거룩한 사도가 이 굴욕과 참회에 대한 요구를 받아들일 수 있었을까? 그는 고대의 성인들을 인도해 주셨던 성령의 인도를 받았다. 실제로 그는 그리스도의 영으로부터 인도를 받았다. 그리스도의 영은 하나님이 옛 백성들에게 글자로 지시하고 명령하신 것들 전부를 신도들 안에서 유지시키고 성취하신다. 하지만 지금은 그분 혼자서, 늘 더 나은 방식으로, 글자의 강요 없이 자유롭게, 그리고 좀 더 열성적으로 그 일을 하신다. 그러나 우리는 출애굽기 〔레위기〕 4장, 5장, 6장에서 하나님이 어떻게 백성들에게 지시와 명령을 내리셨는지 알게 된다. 그분의 백성들 중 한 사람이나, 제사장 또는 군주들 중 한 사람, 또는 온 백성 모두가 금지된 일을 하거나 명령받은 일을 완수하지 못함으로써 그분의 법을 위반할 경우, 그 사람은 교회의 그분 앞에, 그리고 제사장들 앞에 나아와 자기 죄를 고백한 다음, 은총을 구하고, 봉헌을 해야 하며, 이로써 제사장들을 통하여 화해를 누리게 된다. 그리고 위에서 여러 번 살펴본 바와 같이, 진정한 굴욕과 슬픔과 금식 없이는 결코 이런 일이 일어날 수 없었다. 이 본문들, 그리고 사실상 속죄에 관해 언급하고 있는 성서 본문들 전체에서, 우리는 이러한 굴욕과 슬픔, 금식, 기도, 간구 없이는 죄의 화해를 얻을 수 없었다는 사실을 발견하게 된다.

결백한 이들이 죄인들을 위해 참회해야 하는 이유

온 교회, 특히 장로들이, 중대한 죄를 지은 이들을 위해, 그들과 더불어 참회를 해야 할 책임을 인정하였다는 사실은 모세와 여호수아, 사무엘, 예레미야, 에스라, 그리고 그 밖의 훌륭하고 인상적인 선례들을 통하여 입증된다. 신도들은 서로의 지체다. 따라서 그들의 지도자는 머리의 역할을 맡아야 하며, 지체들의 온갖 괴로움에 대해 무엇보다도 동정심을 가져야 하고, 그들을 좀 더 낫게 하기 위해서 최선을 다해야 한다. 신도들은 기쁨과 괴로움을 공유한다. 저마다 다른 이들의 짐을 견디고, 다른 이들의 죄 속에서 자신의 유죄를 인정한다. 그들이 서로를 위해, 다함께 참회를 해야 하는 이유는 바로 여기에 있다. 그리고 이 일은 모세나 여호수아, 바울 등과 같이 머리의 임무를 수행해야 할 사람들이 주로 맡아야 한다.

출애굽기 32장 [31절 이하]에는 모세가 백성들을 위하여 탄식하고 기도로 간구한 것에 관해 실려 있다. 거기에서 그는 하나님께 간구하기를, 자기 이름을 생명책에서 지워버리든가, 아니면 백성들을 용서해 주시라고 한다. 레위기 [민수기] 14장 또한 읽어보아라. 그리고 여호수아서 7장 [6절]에 따르면, 여호수아 역시 장로들과 다함께 땅에 엎드려서 하루 종일 주님께 탄식과 간구를 드렸다. 여리고성의 희생제물을 가져감으로써 죄를 지은 이는 아간 한 사람이었지만, 그로 인한 하나님의 진노는 온 백성에게 미쳤기 때문이다. 하나님은 교회가 모든 지체를 활용하도록 허락하신다. 따라서 교회는 모두의 죄를 함께 떠맡고 모두의 벌을 함께 나눠야 한다.

이 모두를 통해서 우리는 전능하시고 인자하신 하나님이 어떤 식으로 옛 백성들의 죄에 대해 심각하고 공적인 굴욕과 처벌, 참회 형태의 치유법을 처방해 주셨는지 알 수 있다. 이것은 아주 중대한 문제였으므로, 죄를 범한 이들뿐만 아니라 온 백성 전체에게, 특별히 지도자들과 목자들과 영혼을 돌보는 사람들에게 처방을 내리셨다. 또 이 모든 것으로부터 우리는 하나님의 참되신 영이 어떻게 늘 참된 신도들로 하여금 이것을 받아들이고 기꺼이 행하게 하시는가를 알 수 있다.

교회는 죄를 짓지 않도록 도와줄 수 있는 온갖 방법을 최대한 성실히 실행해야 한다; 참회의 실천이 가장 엄격히 준수되어야 하는 것도 바로 이 때문이다.

그리스도교에서는 온갖 선한 것들, 온갖 유용하고 교훈적인 것들, 죄에 대한 온갖 치유법들이 고대보다 훨씬 더 완벽하고 성실하게, 열성적으로 실행되어야 한다. 그것은 교회가 그리스도의 은혜와 구원을 좀 더 완전하게 받았으며, 그리스도의 임무는 백성들을 죄로부터 구원하는 것이기 때문이다. 그게 아니라면 어떻게 사도 바울과 그 밖의 사도들, 그리고 영혼을 돌보는 사람들이 죄에 대한 치료약, 곧 치유력이 매우 강력해서 아주 효과적인 이 약을 하나님께 받은 것처럼 진지하게 처방하고, 또 스스로 이 약을 복용함으로써 모두가 따라 하도록 강력하게 몰아붙이고 격려할 수 있었겠는가? 비록 우리에게는 이 법이 고대인들과 똑같은 방식으로 상세히 설명되지 않았지만 말이다.

교회의 외적인 실천은 주님께서 오직 요약된 형태로만 명하신 것이며, 오로지 사도들에 따라서만 온전히 우주적으로 임직된 것이다.

우리는 이것과 더불어, 우리가 해야 할 모든 외적인 것들, 우리 주 예수님이 아주 일부분만 상세히 설명해 주신 교회의 외적인 실천들에 관해서도 주의 깊게 살펴보아야 한다. 그리고 주님께서 규정하신 것들, 주님께서 오직 몇 마디로만 다루게 허락하신 것들에 대해서 조심스럽게 살펴보아야 한다. 우리는 거룩한 세례와 성만찬과 참회에 관한 한, 특히 마지막 것에 관한 한, 오로지 기록상의 명령밖에 안 갖고 있다. 세례에 관하여 우리가 상세히 갖고 있는 단 하나의 지시 또는 명령은 이것이다: *모든 민족을 제자로 삼아서, 아버지와 아들과 성령의 이름으로 세례를 주고*[마태복음 28장 19절]. 그리고 성만찬에 관하여 우리가 들은 것이라고는, 그분을 기억하면서 그것을 행해야 한다는 것뿐이다. 마찬가지로, 지금 우리의 주제인 이 참회에 관하여 우리가 갖고 있는 것은, 자신의 행동을 후회하고 바로잡겠다고 약속한 이들 모두의 죄를 영혼을 돌보는 사람이 용서해야 한다는 것뿐이다. 그들이 땅에서 매는 것은 하늘에서도 매일 것이고, 땅에서 푸는 것은 하늘에서도 풀릴 것이며, 남의 죄를 정죄하는 사람은 정죄를 받을 것이고, 남의 죄를 용서하는 사람은 용서를 받게 된다는 것이 전부다. 하지만 사도들, 또는 그 사도들 안에 계시는 성령께서 이 법과 교회의 다른 법들에 관하여 좀 더 많은 가르침을 주셨다. 그리스도의 역사가 무엇을 요구하는지, 또 그 법들이 어떻게 하나님의 역사를 드러내고, 확대하고, 수용 가능하게 만들 수 있는지 가르쳐주신 것이다.

거룩한 세례의 경우, 그리고 성도들에게 세례를 베풀어야 할 때, 성령께서는 그들에게 자기 죄를 고백하고 세상과 악마를 버리라고 명하셨다. 그리고 개인적인 고백을 통해서 그리스도와 교회에 충실하라고 하셨다. 우리가 사도행전에서 읽은 것처럼, 사도들 역시 사람들이 세례를 받을 때 이렇게 행하였고, 오로지 성령의 인도를 통해서만 이 일을 하였다.

마찬가지로, 사도 바울 역시 성만찬의 남용을 비난하고 처벌하였으며, 편지를 통해서, 그리고 편지에서 약속한 대로 나중에 그들을 방문하였을 때에도, 성만찬에 대한 올바른 태도와 사용법을 가르치고 명령하였다.

세례와 성만찬과 참회에서 행하도록 사도들이 명령한 것

또한 사도들은 진정한 참회에 필요한 것도 지시하였다. 여기에서 분명한 것은, 땅에서 매는 것은 하늘에서도 매일 것이고, 남의 죄를 정죄하는 사람은 정죄를 받을 것이며, 땅에서 푸는 것은 하늘에서도 풀릴 것이고, 남의 죄를 용서하는 사람은 용서를 받게 된다는 것뿐이다. 교회가 어떤 사람들을 매거나 풀어야 하는지, 누구의 죄를 정죄하거나 용서해야 하는지, 이것들에 대해서는 분명하고 명백하게, 주님의 명령을 상세히 기록해 놓은 것이 전혀 없다. 그래도 우리는 사도 바울의 기록을 통해서, 사도들의 행적과 그들이 그리스도의 영에 따라 이것을 어떻게 다루었는지도 알 수 있다. 다른 사도들 역시 분명히 이런 식으로 행하였을 것이다. 그리스도의 영께서 그들 모두를 인도하고 이끄셨기 때문이다.

주님은 사도 바울과 다른 사도들에게 그분의 양을 먹이되, 가장 신실하고 좋은 방법으로 먹이라고 명령하셨다. 이것은 그들이 주님의 양을 구원하는 데 도움이 될 수 있는 온갖 것들을 준비하고 요청하기 위하여 반드시 필요한 명령이었다. 하지만 우리가 지금껏 살펴본 것처럼, 중대한 죄에 빠진 이들의 처벌과 참회가 양들의 구원에 도움이 된다는 사실은 그들도 오래 전부터 법과 예언자들을 통해 알고 있었으며, 이미 그때부터 익숙해져 있었던 것이다. 그들은 그리스도교를 다스리시는 성령을 통해 인도를 받았다.

하나님은 모든 정직한 사람들 속에서 중대한 죄에 대한 참회를 불러일으키신다.

성령께서 중대한 죄에 빠진 이들에게 가능한 한 시기적절하게 적용할 수 있는 특별한 교정과 처벌이 매우 유용하고 유익하며 본질적이라고 가르치신 것은 비단 하나님의 백성, 곧 새 백성과 옛 백성뿐만이 아니었다. 성령은 온 백성에게 그렇게 가르치신다. 만일 이들이 너무도 중대한 죄를 저지르거나 아버지를 까닭 없이 멸시할 경우, 아버지는 아들을 훈육하되, 잠시 말로만 할 게 아니라, 그 아들이 진심으로 뉘우치고 모든 행동과 태도로 자기 죄에 대한 슬픔과 자기 행동을 바로잡겠다는 의지와 뜻을 입증할 때까지, 그리고 자신의 행동방식을 버리고, 아버지가 인정하지 않을 만한 일은 모두 회피하며 아버지를 기쁘게 할 일만 행할 때까지, 아들을 쫓아내고 자기 앞에 못 나오게 해야 한다. 또 자녀가 이 모든 것을 행하고 적당한 기간 동안 자신의 뉘우침을 증명한 후에는, 온전히 겸손한 마음으로 아버지께 와서 묻고 — 때로는 다른 사람을 보내 대신 묻게 하기도 한다. 아버지가 원하는 것은 무엇이든지 진심으로 약속하고 실천해야만 한다. 어쩌면 오랫동안 엄청난 가난과 고통을 겪고 난 후에도 아버지의 사랑과 호의가 회복되지 않을 수도 있다.

참회의 엄격함이 가져오는 것

경건한 스승이라면 자기 제자가 심각한 잘못을 저질렀을 경우에도 이와 같은 방식으로 다룰 것이다. 제대로 질서가 잡힌 모든 공동체에서는, 심각한 잘못을 저지른 사람이 그에 합당한 참회를 하고 속죄와 개선의 증거를 제공해야만 한다. 자신의 죄로부터 돌아서서 잘못을 후회한다 해도, 곧바로 용서받을 수 있는 사람은 결코 없다. 이러한 시벌과 권징과 참회가 잘못을 저지르는 데 정말로 주저하게 만들 수 있으며, 그들의 육체로부터 악의를 어느 정도 제거시키고, 나아가 다른 이들도 죄를 짓지 못하게 저지할 수 있기 때문이다.

하나님은 이 권징과 처벌과 참회를 사람들에게 유용하고 이롭도록 명령하셨다. 그리고 모든 경건한 교부들과 엄격한 스승과 통치자들의 중개를 통해서 그것을 실행에 옮기셨다. 사람들을 모든 악한 것들로부터 이끌어 내어 모든 선한 것들을 격려해 줄 수 있도록, 그분의 교회에서는 최고의 권징과 통치가 이루어져야 했다. 따라서 하나님은 이 권징과 처벌과 참회를 이스라엘 백성에게도 명령하셨고, 그들을 위해 이것을 상세히 설명해 주셨다. 하지만 위에서 사도 바울을 통해 밝혀졌듯이, 이것은 그분의 새 백성을 위해서, 사랑하는 사도들을 통하여, 그리고 그분의 성령을 통하여, 설명되고 명령되었다.

이러한 하나님의 명령과 성령의 지시가 가져온 결과는, 우리가 앞에서 살펴보았던 공적인 고백과 참회가 고대의 거룩한 교부들에 따라 매우 진지하게 유지되었다는 것이다.

그리고 심각한 죄를 지은 사람이 참회의 행동을 통하여 교회에 자신을 확신시키는 과정 없이 곧바로 그리스도의 친교 속으로 받아들여지고 교회와 화해하게 될 경우, 고대의 거룩한 순교자들과 교부들은 이것이야말로 그리스도의 명령에 대한 사악한 범죄이며 죄인과 온 교회를 동시에 타락시키는 것이라고 보았다. 우리는 성 키프리안과 다른 교부들의 글에서 이것에 관해 읽게 된다.

교회가 구속하는 방법

주님은 교회에게 하늘나라의 열쇠와, 매고 풀 수 있는 권한, 죄를 정죄하고 용서할 수 있는 권한을 주셨다. 여기에서 죄를 매고 정죄한다는 것은, 죄를 짓고 난 후 그리스도의 구원을 멸시하고 하나님의 진노와 영원한 벌에 처한 죄인으로 교회 앞에 나아온 사람들이 그 죄를 참회하도록 묶어두는 것, 그리고 온 마음을 다하여, 자신의 교만과 사악한 육체에 대한 굴욕과 수치로, 은총과 개선을 추구하도록 만드는 것이 아니고 무엇이겠는가?

그와 더불어 교회는 하나님을 대신해서 죄를 풀고 용서하기도 한다. 그러므로 그 일을 할 때는 매우 엄격하고 진실해야 한다. 어떤 죄인이 자기 죄를 진심으로 뉘우치고 온 마음을 다해 자기 행동을 바로잡는 일에 전념하고 있다는 확증이 없을 경우, 교회는 결코 그 사람의 죄를 풀거나 용서할 수 없다. 그리고 심각하고 중대한 죄의 경우 진정한 뉘우침과 행동을 바로잡는 일에 전념한다는 것은 그저 죄로부터 벗어나 '제가 잘못했습니다. 다시는 그런 짓을 하지 않겠습니다.'라고 말하는 것이 결코 아니다.

어떤 사람이 (이것은 성 암브로스가 제시한 예이기도 하다) 군주를 심하게 괴롭혀 삶의 권리를 박탈당했거나, 또는 그를 배반하였거나, 또는 어떤 식으로든 그에게 불충실하였다거나, 아니면 중대한 잘못을 저질렀을 경우, 자신의 죄에 대한 진정한 뉘우침과 행동을 바로잡겠다는 굳은 의지를 증명하기 위하여 어떤 일에 전념해야 할까? 이 사람이 직접, 그리고 친척들을 통하여, 어떤 굴욕과 고백과 요청과 간구를 실천해야 할까? 그저 자신의 잘못을 끊고 '다시는 그런 짓을 안 하겠습니다'라고 말하는 것만으로는 결코 충분치 않을 것이다.

하물며 전능하신 하늘의 아버지, 그리고 유일하신 구세주 우리 주 예수 그리스도를 극도로 분노케 하고 그분의 교회를 그토록 해롭게 공격한 이들이 자신의 크고 끔찍한 죄를 제대로 인정하고 뉘우치며 영원한 죽음을 당해 마땅하다고 생각할 경우, 과연 어떤 고백과 슬픔과 굴욕과 기도와 간구에 의지하고 실천해야 할까? 실제로 죄를 끊고 '잘못했습니다'라고 말하는 것만으로 충분하다고 생각하는 사람은 아무도 없을 것이다. 오히려 첫 아담처럼, 이스라엘의 자녀처럼, 그리고 자신의 죄를 제대로 인정하고 뉘우친 모든 사람들, 베드로와 그리스도교 안에서 진심으로 회개한 모든 사람들처럼, 사도 바울이 고린도 사람들에게 가르친 것처럼, 극심한 공포와 두려움으로, 심각한 굴욕과 수치로, 금식과 기도와 울음과 간구로, 그리고 하나님을 기쁘시게 하고 싶다는 최고의 열망으로, 모든 일을 행하거나 끊음으로써 하나님을 기쁘시게 하도록 노력해야 할 것이다.

바울 역시, 주님을 부인하는 것을 멈추고 잘못을 뉘우치는 것만으로는 충분치가 않았다. 그는 더 이상 자신이 타락했던 장소에 머물러 있을 수 없었다. 주님께서 친히 위로해주실 때까지, 그는 *밖으로 나가 몹시 울면서*, 너무도 지독한 자신의 죄에 대해 슬퍼하고 비통해했다. 그리고 물론 그렇게 울고 탄식하는 동안, 그는 자기 몸의 쾌락을 조금도 허용하지 않았다. 이스라엘 백성이 주님을 지나치게 화나시게 만들었을 때에도 마찬가지였다. 다윗과 에스겔, 예레미야, 다니엘, 바울, 그리고 그 외에도 자기 자신이나 다른 이들의 심각한 죄에 대해 슬퍼하고 회개했던 사람들의 경우도 모두 똑같았다. 성전의 세리가 뭐라고 했던가? 그는 결코 '주님, 이제부터는 좀 더 낫게 행동하고 죄로부터 돌아서겠습니다.'라고 말한 게 아니다. *다만 멀찍이 서서, 하늘을 우러러볼 엄두도 못 내고, 가슴을 치며 '아, 하나님, 이 죄인에게 자비를 베풀어 주십시오.' 하고 말했을 뿐이다*[누가복음 18장 13절]. 누가복음 7장 [36절 이하]에 나오는 죄인의 경우도 마찬가지였다: 그 여인은 악한 삶으로부터 벗어나는 데 그치지 않고, 주님이 냉혹한 바리새인들과 함께 계실 때, 주님을 보러 들어와서 모두가 보는 앞에서 울며 자기 죄를 슬퍼하였다. 주님께서 친히 그녀를 용서하시고 평안히 가라고 말씀하실 때까지.

따라서 우리는 다음과 같이 요약할 수 있다. 심각하고 중대한 잘못과 죄를 저지른 이들이 자기 죄를 진실로 인정하고 하나님의 자녀로서 올바른 영혼을 갖게 되면, 반드시 이러한 슬픔과 울음, 기도와 간구, 고백과 회개가 뒤따르게 된다는 것이다. 그리고 이것이야말로 진정으로 효과적인 치료약이다. 중대한 죄를 범한 사람들뿐만 아니라, 이 참회를 통해 죄의 공포와 해악을 분명히 깨닫고 죄에 대해 훨씬 더 진지하게 생각하고 물러서게 된 사람들까지, 온갖 죄에 대한 욕망과 사악한 범죄 성향을 완전히 정화하고, 소작시키고, 태워 없애 버릴 수 있는 치료약 말이다.

교회에서 참회의 실천이 지켜지지 않기 때문에, 죄에 대해 태평한 태도가 만연해져 있다.

아무리 끔찍한 죄를 지어도, 더 이상 교회에 죄에 대한 교정이나 처벌이나 참회가 없기 때문에, 젊은이들과 일반 대중이 온갖 범죄에 대해 훨씬 더 태평한 자세를 취하게 되었다는 주장에 이의를 제기할 사람이 어디 있을까? 그 어디에도 굴욕과 불명예는 없으며, 비열한 사람들이 마구 날뛴다. 또한 사도 바울이 불만을 토로하는 것처럼, 그들은 완전히 완고해져서, 부도덕과 온갖 영에 빠져 있으며, 자신의 악의적이고 타락한 본성에서 우러나온 행동들에도 결코 만족하지 않는다.

교회에 참회가 반드시 필요한 이유

지금까지 우리는 많은 지면을 할애하여 처벌과 참회가 반드시 필요하다는 것, 이것이야말로 유익하고 효과적인 죄의 치료약이며, 그리스도의 양들이 입은 깊은 상처와 부상을 싸매고 치유해 줄 수 있는 유일하고도 올바른 방법이라는 것을 아주 충분히 입증하였다. 또한 은혜로우신 하나님과 인자하신 성부께서 이 사람들을 위해 처벌과 참회를 친히 명령하셨다는 것도 입증하였다. 이러한 실천이 그분의 거룩한 사도들에게도 성실히 요구되고 실행되었으며, 올바른 질서가 유지되고, 참된 감독과 영혼을 돌보는 사람들이 교회에 제공된 동안에는 그분의 거룩한 교회에서 최고의 열정과 열심 가운데 유지되었다. 그분은 늘 성령을 통해서 순종적인 자녀들이 이것을 행하도록 인도하셨으며, 지금도 계속해서 인도하여 주신다.

이것은 부인할 수 없는 사실이다. 하나님의 거룩한 성서는 다른 모든 문제들에서도 권위 있는 책이다. 그렇다면 교회에서 목회적 업무에 임직된 사람들, 그리고 영혼의 중요한 의사와 보호자가 되어야 할 사람들 모두가, 순간적인 처벌과 죄의 참회라는 이 치료약을 교회에 다시금 도입하고 처방해야 할 책임이 있다는 사실을, 그 어떤 그리스도인이 과연 의심할 수 있겠는가? 또한 그들 모두가 하늘나라의 열쇠를 다시금 올바르게 사용해야 할 책임, 그리고 참회를 통한 매임과 화해를 통한 풀림이라는, 참으로 유익한 실천을 다시 한 번 실행해야 할 책임이 있다는 사실을, 어떤 그리스도인이 과연 의심하겠는가?

하지만 죄를 지은 이들에게 부과되는 이 공적인 참회는, 우리가 첫 부분에서 지적한 바와 같이, 좀 더 심각한 상처와 부상을 입은 이들, 다소 과감하게 정화하고, 소작하고, 태울 필요가 있는 이들을 위한 치료약이다.

조금 덜 심각한 일상의 실수는 일상의 회개로 처리해야 한다.
뜻하지 않게 어떤 말이나 기도, 교회법, 잡담을 무시한다든가, 어떤 것을 너무 많이 바란다든가, 또는 하나님이 우리의 즐거움을 위해 주신 것들을 너무 무절제하게 이용한다든가, 이런 식으로 매일 저지르는 사소한 범죄도 있다. 또한 심각한 해가 미치지도 않는데 자기 이웃을 돕거나 섬기지 않는 것, 또는 자기 이웃에게 다소 화를 내거나 적의를 품는 것도 사소한 범죄에 속한다. 의롭게 된 사람의 경우, 이러한 잘못과 범죄는 하루에도 몇 차례씩, 일곱 번이라도 저지를 수 있다. 그리고 마태복음 17장 [18장] [22절]의 말씀처럼, 주님은 그들을 일곱 번씩 일흔 번이라도 용서해 주실 것이다. 그리스도인들은 자기 혼자서든 또는 신성한 회중 앞에서든, 온갖 기도와 거룩한 의식을 통해서 이러한 죄와 범죄들을 고백하고 회개해야 한다. 그리고 영혼을 돌보는 사람들은 이와 같이 보편적이고 일상적인 고백과 참회와 교정을 신실하게 권고하고 격려함으로써, 그리스도의 양들이 받은 일상적이고도 덜 심각한 상처들을 치유해야 한다.

참회할 만한 죄

하지만 애석하게도 많은 이들이 내적인 존재에 좀 더 심각한 상처와 부상을 입고 만다. 이것은 바로 거룩한 사도가 세 번째 본문에서 언급한 상처와 부상이다: *심각하고 지속적인 싸움과 시기와 분노와 경쟁심과 비방과 수군거림과 교만과 무질서, 극심한 부도덕, 호색* 등. 거룩한 실천을 무시하거나 심지어는 비방을 일삼고, 더 나아가 악마에게 맹세하거나 저주함으로써, 하나님을 훨씬 더 심각하게 고의적으로 모독하는 것도 여기에 속한다. 통치자와 모든 상급자들에 대한, 좀 더 심각한 형태의 불순종과 모욕도 마찬가지다. 그리스도의 양들이 이런 것들 때문에 상처와 부상을 입었을 때, 그리하여 영혼을 돌보는 사람과 의사가 그 사실을 알게 되었을 때, 이런 상처와 부상을 어떻게 다루어야 할지 처방해 놓은 곳은 오로지 여기뿐이다. 사도 바울이 이와 같은 죄에 빠진 사람들을 대할 때, 자신의 권고와 모범을 통해 그들이 회개하도록 격려함과 동시에 회개를 격려하고 재촉할 수 있는 강렬한 치유법을 사용하고자 했다는 것은 틀림없는 사실이다.

따라서 영혼의 참된 목자와 의사가 교회에 있고, 그 교회의 질서가 제대로 잘 잡혀 있다면, 그리스도의 양들에게서 발견된 이러한 내적인 존재의 상처와 부상에 대해 결코 침묵하지 않을 것이다. 그 양들이 참회하지 않고는 견딜 수 없게 만들 것이다. 만일 관대함으로 그들을 회개시킬 수 없다면, 사도 바울이 그랬던 것처럼, 목자와 영혼을 돌보는 사람 역시 더 이상 인정을 베풀지 말고 그리스도의 능력을 보여 주어야 한다. 죄 지은 육체에게 굴욕과 수치를 안겨줄 강렬한 치료약을 처방해야 하며, 슬픔과 교정 의지를 보여줄 만한 중대한 증거를 요구해야 한다. 목자와 영혼을 돌보는 사람은 영혼 돌봄과 목자적 직무를 맡고 있는 그리스도의 참된 종이고, 또 교회들도 그들을 그렇게 인정하고 있기 때문이다. 그렇다면 사도 바울 안에서 역사하시고 행동하신 것처럼, 그리고 좀 더 거친 옛 백성들에게 지시하고 명령하셨던 것처럼, 그리스도께서 그들 안에서도 역사하시고 행동하실까? 우리는 이미 이것을 증명하였다.

가장 심각한 잘못

하지만 좀 더 심각하고 치명적인 상처가 있는데, 예를 들면 고의적인 신앙의 부인이나, 거짓 예배의 채택, 고의적이고 사악한 신성모독, 거짓 교리를 통한 고의적인 유혹, 살인, 간음, 그릇된 판단, 거짓 증거 등이다.

이러한 상처들은 훨씬 더 진지하고 열성적인 교정과 참회가 필요하다. 그 때문에 사도 바울은 한 고린도 사람이 의붓어머니를 불법적으로 취한 사건(이것은 그런 상처들 가운데서도 가장 심각한 상처에 속한다)의 경우, 고린도 사람들 모두가 슬퍼하고 참회하지 않은 것에 대해 불만을 토로한다. 그리고는 자신이 그들에게 갔을 때, 행여 하나님께서 예전에 죄를 지었으나 참회를 하지 않은 사람들 대신에, 그들이 저지른 불결함과 간음과 악행 때문에 실제로 그들은 가장 심각하고 사악하게 그 일에 연루되었다. 자기에게 부끄러움을 주시지나 않을까 두렵다고 쓴다.

이런 경우 진실로 영혼을 돌보는 사람은 매우 진지한 참회를 요구하였다. 그 사도는 매우 지독한 죄를 범한 이들을 대신해서, 자신도 그들과 함께 진지하게 참회하는 것이 바로 하나님께서 원하시는 일이라고 생각했다. 제대로 관리되고 있는 교회에서, 그런 중대한 죄에 빠졌다가 그 죄로부터 돌아선 이들을, 장기간에 걸친 엄중한 참회를 통해서 권징하게 된 것도 바로 이 때문이다.

적절한 참회 방법
하지만 좀 더 심각하고 해로운 범죄에 빠진 사람들, 또는 가장 심각하고 해로운 죄를 지은 사람들은 얼마나 오래, 그리고 얼마나 엄격하게 참회를 해야 하는 걸까? 참회는 어디까지나 적당해야만 한다. 그래야만 죄에 대한 참되고 유익한 치료약이 될 수 있으며, 좀 더 심각한 상처를 입히지 않게 된다.

약한 이들은 온화한 참회로 슬퍼할 수 있도록 도와주어야 한다.
참회가 해를 미칠 수 있는 방법에는 세 가지가 있다: 첫째, 참회의 가혹함이 사람들로 하여금 교회를 완전히 떠나게 만들고 교회의 규율까지 모두 거부하게 만드는 경우다. 때로는 좀 더 온화한 참회가 사람들로 하여금 자기 죄를 적절히 뉘우치고 슬퍼하게 만들며 진정한 교정을 불러일으킬 수 있다: 참회와 교정을 전혀 안 하는 것보다는, 약하게나마 참회하고 작게나마 교정하는 것이 더 나은 법이다.

참회를 거부하는 이들을 다루는 방법

하지만 심각한 죄에 빠져놓고 그 어떤 권징이나 참회에도 순종하지 않는 이들이 있다. 이런 사람들은 자기 죄를 전혀 뉘우치지 않고, 오히려 그리스도와 그분의 교회를 멸시한다. 교회의 참된 목회자라면 그 누구도 그들이 죄의 속박으로부터 풀려났다고 선언하거나 그리스도의 친교로 받아들여 주는 일이 결코 없을 정도다. 주님은 오로지 회개하고 그분의 이름을 믿는 이들만이 죄로부터 풀려날 수 있다고 말씀하셨다. 그리고 그분의 말씀을 듣거나 받아들이지 않는 이들은 이교도, 교회를 버린 이들로 간주해야 한다고 명령하셨다.

이러한 참회의 부과가 해를 미칠 수 있는 두 번째 방법은, 적절한 열의와 양심에 대한 성실한 호소가 없이 참회를 부과하는 것이다. 그리하여 사람들이 진정한 회개와 삶의 교정 없이 그저 외적인 규율만 받아들이고 실행하게 만드는 것이다. 이렇게 해로운 실천이 교회에 정착한 것은, 방종한 감독들이 더 이상 양심과 참된 믿음에서 우러나오는 슬픔을 추구하지 않고, 오로지 외적인 행동과 육체의 굴욕만을 좇으며, 참회자의 상황은 전혀 고려하지 않은 채, 그저 범죄의 경중에 따라 참회를 결정하게 되고 나서부터였다.

참회서. 카레나. 해벌

그들이 참회서를 만든 것은 바로 이 때문이다. 그들은 이 참회서에서 저마다의 죄마다 부과해야 할 특정의 참회를 상세히 설명하였다. 악의적인 살인이나 위증이나 이혼에 대해서는 우선 카레나(carena)가 있었다. 곧 사십 일을 계속해서 빵과 물만 먹고 정진한 다음, 그 후 칠 년 동안은 일주일에 사흘(월요일, 수요일, 그리고 금요일)을 금식하면서 다른 많은 것들을 절제하고 참회하는 것이었다. 좀 덜 심각한 죄의 경우에는, 금식 기간도 더 짧고 덜 엄격했으며, 대신 다른 것들을 절제해야만 했다. 얼마 후면 그들은 금식을 그만두고 그 대신에 기도를 하거나 가난한 이들을 먹이거나 헌금을 했다. 그 돈은 당시 수사라고 불리던 하나님의 종들이나 수감자들, 가난한 이들, 그 밖에도 거룩한 제단에 임직된 이들을 구제하는 데 쓰였다. 그리고 이런 행위는 해벌로 이어졌는데, 그것은 곧 교회에 따라 부과된 참회가 제거되는 것이나 다름없었다.

감독이 아첨꾼이 되면, 참회의 적절한 실천과 감독 임무 전체가 쇠퇴하게 된다.

그렇게 한두 번의 권력 남용이 이루어지다가, 감독들의 방종 때문에 급속히 증가하게 되었으며, 급기야는 죄에 대하여 참회뿐만 아니라 일시적인 처벌까지도 처방하기 시작하였다. 그 때부터 이미 감독들은 교회보다도 법정에서 자기 자리를 찾기 시작했으며, 영혼의 돌봄보다는 세상의 통치에 더 많은 책임을 지게 되었다. 이런 현상은 프랑크족, 샤를마뉴와 그의 후임자들이 통치하던 때, 그러니까 그리스도 탄생 이후 800년 즈음부터 시작되었다.

그때부터 참회를 비롯한 영혼 돌봄의 실천들은 점점 더 쇠퇴하게 되었다. 그리고 참회에 관한 한, 악의적인 살인자와 강도, 방화

범, 이단자(그러나 이단자 모두는 아니었다), 그리고 방탕한 삶으로부터 벗어나고 싶어 하는, 행실이 나쁜 여인을 제외한 그 누구에게도 공적인 참회가 부과되지 않게 되었다. 그러다가 결국 그것은 영혼을 위한 치료약이 아니라 그저 무익한 형식에 불과한 것이 되었으며, 급기야는 거의 소멸하고 말았다. 결국 참회의 실천에서 남은 것이라곤 그저 고백하는 사람들에게 여러 가지 기도와 미사, 성지 순례, 그리고 금식과 자선을 부과하는 것에 불과했다. 애석하게도 고해신부와 참회자들 모두에게서 분명히 알 수 있듯이, 진실하고 성실한 참회에 대한 강조는 거의 사라져 버린 것이다.

참회라는 유익한 실천의 이러한 좌절과 완전한 폐지는 모두 영혼을 돌보는 사람들이 참된 믿음과 진실한 회개보다도 외적인 활동들을 더 강조하고 강요한 데서 비롯되었다. 이러한 외적인 활동은, 제아무리 심각하다 할지라도, 어느 누구나 할 수 있는 일이다. 반면에 참된 회개와 삶의 교정은 오로지 참된 믿음 속에서 우리 주 그리스도께 온전히 충실한 이들, 그리하여 그 속에 진정한 사랑이 불타오르고, 하나님의 뜻에 따라 살고 싶은 열망이 샘솟으며, 죄에 대한 증오, 온갖 사악한 정욕과 욕망들을 억제하고 멸망시키고픈 열망이 치솟는 이들만이 견뎌낼 수 있는 것이다. 하지만 애석하게도 이러한 믿음과 사랑과 열정을 찾아볼 수 있는 사람은 매우 드물다. 그 때문에 성 암브로스도, 한 번 타락했다가 진심으로, 그리고 합당하게 참회한 이들을 찾기보다는 차라리 계속해서 순결하게 지내온 이들을 찾는 게 더 쉽다고 기록했던 것이다.

참회를 부과한 고대 교부들의 지혜

사도 시대의 고대 교부들이 오직 죄에 따라서만 참회를 부과하지 않았던 것도 바로 이 때문이었다. 그들은 후대의 방종한 감독들과 달리, 죄를 지은 이들과 그들의 특별한 환경까지 참작하였다. 그들은 개인이 처한 상황과 그리스도인으로서의 삶의 자세, 그리고 온 교회의 정황까지도 고려하고 그것들을 중시하였다. 그런 다음 죄를 지은 이들과 온 교회가 다같이 죄에 대해 좀 더 적대감을 갖고, 사악한 정욕과 욕망에서 좀 더 자유로워지며, 온갖 거룩함에 좀 더 열심을 기울이도록 도움을 주는 방향으로, 참회의 기간과 정도를 규정하였다.

가장 낮은 참회

또한 교부들이 절대로 중한 참회를 부과하거나 허용하지 않았던 것도 바로 이 때문이었다. 그들은 그것을 새로운 세례로 여겼으며, 죄로부터 하나님께로 완전히 돌아서는 것이라고 보았다. 이것은 한 사람의 삶에서 한 번 이상 일어나는 일이었다. 따라서 그들은 이러한 참회가, 어거스틴이 마케도니우스에게 쓴 것처럼(편지 54), 거룩함으로의 진정한 회복을 가져오지도 못하고 격려하지도 못하는 단순한 외적 활동으로 낮게 평가되는 것을 막고자 하였다.

참회의 올바른 사용

참회에 관한 두 번째 문제, 아마도 가장 위험한 문제는, 그것을 잘못 사용하여 위선적인 외적 형식으로 만들어 버리는 것, 그리하여 하나님이 교회에 지시하고 명령하신 대로 올바르게 사용하지 않는 것이다. 하나님이 명령하신 대로 그것을 수행하려면, 한 사람이 자신의 악행에 대해, 그리고 하나님의 선하심에 대한 심각한 범죄와 그 자신의 파멸이라는 차원에서 그 악행이 무엇을 의미하는지에 대해, 좀 더 깊이, 신앙심 속에서 관상하도록 가르쳐야만 한다. 그래야만 하나님의 은총을 좀 더 열렬히 바라게 되고, 죄에 대해 좀 더 적대적이며 좀 더 온전히 하나님께 충성하게 되기 때문이다. 또 그래야만 좀 더 열렬히 그분을 사랑하게 되고, 자신이 용서받았다는 사실을 인정할 수 있기 때문이다. 그리고 이를 통해 온갖 사악한 정욕과 욕망들을 억제하고 자기 안에서 멸하며, 고린도후서 7장 [10절 이하]처럼, 하나님의 뜻과 기뻐하심에 대한 온갖 열정을 일깨우고 불태울 수 있기 때문이다.

참회와 관련된 세 번째 문제는, 너무도 가혹한 나머지 참회자가 지나치게 큰 슬픔과 절망에 빠지고 마는 것이다. 바울도 그 고린도 사람이 그렇게 될까봐 걱정하였다. 참회는 그리스도에 대한 믿음에서 우러나온 것이어야 하며, 따라서 은총에 대한 희망이 유지되어야 한다. 물론 우리를 향한 하나님의 크고 형언할 수 없는 인자하심을 매우 심각하게 위반하고 모욕했기 때문에, 두려워 떨어야 마땅하기는 하지만 말이다. 참회는 육체의 뻔뻔스러움을 억제하고 넘어뜨리며, 하나님과 무관한 온갖 쾌락들을 비참하고 쓰라리게 만들기 위한 것이다. 하지만 이것은 어디까지나 그 사람을 절망에 빠뜨리기 위함이 아니라, 우리 주 예수 그리스도 안에서 하나님의 선하심에 대한 좀 더 큰 비전과 인식, 그리고 희망과 사랑을 갖게 하기 위함이다.

참회를 적절히 적용하기 위해서는 뛰어난 지혜와 영적인 통찰력이 반드시 필요하다.

참회에는 너무도 많은 위험이 뒤따른다. 그러므로 유익하고 필수적인 것들이 모두 그렇듯이, 참회를 적절히 부과하기 위해서도 상당한 노력과 참된 영적 지혜와 통찰력이 필요하다. 그래야만 사람들이 진실하고 순전한 믿음을 갖고 참된 믿음과 일치하게 삶을 교정하도록 이끌고, 재촉하고, 격려할 수 있다. 어느 누구도 참회의 첫 번째 위험, 곧 교회로부터 완전히 돌아서는 일이 없게 해야 하며, 또한 어느 누구도 참회의 두 번째 위험, 곧 참회의 외적인 과시를 통한 위선을 저지르도록 가르쳐서도 안 된다. 그리고 어느 누구도 참회의 세 번째 위험인 절망에 빠지게 해서도 안 된다.

영혼의 돌봄과 관련하여 아무리 많은 위험과 폐해가 생길지라도, 여전히 그것은 반드시 필요하며, 따라서 참된 그리스도인이라면 절대로 경시하지 말아야 한다.

우리가 앞에서 언급한 것처럼 정말로 적합한 장로들을 교회에 제공하기 위해 최대한 노력과 열심을 기울여야 하는 것도 바로 이 때문이다. 이 직무를 수행하는 이들을 위한 일상적인 기도 역시 절실하게 필요하다. 그들이 영혼의 돌봄이나 치료약, 또는 행복을 제공할 수 있도록 기도해야 한다. 비록 영혼을 위한 이 치료약에는 위험이 도사리고 있으며, 또 악마가 교회의 거짓 목회자들을 통하여 그것을 파멸시키고 폐해를 연장시켰지만, 그럼에도 불구하고 하나님의 참된 자녀들은, 이 참회 명령이 반드시 필요하고 유익한 것임을 부인하지 않을 것이다. 그 정도로 하늘에 계신 아버지를 모욕하는 일은 결코 없을 것이다. 이 명령은 그분이 그들에게 주셨으며, 그들에게 매우 엄하게 명령하셨고, 그분의 성령을 통하여 그분의 옛 백성과 새 백성을 그분의 크신 영적 선으로 매우 진지하게 적용하신 것이기 때문이다.

그러나 교회의 옛 원수는 이 거룩하고 복된 영혼의 치료약, 곧 참회의 실천을 아주 오랫동안, 아주 난폭하게 공격하였다. 따라서 이제는 주님의 명령을 무시할 마음이 전혀 없는 선한 이들도 찾을 수 없게 되었다. 그저 이 명령이 우리 상황에서는 전혀 가치 없는 것일 수 있고, 따라서 우리 교회에서 이것을 실행하지 말아야 한다고 생각하는 사람들 말이다. 그럼 여기에서 이 반대 의견들을 간단히 살펴보기로 하자.

첫 번째 이의제기: 죄인이 자기 죄 때문에 괴로워하고 있으며 이미 그 죄를 용서받았다면 굳이 참회까지 할 필요가 어디 있겠는가?

첫째로 그들은 이렇게 말한다: 하나님은 예언자 에스겔을 통하여, 사악한 이가 자기 죄로부터 돌아서서 선을 행할 경우 그가 저지른 범죄는 기억되지 않을 것이라고 선언하셨다. 마태복음 18장 〔15절〕과 누가복음 17장 〔3절 이하〕에서 하나님이 그분의 백성에게 내리신 명령도 이와 같다. 만일 죄인이 와서 자기 죄를 뉘우친다고 말하면 용서해 주어야 한다. 그렇다면 죄인이 자기 죄를 뉘우치고 회개한 후에 은총을 바라는 시점에서 왜 굳이 엄청난 교정과 참회가 필요하겠는가?

참회는 과거의 죄가 아니라 현재와 미래의 죄를 위한 치료약이다.
답변: 죄의 용서를 얻기 위해 그것이 필요한 것은 결코 아니다. 죄는 이미 하나님의 인자하심으로 용서를 받았기 때문이다. 과거의 죄를 속죄할 필요도 전혀 없다. 그것은 오로지 그리스도의 피를 통해서만 가능하기 때문이다. 교정과 참회가 필요한 것은, 죄를 좀 더 제대로 인정하고 피하기 위해서다. 그리고 그리스도의 은총을 좀 더 소중히 여기고, 이 은총이 헛되이 되지 않도록 좀 더 열심히 사용하며, 그리하여 그 사람이 곧바로 다시 죄에 빠지는 일이 안 생기도록 예방하기 위해서다.

만일 우리 교회에 참회의 실천이 있다면, 죄에 대한 반감이 더 강해질 것이다.
하나님의 것과 인간적인 방법이나 어리석음에 관한 이해가 너무도 부족하여 이것을 인정하지 않을 만한 사람은 누구인가? 거룩한 사도의 가르침처럼, 그리고 질서가 제대로 잡힌 고대 교회의 거룩하고 복된 실천처럼, 중한 범죄들에 대해 진지한 참회를 부과하자, 하나님의 모든 자녀들에게서 죄에 대한 심각한 반감과 혐오감이 일었으며, 참된 그리스도인의 삶을 살고자 하는 아주 특별한 열정이 치솟았다.

아담과 온 인류의 참회

아담은 자기 죄로부터 돌아서서 하나님의 은총을 구하는 순간, 용서를 받았고, 하나님은 더 이상 아담의 죄를 매지 않으셨다. 하지만 하나님은 참회와 개선을 목적으로, 그와 모든 자손에게 죽음, 그리고 너무나도 많은 비극과 슬픔을 부과하였다.

이스라엘 백성, 모세와 아론의 참회

이스라엘 백성이 자기들의 범죄를 인정하고 하나님의 은총을 구했을 때에도 마찬가지였다. 하나님은 그들의 죄를 용서하셨지만, 늘 엄한 참회를 부과하셨다. 여호수아와 갈렙만 제외하고, 이집트에서 나온 이들이 모두 다 죽을 때까지, 하나님은 그들을 사십 년 동안이나 광야로 이끄셨다. 마찬가지로 모세와 아론 역시, 하나님이 그들의 죄를 용서하셨음에도 불구하고, 약속의 땅에 들어가지 못하도록 금지 당했다.

모세의 누나 미리암의 참회

모세의 누나인 미리암이 동생인 모세와 그의 직무에 대해 비방을 하자, 주님은 나병으로 그녀에게 심한 고통을 주셨다. 그녀는 곧바로 자신의 죄를 인정하고 은총을 구했으며, 모세는 그녀를 위하여 주님께 빌었다. 하지만 주님은 이렇게 대답하셨다: *미리암의 얼굴에 그의 아버지가 침을 뱉었어도, 그가 이레 동안은 부끄러워하지 않겠느냐? 그러니 그를 이레 동안 진 밖에 가두었다가, 그 뒤에 돌아오게 하여라*[민수기 12장 14절]. 미리암이 자기 죄 때문에 진실로 괴로워하자, 주님은 그녀를 용서해 주셨다. 하지만 그래도 그녀가 이레 동안 참회하길 원하셨다는 것은 의심의 여지가 없다. 주님은 확실히 미리암을 위하여, 그리고 온 백성을 위하여, 이것을 원하셨다.

속죄란 무엇인가?

주님은 다윗과 우리가 위에서 언급한 다른 사람들도 모두 이와 같이 다루셨다. 사도들과 거룩한 교부들, 사실상 그들 안에 계신 성령께서도, 죄 지은 이들을 이와 같이 다루셨다. 참회는 과거의 죄에 대한 속죄가 아니라, 현재와 미래의 죄에 대한 치료약이다. 그것은 현재 남아 있는 정욕과 사악한 욕망들을 깨끗이 정화함으로써 미래의 범죄를 예방하기 위한 것이기 때문이다. 그래서 고대인들은 참회와 속죄에 대하여 이런 식으로 설명하였다: 속죄는 죄의 원인을 근절하고 죄를 자극하는 것의 문을 닫는 것이다.

이런 이유 때문에 참된 영혼의 의사들은, 죄를 지었으나 그 죄를 버리고 은총을 구하는 죄인들을, 죄의 용서를 통하여 분명하게 위로해 주어야 한다. 그들이 진실로 그리스도를 믿고 자기 죄를 뉘우친다면 말이다. 주님은 영혼의 의사들에게 명령하시길, 그들이 참회를 통해 매이고 참회의 속박으로부터 풀려남으로써, 교회에서 매이고 풀려야 한다고 하셨다. 그리고 회개하고 자신의 행동을 바로잡는 일에 전념하는 이들은 이와 같이 풀어주라고 명령하셨다. 그러니 영혼의 의사들이 죄인이 진심으로 자기 죄를 슬퍼하고 자신의 행동을 바로잡는 일에 전념하였는지 살펴볼 때, 성실한 관리가 속세의 주인의 명령에 따라 감금한 이들을 석방할 때보다 덜 성실하게 살펴보는 일이 어떻게 있을 수 있겠는가?

이것은 마치 어떤 주인에게 속한 이들이 그 주인에게 심각한 죄를 지음으로써 생명이 위험에 처했으나, 자신의 행동을 바로잡겠다는 확언을 토대로 하여 주인에게 용서를 빌고 마침내 주인의 허락을 받은 것과도 같다. 그 주인은 그들을 용서해 줌과 동시에, 그들이 자신의 회개와 행동 교정을 증명하고, 나아가 다른 시민들에게도 참회 형태의 좋은 본보기를 제시해 주기를 바란다. 그리하여 다른 사람들이 비슷한 부정이나 불순종으로부터 피할 수 있도록 말이다. 따라서 그 주인은 자기 관리에게 다음과 같이 명령한다: '자신의 불순종을 뉘우치고 행동을 바로잡고자 하는 이들은 모두 용서하고 살려 주어라. 하지만 다른 이들에게 본보기가 될 수 있도록, 또한 그들이 진실로 자기 죄와 부정을 뉘우치고 있음을 증명할 수 있도록, 어느 정도의 시벌은 가해야 한다.'

만일 이 관리가 자기 주인에게 진실로 순종하고자 한다면, 주인이 명령한 대로 이 사람들을 용서함과 동시에, 어떤 형태의 참회를 부과하고, 그들이 정말로 행동을 바로잡는 일에 전념하는지 성실하게 살펴보지 않을 이유가 어디 있겠는가? 자기 행동을 바로잡고자 했던 이들은 주인의 허락이 떨어지는 순간 모두 용서를 받을 것이며, 관리가 이 사실을 그들에게 알려주자마자 완전히 확신하게 될 것이다. 그들은 자기에게 주어진 참회를 진심으로 기뻐할 것이고, 이런 식으로 자신이 예전에 죄를 지었던 이들에게 보상할 것이다. 그리고 바로 이런 이유 때문에 그와 같은 시벌과 온갖 종류의 시벌들, 심지어는 사형까지도 교정에 속한다고 말하는 것이다.

앞에서도 여러 번 지적한 바와 같이, 교회에서 죄에 대한 슬픔과 거부를 불러일으키는 것은 무엇이든지 최대한 성실하게 유지하고 실천해야만 한다. 하물며 이러한 교정과 권징과 참회를 그리스도교에서 가장 성실하게 유지하고 실천하지 않을 이유가 어디 있겠는가? 비록 우리가 죄를 회개하고 그리스도에 대한 믿음 가운데 그분의 은총을 구하는 곧바로 하나님의 미움이 전부 사라지고 우리의 죄가 완전히 용서를 받는다 할지라도 말이다. 하지만 이 문제와 진정한 그리스도인의 친교가 요구되는 다른 모든 문제들에서, 모든 오해와 부정은 바로 다음과 같은 사실에서 비롯된다. 곧 그리스도인들이 서로 어떤 친교를 나누어야 하는지, 참된 영혼 돌봄과 복음에 대한 순종 — 이것이 바로 그리스도에 대한 참된 믿음이다 — 을 얼마나 널리 확대시켜야 하는지, 애석하게도 충분히 알거나 고려하지 못한다는 사실 말이다.

두 번째 이의제기: 회개하는 이들에게서 그리스도의 위로를 보류하는 것은 옳지 못하다.

두 번째 반대 의견은 이렇다: 어떤 식으로든 중한 죄에 빠져 하나님의 교회를 심각하게 공격한 이들의 경우, 그들에게도 경고가 되고 다른 이들에게도 유익할 수 있도록, 얼마동안 어떤 형태의 교회 권징과 참회를 부과하는 것이 옳을지도 모른다. 하지만 그들이 자기 죄를 회개했는데도 여전히 성만찬에서 제외시킨다는 것은 있을 수 없는 일이다. 자기 죄를 진심으로 뉘우친 이들은 위로를 받아야 하기 때문이다. 그리고 성만찬을 통한 주님과의 친교는, 우리 죄가 우리 주 그리스도 때문에 사해졌다는 특별한 위로를 안겨주기 때문이다. 그리스도 말고는 그 누구도 진실로 속죄를 주지 못한다. 그러므로 그런 사람들을 그리스도의 친교로부터 배제시키는 것보다는 오히려 그들을 격려해서 그리스도의 친교로 이끄는 것이 더 옳은 일이다.

죄를 짓고서 회개한 이들이 온전하게 회개할 수 있도록 격려하고 위로해 주어야 한다.

답변: 이 문제와 그리스도인의 권징에 관한 다른 모든 문제들에서, 우리는 자신의 이성이 아니라 하나님의 말씀에 따라야 한다. 물론 진심으로 회개하는 이들을 위로해야 하고, 그리스도의 친교로부터 배제할 게 아니라 오히려 그 속에 참여하도록 격려해야 한다는 것은 옳은 말이다. 또한 성만찬을 통하여 커다란 위로와 함께 모두가 그리스도의 친교를 나누게 된다는 것도 맞는 말이다. 하지만 먼저 죄로 인한 타락을 인정하고 깨닫지 않는 한, 그리하여 상한 마음과 회한의 영혼에 거룩한 슬픔과 고통이 가득 차지 않는 한, 그리스도의 위로를 제대로, 올바르게 나눌 수 없다는 것 또한 옳은 말이다. 그리고 고린도후서 7장 [10절]에 거룩한 사도가 쓴 것처럼, *이 거룩한 슬픔은 구원으로 이끌어 줄 회개를 불러일으킨다.*

우리가 이미 충분히 증명한 것처럼, 하늘에 계신 우리 아버지 하나님께서, 중한 죄를 지은 이들은 먼저 굴욕을 당하고, 행동을 바로잡고, 참회를 함으로써, 거룩한 고통과 슬픔으로 가득 차야만 한다고 명령하신 것도 바로 이 때문이다. 이것은 그들이 절망하여 인자하심에 대한 희망을 모두 포기하게 만들려는 것이 아니다. 이것은 어디까지나 그들이, 우리를 향한 하나님의 영원하신 친절과 그분의 아들이 제공해주신 구원을 전혀 소중하게 여기지 않고 너무나도 사악한 방법으로 멸시했던 것을, 슬퍼하고 탄식할 수 있게 하기 위함이다.

죄를 지은 이들은, 그리스도께 더 많은 희망을 품을수록, 좀 더 진지하게 회개하고, 좀 더 거룩하게 참회에 전념한다.
이러한 탄식과 애도는, 하나님의 자비하심에 좀 더 굳건한 희망을 품고 있을수록 좀 더 성실하게 지켜질 것이다. 하나님의 자비하심과 그리스도의 구원에 좀 더 많은 희망을 품을수록, 그리고 우리 주 그리스도 안에 좀 더 완전히 거할수록, 하나님의 친절하심과 그리스도의 구원을 좀 더 소중하게 여기고 찬미할 것이며, 그리스도의 영을 통해 좀 더 거룩한 마음을 지니게 될 것이다. 뿐만 아니라 개인적으로나, 모든 신도들 앞에서나, 하나님의 친절하심과 그리스도의 구원에 대한 멸시, 죄, 그리고 사탄과의 친교 — 그리스도와의 친교로부터 돌아서서 죄 가운데 맺었던 친교 — 를 훨씬 더 피하고, 한탄하고, 억제할 것이다.

아버지를 굉장히 화나게 만들었다가 다시금 그 사랑과 뜻으로 완전히 돌아온 아들은, 이제 아버지와 경건한 형제들 앞에서 훨씬 더 많은 굴욕을 당할 것이고, 훨씬 더 성실하게 자기 죄를 슬퍼하고 바로잡게 될 것이며, 아버지와 형제들의 용서와 친절을 좀 더 확실히 깨닫게 될 것이다. 그리하여 그의 죄는 훨씬 더 예리하게 그를 꿰뚫을 것이다. 이와 마찬가지로, 진실로 회개한 그리스도인도 역시 훨씬 더 기쁜 마음으로, 진실하게, 교회의 온갖 교정과 굴욕에 충실해야 한다. 그들 모두가 하나님의 인자하심과 모든 성도들의 진실한 사랑을 좀 더 깨달아야 하며, 그리스도의 영에 따라 좀 더 큰 감명을 받아야 한다. 사실, 탕자와 함께 하늘에 계신 아버지의 집으로, 곧 교회로 돌아오는 사람의 경우도 전혀 다를 게 없다. 아버지와 온 가족이 그에게 좀 더 친절하면 할수록, 그는 좀 더 진실하게 자기 죄를 고백하고 온갖 시벌과 권징에 충실할 수 있을 것이다. 그는 이렇게 말할 것이다: *아버지, 내가 죄를 지었습니다. 나는 더 이상 아버지의 아들이라고 불릴 자격이 없으니, 나를 품꾼의 하나로 삼아 주십시오*〔누가복음 15장 18절 이하〕. 그런 사람은 진실로 자신의 몸속에서 그리스도의 수난의 친교를 경험하고자 할 것이다. 그리고 자신의 죽음을 통해 그리스도를 닮고 싶어 할 것이다. 자기 안에서 죄가 멸망할 수 있도록, 죽음으로부터의 부활을 통해 다시금 그리스도와 하나가 될 수 있도록, 그리하여 자신의 의가 아니라 하나님의 의로써 그리스도 안에서 모든 것을 발견할 수 있도록 말이다. 〔빌립보서 3장 9~11절〕.

따라서 죄를 짓고서 회개한 이들은 그리스도의 친교를 공유할 수 있도록 위로 받고 격려 받아야 한다. 하지만 어디까지나 그들이 하나님 안에서 위로를 받고, 우리 주 그리스도의 진정한 동반자가 되는 방식이어야 한다. 그러려면, 우리 주 그리스도에게서 볼 수 있는 것처럼, 교회의 온전한 용서와 성도들과의 충만한 교제 이전에 먼저 죄로 인한 굴욕과 슬픔이 선행되어야 한다. 사실, 중한 죄로부터 돌아선 이들이 공유하고 싶어 하는 하나님 안에서의 참된 위로와, 그리스도와의 충만한 친교 안에서의 참된 위로는, 다윗과 베드로, 고린도 사람, 그리고 우리에게 진정한 회개의 본보기를 보여 준 모든 이들에게서 알 수 있듯이, 굴욕과 슬픔 속에서 나누고 공유하게 되는 것이다. 돌아온 탕자의 비유 역시 마찬가지다. 아버지가 탕자에게로 달려가 그 목을 끌어안고, 값비싼 옷을 입히고, 그를 위해 잔치를 열기 전에, 그는 오랫동안 굶주림과 비참함을 겪어야 했고, 아버지 앞에서 자신을 비하해야 했으며, 온갖 권징을 감수해야만 했다.

성만찬은 가장 영광스럽고 기쁘게 주님을 기념하며 친교를 나누는 것이다. 성만찬을 통하여 가장 고귀한 용서와 온전한 평화, 그리고 그리스도와 그분의 모든 지체들과의 완전한 친교를 나눌 수 있다. 그러므로 성령은 그분의 교회에 다음과 같이 명령하시고 늘 주장하셨다: 회개하는 이들은 언제나 하나님의 은총과 그리스도의 구원으로 위로를 받고 그리스도의 친교를 공유하도록 격려 받아야 마땅하다. 오직 그것만이 진정한 속죄를 가져올 수 있다. 하지만 교회가 그들을 완전히 용서하고 그 죄를 탕감할 수 있을 정도로 그들이 진정한 굴욕 가운데 자신의 회개를 증명할 때까지는, 그들을 성만찬에서 배제시키고 결코 참여하지 못하게 해야 한다. 고대의 참회자들 역시 마찬가지였다. 그들도 참회와 정화를 완수할 때까지는 좀 더 큰 감사제에 참여할 수가 없었다. 비록 그런 제사에서는 성만찬만큼이나 영광스럽게, 실제적으로, 그리스도의 친교와 하나님의 용서를 나눌 수는 없었지만 말이다. 이 식탁은 그리스도의 제자들, 그러니까 사실상, 그리스도 안에서 한 몸이요 한 덩어리인 이들을 위한 것이다. 참회하려고 마음먹었지만 아직 교회의 용서를 얻지 못한 이들은 이 식탁에 참석할 수 없다. 그리고 어떤 사람이 '저의 죄를 회개합니다'라고 말하자마자, 그 회개를 입증할만한 증거도 하나 없이 곧바로 용서해 버리는 것은 옳지 못한 일이다.

비통하게 울던 베드로, 죄의 슬픔이 너무나도 커서 자신의 눈물로 주님의 발을 씻겼던 여인, 아주 오랫동안 힘들고 비참하게 참회를 한 다음 완전히 상한 마음과 회한의 영혼을 가지고 아버지께 돌아와 자기 죄를 솔직히 고백하고 슬퍼했던 탕자: 교회는 이들을 지체 말고 용서해야 하며, 그리스도의 성만찬에서 배제시키지 말아야 한다. 그러나 입으로 그리스도의 은총을 구하는 이들이 전부 이처럼 자신의 회개를 증명하는 것은 아니다.

우리가 앞에서 예로 들었던 성실한 관리도, 자기 행동을 고치겠다고 약속하고 그것을 지킨 이들에게만 호의를 베풀라는 주인의 명령을 받았기 때문에, '제 행동을 고치겠습니다'라고 말한다고 해서 누구에게나 곧바로 주인의 즉각적인 은혜를 전달하지 않는다. 하물며 그리스도의 신실한 종들이 회개와 교정에 대한 그들의 욕구를 교회에 전혀 증명하지도 못한 채, 그저 '저의 죄를 회개합니다. 제 삶을 바로잡고 싶습니다'라고 말하는 이들 모두에게, 그리스도의 영원하신 은총을 곧바로 약속해 준다면 그 얼마나 부적합한 일이겠는가? 하나님의 청지기와 종들은 최대한 성실하고 진실하게 하나님의 일을 처리해야 한다. 가장 친절하고 인자했던 사도도 고린도 사람에게 얼마나 오랫동안을 참회하라고 요구했던가? 또한 성 암브로스도 테오도시우스 황제에게 얼마나 오랫동안 참회를 요구했던가?

그리스도의 만찬은 은총의 가장 고귀한 수단이다. 따라서 아직 자신의 회개를 입증하지 못한 이는 결코 공유해서는 안 된다.

성만찬에서는 온전하고 가장 고귀한 죄의 용서와 죄인의 사면이 이루어진다. 신실한 목회자들은, 진정한 열의와 분명한 증거로 자기 행동을 바로잡겠다는 욕구와 회개를 교회에 증명하지 않은 사람을 절대로 용서해서는 안 된다. 성 암브로스는 〈참회에 관하여〉라는 저서에서, 자기 죄로부터 돌아서는 순간 곧바로 주님의 식탁에 들어갈 수 있기를 바라는 이들은, 자신을 풀기보다 장로들을 매기를 더 원하는 이들이라고 말한다. 너무 성급하게 허용하고 용서할 경우, 하나님이 명하신 참회의 치료약을 제대로 처방하기는커녕, 오히려 장로들이 중대한 죄를 짓고 다른 이들의 죄를 공유하게 되기 때문이다.

죄는 알려졌으나 회개는 알려지지 않은 이들과 성만찬을 나누었을 때 입게 되는 중대한 피해

성만찬이 가장 고귀한 그리스도의 친교와 하늘의 평화를 허락 받은 이들에게만 해당되는 것이 아니라 원하는 이는 누구든지 참여할 수 있는 것이라고 생각하는 사람은, 그리스도에 대한 지식이 아직 약해서 그리스도의 왕국에 관해 충분히 깨닫지 못한 게 틀림없다. 애석하게도 하나님의 교회에 심각한 범죄를 저지르는 비열한 이들이 얼마나 많은가는 여러분도 잘 알고 있다: 아주 오랫동안 자기 이웃에게 원한을 품고 살아온 자, 이웃을 상대로 심각한 불화와 중상, 비방, 그 밖에도 악명 높은 잘못을 저지름으로써 많은 피해를 입힌 자, 또는 난잡하고 성적으로 부도덕한 행실, 하나님에 대한 심각한 모독과 경멸에 빠졌으면서도 아무런 참회나 회개의 증거 없이 여전히 성만찬에 참여하는 자, 심지어는 자신이 교회에 저지른 죄를 깨닫지도 못하는 자. 훨씬 더 안타까운 것은 그들이 이런 범죄로부터 돌아서지도 않고, 자기 이웃과 화해하지도 않는다는 점이다.

만일 바울이 고린도 사람들에게 편지한 것처럼, 그런 문제들을 너무도 가볍게 다루고 있는 우리에게도 편지를 쓴다면, 부풀대로 부푼 교만과, 가난하고 상처 입은 양들을 치유해야 할 책임을 무시한 데 대해서 얼마나 신랄하게 비난하겠는가? 고린도 사람들을 비난했던 것보다 훨씬 더 신랄할 것이다. 그리고 거룩한 순교자 키프리안이라면, 우리가 주님의 몸과 피를 범하는 죄인이라고 선언할 것이다. 그리고 우리를 그리스도의 양을 지키는 목자가 아니라 오히려 도살자라고 비난할 것이다. 박해에 굴복한 이들을 너무도 성급하게 용서하고 성만찬에 참여하도록 허락했다는 이유로 그가 자기 백성들을 비난하고 고소했던 것보다 훨씬 더 혹독하게 말이다.

사실, 앞에서 일부 지적한 바와 같이, 최근 몇 세기 동안 적그리스도는 교회로부터 온갖 권징과 참회를 제거해 버렸다. 따라서 우리가 복음주의적 개혁에 착수하려면 그것들을 되찾는 일부터 시작해야 하며, 아직 참회가 부족하여 평화를 얻을 자격이 주어지지 않은 이들에게는 성만찬을 통해서 평화를 주거나 약속하지 말아야 한다. 또한 우리는 지워져 버릴 페인트로 벽을 칠하는 이들, 사람들의 팔과 머리맡에 거짓 보호의 쿠션과 베개를 받쳐 주는 이들, 그리하여 에스겔 13장 [18절 이하]에서 주님이 거짓 예언자에 관해 약속하신 것처럼, 우리까지 하나님의 심각한 분노와 끔찍한 진노를 받게 하는, 그런 사악한 이들의 용기를 북돋워주지 말아야 한다.

성만찬에 참여하기 전에 누구나 반성한다고 해서, 영혼을 돌보는 사람들이 그런 반성을 요구하거나 격려하지 말아야 하는 것은 결코 아니다.

사도 바울이 다음과 같이 썼다는 이유로, 이 주제에 대하여 또 다른 이의를 제기하는 사람들이 있다: *그러니 각 사람은 자기를 살펴야 합니다. 그런 다음에 그 빵을 먹고, 그 잔을 마셔야 합니다*[고린도전서 11장 28절]. 그들의 주장에 따르면, 그곳 사람들은 반성하지 않는 이는 위험에 빠지게 된다고 배웠다. 하지만 이들이 고려해야 할 점이 있다. 그 사도가 모든 이들에게 반성하라고 요구했지만, 그렇다고 해서 영혼을 돌보는 사람과 목회적 직무를 수행하는 이들이 이러한 반성에 아무런 기여도 하지 않기를 바란 것은 결코 아니라는 점이다. 또한 사람들 스스로가 반성하지 않고 교회에 심각한 범죄를 지을 때, 영혼을 돌보는 사람이 그것을 무시하길 바란 것도 결코 아니다. 고린도전서 5장 [11절 이하]에서 그가 아주 진지하게 요구하고 명령한 바에 따르면, 회개하지 않으려는 이들은 교회에서 제외시켜야 한다. 우리가 이미 지적한 것처럼, 그들이 참된 회개와 교정에 전념하고, 또 교회가 만족하도록 이것을 증명할 때까지 말이다.

이런 문제가 발생하는 것은, 그리스도교와 성도들의 교제가 어때야 하는지, 목회적 직무는 어때야 하는지, 영혼의 돌봄과 그리스도의 권징은 어때야 하고 또 어떻게 성취되어야 하는지에 대해서, 우리의 지식이나 생각이 너무도 부족하기 때문이다. 사탄은 양과 목자, 병자와 의사, 스승과 제자 간에 더 큰 불화를 일으키기 위해 온갖 술수를 다 부릴 것이다. 주님의 말씀을 들어도 제대로 이해할 수 없도록 할 것이며, 겉으로만 그리스도인의 삶을 가장하는 이들이, 아무런 두려움이나 권징이나 열정도 없이, 계속해서 육체의 삶을 살게 할 것이다.

교회의 시벌이나 권징이 더 이상 필요치 않도록, 통치자에 따른 시벌이 대신한다는 이의제기

세 번째 반대 의견은 다음과 같다: 중한 죄를 짓고 다시금 은총을 바라는 이들에게 일정 기간의 참회를 부과하고, 또 이 참회 기간에는 그들을 성만찬으로부터 배제시키는 것이 물론 옳겠지만, 그리스도인 통치자가 있는 도시나 공동체에서는 굳이 그럴 필요가 없다. 그 통치자가 심각한 악행을 결코 묵인하지 않고 처벌하기 때문이다. 그리고 대부분의 사람들은 교회의 시벌이나 권징보다도 훨씬 더 많은 처벌을 당국으로부터 받게 된다.

시민 통치의 역할과 목적

이러한 이의를 제기하는 사람은, 통치자들의 통치와 그리스도인 회중 속에서 장로들이 펼치는 영혼의 돌봄이 서로 얼마나 다른가를 제대로 모르거나 혹은 생각지도 못하는 이들이다. 통치자는 모든 영혼들에 대하여 가장 높은 세속적 권위를 갖고 있다. 그 권위로써 가르침과 권징과 법, 그리고 온갖 종류의 격려와 처벌을 통해, 일을 처리하고 해결하기 위해서다. 통치자는 자신이 통치하는 이들 모두가 저마다의 역할을 수행함으로써, 온 공동체와 그 안에 속한 사람들 전부가 훌륭하고 거룩한 삶을 살고, 그리하여 안팎으로 그 누구에게도 해를 끼치거나 괴롭히는 일이 없도록 해야 한다. 그리고 공동체 안에서 생활하고 있는 이들이 서로에게 범죄나 해악을 저지르지 않도록 하고, 나아가 그 누구도 부도덕하거나 방탕한 삶을 통해 공동체에 전혀 쓸모없는 자, 남을 섬기는 데 부적합한 이가 되지 않도록 해야 한다.

통치자는 특정인을 지명하여 가르치는 역할을 맡기고, 훈육을 실시할 수 있는 권한을 언제나 부여한다.

통치자들이 직접 글이나 다른 좋은 심신의 기술들을 사용하여 자기 시민들을 가르치고 훈육하는 역할을 맡지는 않는다. 그들은 이런 일에 원래부터 특별한 재능을 갖고 있거나 훈련과 경험을 많이 쌓은 사람들에게 이 임무를 위임한다. 그리고 필요하다면 말뿐만 아니라 권징과 시벌을 동원해서라도 올바른 가르침을 줄 수 있는 권한을 교육받은 이들에게 이 일을 맡긴다. 또한 선한 통치자는 어떤 경우에도 최대한 성실하게, 종교적으로 특별한 사람, 곧 신앙을 가르칠 수 있는 사람을 임직한다. 오직 그것을 통해서만 모든 선을 이룰 수 있기 때문이다.

종교의 가르침에는 권징과 시벌도 필요하다.
이러한 신앙교육은 다른 어떤 교육보다도 많은 두려움과 권징을 요구한다. 이러한 종교의 가르침은 사람들을 타락한 상태와 본질로부터 일으켜 거룩한 삶으로 이끌기 위한 것이기 때문이다. 이것은 사실상 그들을 완전히 변화시키고 갱생시키는 것이다. 따라서 지혜롭고 정직하며 신앙심이 큰 통치자들은, 심지어는 이교도라 할지라도, 거룩한 종교의 목회자들과 독실한 삶을 사는 교사들, 곧 복되고 영원한 삶을 사는 교사들이 영적인 두려움과 권징하고 시벌할 수 있는 권위를 부여 받도록, 그리하여 모두의 신앙심이 커질 수 있도록, 늘 기쁜 마음으로 허용하였다. 아니 사실상 그렇게 명령하고 규정한 셈이다.

그러므로 우리가 이 땅에서 별로 가져보지 못한 통치자, 곧 말이나 행동이나 나태로 계속해서 거룩함과 보편적인 평화와 유용성과 권징과 선한 행동에 반대를 표했던 이들 전부를 엄하게 처벌한 통치자를 보내신 분은 바로 우리의 하나님이시다. 그 통치자들은, 플라톤의 가르침처럼, 처벌의 경고와 가르침을 성실히 유지하였으며, 교회의 장로들이 그리스도의 말씀을 통한 자애로운 권징과 교정을 성실히 수행하는 것을 무엇보다도 중요하게 여겼다. 성령의 권위는 저마다 비열한 양심의 어리석음에 맞게 측정되고 적용되었다. 그리하여 하나님의 자녀들이 죄를 지었을 때 우리 주 그리스도에 대한 믿음을 통하여 참된 회개와 굳건한 개선을 깨닫고 성취할 수 있도록 하였다.

통치자에 따른 처벌은 성숙한 그리스도인들을 위한 영혼과 양심의 치료제기도 하다. 영혼의 최고 의사이신 그리스도께서는 통치자들의 처벌과 더불어 백성들을 위한 영적 권징까지 명령하셨다.

거룩한 백성은 국가 통치자들의 처벌을 하나님과 우리 주 그리스도로부터 비롯된 것으로 받아들일 것이다. 오직 그분만이 하늘과 땅의 온갖 권위와 역할을 소유하고 행사하심으로써 그런 처벌이 그들 자신의 양심에 효과를 미치도록 하실 수 있다. 바울의 말에 따르면, 그들은 양심을 위하여 권위에 복종해야 하며[로마서 13장 5절], 하늘에 계신 우리 아버지께서 그리스도께로 돌아선 후 처벌을 받고 그분의 인자하심으로 위로를 받은 모든 이들에게 약속하신 용서를 기억해야 한다. 그러나 통치자에 따른 처벌을 거룩하게 받아들이고 적용하는 이러한 마음이 누구에게나 있는 것은 아니다. 그리스도교 안에서 상처 입은 모든 양들을 싸매고 치유해 주려면, 다시 말해서 참되고 신앙심 깊은 회개와 삶의 교정을 불러 일으키려면, 복음과 교회의 영적 직무를 통해서 이런 마음을 진실로 부추겨야만 한다. 따라서 비록 행정당국이 진실로 그리스도적이어서 성실하고 열성적으로 처벌을 적용한다 할지라도, 그리스도교는 국가 권력의 보편적인 권징과 시벌에 더하여, 그 나름대로의 권징과 시벌을 갖고 있어야 한다: 우리 주 그리스도의 이름으로, 그분의 관점에서, 그분을 대신하는 권징과 시벌이 있어야 한다. 그리고 하나님의 가혹한 처벌과 우리 죄를 위한 우리 주 그리스도의 속죄, 그리고 하늘에서 매고 풀어야 할 것을 땅에서도 매고 풀기 위해 그분이 교회에 주신 가장 진실하고 위로가 되는 명령을 분명하고 강력하게 상기시켜 주어야 한다.

그것의 주된 이유는 다음과 같다: 위에서 이미 살펴본 것처럼, 우리 주 예수, 유일하신 왕이며 교회의 머리이신 예수님이 그분의 교회를 위하여 이 권징과 처벌을 명령하셨다. 그리고 통치자가 잘못을 처벌함으로써 자신의 직무를 성실하게 수행하는 그리스도인일 경우, 그분의 이러한 역사를 생략해야 된다는 언급은 그 어디에도 없다. 오히려, 거룩한 통치자들의 권징, 교정 이외에도 옛 백성을 위한 교회의 권징과 교정을 명령하신 것처럼, 그분은 거룩한 사도 바울을 통하여, 아니 실은 그분의 성령 ― 사도시대뿐만 아니라 순교자와 거룩한 교부들의 시대에도 영혼을 위한 이 치료약을 매우 강조했던 ― 을 통하여, 이 교회의 권징과 교정을 훨씬 더 진지하게 유지하고 실천해야 한다는 사실을 우리에게 증명해 주셨다. 그것을 통하여 그분은 우리에게 요구하신다. 구약성서 시대의 종들보다도 열심히, 성실하게, 영혼들의 온갖 상처를 치유해야 한다고 말이다. 그것은 그분이 이 고대인들보다도 우리에게 좀 더 온전히 구원을 드러내 주셨기 때문이다. 따라서 만일 교회가 이 권징을 제대로 열심히 수행한다면, 불쌍한 영혼의 최고 의사이신 주님께서 성공과 크고 놀라운 열매로 축복해 주실 것이다.

여기에서 우리는 통치자들이 실시한 권징과 교정, 그리고 영혼을 돌보는 사람들이 실시한 권징과 교정 사이에 차이점이 존재한다는 것을 알 수 있다. 행정당국이 잘못을 경고하고 처벌하는 임무를 가장 성실하게 수행하고 있는 그 순간에도, 여전히 교회는 그 자체의 권징과 교정을 실시해야만 한다. 그것은 어디까지나 그리스도의 이름으로, 그분의 성령을 통하여, 열쇠에 대한 그분의 명령과 일치하게 실시되는 것이다.

그러므로 그리스도교가 제대로 보호받고, 하나님의 나라가 제대로 질서 잡혀 있을 경우, 통치자는 소유나 명예나 인격에 관해, 법과 경고와 처벌과 명령과 그 밖의 벌을 이용하여, 온갖 죄와 범죄, 특히 우리의 거룩한 종교에 영향을 미치는 것을 최대한 성실히 몰아내고 근절시켜야 한다. 이 처벌에는 어떠한 예외도 있어서는 안 된다. 그와 동시에 통치자는 영혼을 위한 교회의 권징과 치료약을 매우 성실하게 장려해야만 한다. 이러한 권징과 치유는 영적으로 매고 푸는 목회자들에 따라 실행되어야 한다. 이와 같은 교회의 권징은 양심에 좀 더 적합할 뿐만 아니라, 우리 주 예수 그리스도의 영을 통하여 그 자체의 명령, 그 자체의 영적 성공과 열매까지 맺는다. 그리고 이것이야말로 하늘나라로 들어가는 열쇠다.

네 번째 이의제기: 교회의 권징을 이 시대에 재도입하는 것은 현실적으로 불가능하다.

죄인들에 대한 교회의 권징과 교정이 불가능하다는 네 번째 반대 의견이 제기되었다. 비록 입으로는, 교회가 그 자체의 권징과 교정을 지니고 있으면서, 육체의 고행이나 성만찬으로부터의 추방이나 그 밖의 모든 처벌을 부과함으로써, 사도시대의 교회처럼 모든 면에서 그것을 행사하는 것이 본질적으로 옳다고 말하지만 말이다. 하지만 사람들은 너무나도 오랫동안 천주교 목회자들에 따라 타락해 있었으며, 결국은 모든 권징과 순종을 포기하고 말았다. 그리하여 이들의 최대 관심사는, 상처 입은 양들을 치유하는 것이 아니라 오히려 그들을 그리스도의 친교로부터 몰아내는 것이 되었다. 그리고 이것은 바로 우리가 위에서 언급한 참회의 첫 번째 오용이다.

사람들은 계속해서 이렇게 말한다: 회중의 숫자가 적었던, 그리고 그리스도인이 되고자 하는 이들이 박해 때문에 서로 가까이 모여 겸손과 평온 속에 머물렀던 사도들과 순교자들의 교회와 달리, 모두가 세례를 받고 그리스도인이 된 우리 교회에서는, 이제 권징과 참회를 실시할 기회가 아예 없다. 신앙을 심각하게 여기지 않을 경우, 신앙을 고백할 사람이 아무도 없는 것이다.

우리는 오직 그리스도께서 명령하신 것만을 원한다. 그것은 늘 가능하고 합당한 것이다.

첫 번째 반대 의견, 그러니까 너무나도 타락하고 불순종적인 우리이기에, 교회의 권징이 불가능할 뿐더러 합당하지도 않으며, 오히려 사람들을 교회로부터 몰아내기에 급급하다는 의견에 대하여, 우리의 답변은 다음과 같다: 우리는 주님께서 우리에게 지시하고 명령하신 것 외에는 그 어떤 권징이나 참회도 교회에 재도입할 의사가 없다. 주님의 지시와 명령이 있는 곳에, 그분의 영과 도우심이 함께 하며, 그분의 도우심으로 모든 일들이 가능해지고 합당해진다. 우리는 이러한 참회와 교회의 권징이 매우 영적인 지혜와 절제 가운데 수행되어야 한다는 사실을 이미 살펴보았다. 그래야만 죄인들이 교회 밖으로 추방당하거나, 위선적인 참회의 모습을 드러내 보이거나, 절망에 빠지는 일 없이, 교회 안에 머물면서 다시 일어설 수 있는 것이다. 또한 우리는 여기에서 그동안 우리가 고대했던 권징, 그리고 정해진 때에 합당한 순서로 회복해야 할 권징에 관하여 말하고자 한다; 그렇다고 해서 갑자기 그리스도의 역사에 필요한 특정 순서나 상황과 더불어 이 참회 명령의 실제적인 실천으로 돌아서자는 말은 아니다. 그리하여 아직 그리스도인의 참회에 관하여 알지 못하는 사람들에게 참회를 부과하자거나, 사람들이 아직 죄의 치료약으로 그 효과를 인정하지 않은 어떤 극약을 처방하자는 말도 아니다.

하지만 신자가 주님 안에서 하나 되고 그분의 규칙에 충실하기를 원할 때, 사람들은 선의를 지닌 적격의 목회자들을 임직하고, 그들을 그리스도의 목회자요 도구로 인정한다. 그리고 이 목회자들이 참된 그리스도인의 겸손으로 최대한 성실하게 자신의 직무를 수행하기를 바란다. 우리는 이미 이것이 그리스도의 가르침과 명령임을 살펴보았다. 그런 교회와 회중이라면, 이 신실한 주님의 목회자와 청지기들의 손을 통해, 아니 실은 온 교회와 우리 주 그리스도를 통해, 온갖 교정과 참회에 따라 소개된 이 복된 영혼의 치료약을, 하나님의 모든 자녀들이 진심 어린 감사로 받아들일 것이다. 그리하여 모두가 참되고 복된 회개와 개심을 이루도록 큰 격려를 받을 것이며, 그들 중 어느 누구도 교회 밖으로 쫓겨나지 않게 될 것이다. 그리고 이와 같은 교회의 직무 수행을 통하여 주님과 그분의 교회가 하시는 말씀에 귀를 기울이지 않으려는 사람이 있다면, 그리스도의 다른 모든 지체들이 한 마음이 되어, 우리 주 그리스도의 이 불순종한 멸시자들과 그들의 구원이 회중으로부터 배제되기를 바라고 원하게 될 것이다. 그래야만 적은 양의 누룩 때문에 빵 덩어리 전체가 부풀어 버리는 일이 안 생기기 때문이다. 이와 같은 교회의 권징은 조금도 해롭지 않으며 어디까지나 좋은 일만 불러올 것이 틀림없다. 그리고 이것은 불가능하거나 해로운 것이 아니라 가능하고 합당한 것임에 틀림없다.

그래도 여전히 교회의 권징을 싫어하는 이들은 다음과 같이 말할 것이다: 하지만 우리는 아직 주님 안에서 이와 같은 친교를 누리지 못하고 있으며, 사람들은 아직 이런 식으로 복음에 충실할 준비가 안 되어 있다. 이런 의견에 대하여 우리는 이렇게 대답한다: 그것이 사실이다. 따라서 그리스도의 영이 모든 이들에게 요구하시는 것이 무엇인가를 최대한 성실하게 찾아내야 할 우리의 책임이 훨씬 더 막중하다. 그리고 우리가 온 마음으로 그분께 기도할 수 있도록, 또 그분이 우리를 아직 우리가 아닌 존재로 만드시고,

우리에게 아직 부족한 것들을 주시기 위하여, 우리에게 아직 없는 것들을 주시기 위하여, 그분 안에서 성취하시는 것이 무엇인가를 최대한 성실하게 찾아내야 한다. 그리고 우리에겐 아직도 그리스도인의 합당한 질서가 매우 많이 남아 있기 때문에 이미 우리는 제대로 질서가 잡힌 하나님의 교회와 백성이라는 생각을 버리자. 그리스도께서 크신 은혜 가운데, 우리가 원하지도 않고 간구하지도 않은, 우리 영혼을 위한 이 치료약으로 우리를 돕고자 하실 때, 우리가 그분께 맞서지 않도록, 그리고 우리에겐 아무 것도 부족한 게 없다고 말하다가 멸망하지 않도록 말이다.

우리는 정말로 그리스도인이 되고 싶은지 아닌지를 단호하게 결정해야 한다. 만일 우리가 그리스도인 곧 주님의 양이 되길 원한다면, 어디까지나 그분의 음성에 귀를 기울여야 하며, 우리 자신을 부인하고 그분께 충성해야 한다. 그분이 우리 안에서 사실 수 있도록, 우리가 그분 안에 살 수 있도록, 그리하여 마침내 앞에서 설명한 그 친교 안에서 우리 모두가 그분을 공유할 수 있도록 말이다. 우리는 주님이 필요로 하시는 장로들을 선출해야 한다. 그리고 그리스도께서 우리에게 명령하신 것처럼, 그들 안에서 일어나는 그리스도의 역사를 인식하고, 인정하고, 받아들여야 한다. 만일 우리가 온 정성을 다해 이것을 간구하지 않는다면, 그리고 온 마음을 다해 이것을 갈망하지 않는다면, 결코 참된 그리스도인의 신앙과 정신을 지닌 자라고 자랑할 수 없을 것이다. 따라서 우리는 우리들 가운데 있는 그리스도인의 권징과 참회에 대한 방해를 시대 탓이나 천주교 신자의 타락 탓, 또는 천주교 신자의 횡포에 반대하는 설교와 그리스도인의 자유에 관한 설교 탓으로 돌릴 게 아니라, 바로 우리의 불신과 거짓된 위선 탓으로 돌려야 한다. 그리스도인의 신앙과 존재를 중히 여기면서도 사실은 거의 아무 것도 안 갖고 있으며, 정교적 신앙에 따라 마련된 모든 것을 살펴볼 의욕이 거의 없는 것이다. 우리는 주님이 우리에게 영생을 나누어 주시기로 약속하시고, 제안하시며, 또 그러기를 원하신다는 사실에도 불구하고 그분의 말씀과 명령을 멸시하고, 그것이 헛되며 해로운 것이라고 여긴다.

그리스도인의 타락과 불순종으로부터 비롯된 논의들의 대부분은 천주교 신자들에 따라 발생했다. 그것은 그리스도인의 권징이 유익한 점보다는 해로운 점이 더 많고 따라서 그것을 실행하기가 불가능하다는 주장이 제기된 결과였다.

이제 두 번째 이의제기에 대한 답변으로 넘어가자. 사람들은 교회가 작고 그리스도인의 숫자가 적었던, 그리고 그들 안에 비그리스도인이 별로 섞여 있지 않았던, 사도와 순교자들의 시대에 있었던 것과 똑같은 교회 권징의 기회는 이제 존재하지 않는다고 주장한다. 지금은 그리스도인이 너무 많고 매우 복잡해졌다는 것이다. 이러한 반대 의견에 대한 우리의 답변은 다음과 같다: 교회가 생긴 이래로 늘 그러셨던 것처럼, 성령이 그분의 백성 가운데 역사하시는 것을 막을 수는 없다. 아무리 그리스도인의 숫자가 많더라도, 아무리 복잡한 상황이 빚어진다 하더라도, 그리고 입으로는 그리스도인이라고 주장하면서 실제로는 그렇지 못한 교회 목회자들이 아무리 많다 하더라도 마찬가지다. 성령은 교인의 숫자가 지금보다 훨씬 더 많았을 때에도, 이와 같은 권징과 참회의 역사를 확고하고 진지하게 펼치셨다. 그 시대에도 지금처럼 그리스도의 양들 사이에 사악한 염소가 많았으며, 병든 양이나 연약한 양도 많았다.

심지어는 바울이 골로새서 1장 [6절]에서 자랑한 것처럼, 거룩한 복음이 온 세계에 울려 퍼졌던 그 시대에도, 그리고 그 이후에도, 그것은 계속해서 퍼져나갔으며, 콘스탄티누스 1세 때부터는 전 세계적으로 매우 우세해졌다. 그리하여 마침내 367년에는 모든 우상 신전이 폐쇄되었고, 온갖 우상 숭배와 이교도의 모든 거짓 예배들도 가장 가혹한 처벌 아래 금지되었다. 그 시대에는 로마제국이 뻗어나간 곳까지, 그리고 그보다 더 먼 곳까지, 모든 나라에 교회가 세워졌다; 그리고 그 시대에는 시리아 전역과 이집트, 아시아, 일리리카 전역과 그리스, 이탈리아, 독일의 대부분과 갈리아 전역, 그리고 스페인과 아프리카까지 모두 로마제국에 종속되어 있었다.

성 암브로스 시절의 밀라노 교회는 아마도 지금의 교회들만큼이나 교인이 많았을 것이다. 하지만 그는 자신의 교회에서 참회의 실천을 계속 유지할 수 있었다. 심지어는 테오도시우스 황제조차도 그것에 관한 한, 우리가 앞에서 말한 것처럼, 그에게 복종하였을 정도다.

성 크리소스톰의 경우, 한 번은 콘스탄티노플에서 설교를 하는데, 십만 명에 달하는 사람들이 모여들었다. 하지만 여전히 그는 그 시대의 모든 감독들처럼 권징과 참회를 유지하였다. 비록 참회를 통하여 참된 개심을 격려하는 일에 좀 더 열성적이고 좀 더 신중한 사람이 있었지만 말이다.

물론 이러한 열의는 전반적인 교회가 아니라 특정 주교들에게만 속한 것이었다고 말하는 사람도 있을 것이다. 하지만 교회사를 읽고, 거룩한 교부들의 글에 묘사된 이 실천을 살펴본 사람이라면, 암브로스나 크리소스톰 같이 좀 더 굳세고 진지한 정신을 소유한 일부 주교들뿐만 아니라 모든 곳에서 이와 같은 교회의 권징을 교회의 죄에 대한 보편적인 권징과 치료약으로서 실행하였다는 사실을 알게 된다. 그리고 이것은, 앞에서 우리가 이미 지적한 것처럼, 그것을 법으로 대체하려고 했던 방종한 주교들이 등장할 때까지 그와 같은 참회의 명령과 엄격함이 계속 지속되었다는 사실을 통하여 확실히 입증된다.

그러므로 우리에게는 아무런 변명의 여지가 없다. 교인의 숫자가 너무 많아서 이와 같은 그리스도의 명령과 권징을 경시한다는 변명도 전혀 통하지 않는다. 그것은 주님의 상처 입은 양들에게 아주 유익한 치료제다. 고대의 거룩한 교부들이 쓴 글을 읽어본 사람이라면, 그 시대에는 지금보다도 교인이 더 많았다는 사실, 그럼에도 불구하고 권징이라는 이 실천과 참회의 명령을 풍성하게 유지하였다는 사실을 결코 부인할 수 없을 것이다. 그리스도께서 그들 안에 거하셨던 것처럼 우리 안에도 거하신다면, 우리는 그들을 움직이신 바로 그 영에 따라 움직이게 될 것이다. 따라서 우리는 참회를 통한 이 영혼의 치료제를 지금까지도 훨씬 더 간절히 갈망하게 될 것이다.

그리스도인의 연약함은 참회의 실천에 아무런 장애가 될 수 없다.

지금의 교회에 사람이 너무 많다는 사실이 우리가 이 문제에 늦장을 피우고 있는 것에 대한 변명이 될 수 없는 것처럼, 그리스도인들 가운데 연약하고 무른 사람들, 아니 사실은 그리스도인이 아닌 사람들이 너무 많다는 사실도 전혀 변명거리가 될 수 없다. 사도들과 순교자들과 거룩한 교부들의 교회에도 약하고 무른 그리스도인은 매우 많았으며, 곡식 가운데 잡초도 많았고, 양들 가운데 염소도 많았다. 하지만 그들은 참회와 권징이라는 영혼의 치료약을 성실하고 진지하게 실천하였다. 고린도전서 1장 [10절 이하], 4장 [6절 이하], 5장 [1절 이하], 6장 [1절 이하], 11장 [10절 이하], 그리고 고린도후서 12장 [20절 이하], 12장 [13장] [2절]에서 사도 바울은 다툼과 분쟁, 논쟁, 파벌과 심각한 성적 부도덕으로 인한 심각한 결함들 때문에 고린도 사람들을 비난하였다. 그리고 터툴리안과 모든 고대인들이 그랬던 것처럼, 거룩한 순교자 키프리안도 자기 백성들에게 혹독한 비난을 퍼부었.

이것을 통하여 우리는 교인의 숫자가 많다는 것도, 그리고 교인들의 대부분이 병약하다는 것도, 결코 우리가 교회 안에서 권징과 참회를 회복하기 위하여 최상의 노력을 기울이지 않는 데 대한 변명이 될 수 없다는 점을 알 게 된다. 사실 이런 요인들은 우리에게 가장 신랄한 비난과 비판을 안겨줄 뿐이다. 그리스도의 양들이 좀 더 많을수록, 그리고 그들이 좀 더 큰 상처와 부상을 입고, 그들 속에 섞여 있는 염소들 — 이 염소들 때문에 그들은 날마다 훨씬 더 많은 상처와 부상을 입게 된다 — 로 인하여 좀 더 큰 위험에 빠질수록, 모든 그리스도인들, 곧 선한 목자이신 — 양들을 돌보지 않고 내버려두지 않으시며, 특히나 영혼의 의사로 임직하신 이들은 더더욱 내버려두지 않으시는 — 우리 주 예수 안에 거하는 모든 사람들이 좀 더 관심을 갖고, 이 영혼의 치료제가 한 번 더 제대로 인정받고, 처방되고, 받아들여질 수 있도록, 최대한 성실하고 진지하게 노력을 기울여야 한다.

속세의 통치자들도 통치해야 할 사람이 너무 많을 경우에는, 공동체의 행복에 필요한 온갖 상황에서 담당자와 지도자를 편성하기 위해 훨씬 더 많은 관심을 기울이게 되어 있다. 하나님의 옛 백성은 그 숫자가 무척 많았다. 하지만 각 지파, 각 일가, 각 가구마다 자체의 통치자와 관리를 지니고 있었으며, 천 명, 백 명, 열 명을 다스릴 특별한 지휘자를 임직하였다. 모두를 돌볼 수 있도록, 그리고 모든 양들을 제대로 돌볼 수 있도록 말이다. 이렇게 세속적인 욕구도(아니, 사실은 단순한 안달일 경우가 많다. 대부분의 경우, 이것은 애석하게도 우리의 군주들이 서로 전쟁을 벌이는 원인처럼 보일 것이다)도 사람들로 하여금, 아무리 많은 사람들이 연루되어 있을지라도 모두를 돌봐주고 모든 이들의 육체적 필요를 채워주는 방향으로 일을 처리하고 조절하게 만드는데, 하물며 우리라면 그리스도인의 삶을 살고 그리스도의 가엾은 양들을 치유해야 할 영원한 필요에 훨씬 더 많이 압도되어야 하지 않겠는가?

어디까지나 옳은 말이다. 하지만 과연 어디에서 하나님의 명령을 받은, 숙련된 영혼의 의사들을 그토록 많이 찾아낼 수 있겠는가? 보편적인 의미에서 보자면 이것이 간단하고 가능한 일처럼 보일지라도, 사실은 그렇지 않다. 그에 대한 우리의 답변은 이러하다: 만일 지금 우리에게 많은 그리스도인들이 있다면, 영혼을 위한 이 치유의 직무에 적합한 사람도 분명히 많을 것이다. 주님께서 그들을 그분의 영으로 준비시켜 주실 것이며, 우리가 진심으로 간구하면 얼마든지 가능케 해주실 것이다. 하지만 만일 우리에게 그리스도인들이 별로 없다면, 영혼의 의사들도 그리 필요하지 않을 것이다. 모든 도시와 공동체에서 여러분은 공동체의 세속적인 업무를 위해 기꺼이 일하려는 사람들을 발견할 수 있을 것이다. 하물며 그리스도인들 이라면, 영혼의 구원을 위해 기꺼이 일하려는 사람들을 훨씬 더 많이 발견할 수 있지 않겠는가? 그리스도의 친교가 우리들 가운데서 한 번 더 제대로 알려지고, 그리하여 우리가 그분께 충성하길 원한다면 말이다. 또 만일 교회가 다시 한 번 합당한 질서를 되찾는다면, 이런 사람들이 그렇게 많이 필요하지도 않을 것이다.

따라서 우리 교회의 그리스도인들이 아무리 많아도 전혀 방해가 안 된다는 것은 확실하다. 오히려 이것은 상처 입은 모든 양들을 시기적절하게 돌보기 위한 준비를 갖추도록 격려해 준다. 또 그들이 심각하고 많은 상처들로 괴로워하고 있다는 것 역시 전혀 약점이 못 된다. 아무리 연약하고, 다치고, 상처 입었다 할지라도, 그들이 여전히 양으로서 그리스도의 양 우리 안에 거하기만 한다면, 그분의 음성에 귀를 기울일 것이고, 계속해서 복음에 순종할 것이다.

그러므로 앞에서 말한 대로 이 영혼의 치료제를 열심히, 적절하게 처방하고 사용하기만 한다면, 그에 따른 결과는 오직 하나밖에 없다. 이것은 그저 해롭거나 불가능한 것이 아니라, 강한 신앙심과 개심을 가져오게 될 그리스도의 역사고 명령이기 때문이다. 애석하지만, 우리 교회 안에 그리스도의 이름을 고백하는 이들이 많은 이 상황이 오래 지속되지는 않을 것이다. 자신이 저지른 공공연하고 심각한 죄 때문에 참회를 부과 받은 이들은, 우리 주 그리스도 목자의 음성에 귀를 기울이지도 않을 것이며, 교회에서 자신의 죄에 합당하고 이로운 처벌을 받아들이지도 않을 것이고, 그리스도의 양 우리에 거하지도 않을 뿐더러, 그리스도의 친교에 충실하지도 않을 것이기 때문이다.

이것은 곧 상처 입은 양들을 위한 이 치료제를 아직은 그들에게 줄 수 없으며, 먼저 주의 말씀을 통해서 그들을 그분의 양 우리, 곧 그분과의 충만한 친교와 복음에 대한 순종으로 이끌기 위하여 최선을 다해야 한다는 것을 의미한다. 여기에서 우리가 말하는 양은, 이미 그리스도의 양 우리 속에 있는, 그리고 그리스도의 말씀에 충실한, 상처 입은 양들이다. 여기에서 우리는 다음과 같은 사실에 주목해야 한다: 아직 그리스도의 친교에 충실하지 않은 사람의 경우, 일단은 앞에서 설명한 영혼 돌봄의 임무가 먼저 수행되어야 한다. 그리스도의 친교와 복음에 대한 순종에 온전히 충실할 때까지, 그런 사람에게는 아직 참회의 치료약을 처방하지 말아야 한다.

교회의 권징과 참회에 제기된 주요 반대 의견들에 관해서는 일단 이 정도로 만족하기로 하자. 그래야만 지금까지 진행해온 이

글의 결론을 내릴 수가 있다. 우리는 이것에 아주 긴 시간을 할애하였다. 그리스도인의 권징과 참회를 제대로 이해하는 사람이 아직 너무도 부족하다는 사실을 매일같이 깨닫고 있기 때문이다.

그러나 이 주제에 관한 문제는 여전히 존재한다. 많은 사람들이, 심지어는 하나님을 경외하는 이들조차도 교회에서 권징을 제거해 버린다. 그들의 주장에 따르면, 천주교의 폭력과 압제가 생겨난 것은 바로 교회의 권징과 참회 때문이라고 한다. 사실 그들은 이렇게까지 주장한다. 사제들이 모든 통치자들과 당국에 대하여 권력과 허영과 압제의 위치까지 쉽사리 오를 수 있었던 것은, 그들이 왕과 황제들과 모든 통치자들을 설득하여, 모든 일에서 그들에게 순종하고 복종하게 만들었기 때문이라고 말이다.

이에 대한 우리의 답변은 다음과 같다: 첫째, 우리는 모든 면에서 사제나 그 밖의 다른 사람들에게 복종하라고 가르치지 않는다. 우리는 오로지 그리스도와 그분의 말씀에만 순종하라고 가르친다. 만일 통치자들이 온 마음을 다해서 그분을 위해 살아가고자 한다면, 교회의 장로들이 권징을 통해서 그리스도의 직무를 수행하려는 것인지 아니면 자신에게 해를 끼치려는 것인지 금방 알 수 있을 것이다. 또한 장로들에게서 잘못을 발견했을 경우에는, 그 의도를 모른척하지 말고 가장 혹독한 처벌을 가해야 한다. 모든 영혼들이 칼을 쥔, 임직 받은 통치자들에게 순종해야 하기 때문이다. 심지어는 사형을 당할지라도 말이다: *그는 공연히 칼을 차고 있는 것이 아닙니다*[로마서 13장 4절]. 둘째, 만일 우리의 통치자들이 책임지고 장로들을 선출하고, 앞에서 설명한 대로 그것을 성령의 명령으로 받아들일 수 있으려면, 목전에 닥친 폭력이나 압제를 결코 두려워하지 말아야 한다. 물론 이 명령과 성령의 역사가 악하거나 해로운 쪽으로 이끄는 일은 결코 없을 것이다. 셋째, 사제들의 폭력과 압제가 교회의 권징과 참회 명령에서 비롯되었다는 주장은 곧 그것들을 모독하는 것과도 같다.

   사제들과 교황이 이토록 큰 권력을 얻게 된 진짜 이유를 알고 싶은가? 그 이유는 다음과 같다: 최초의 위대한 영주들, 그들 중에서도 고대 프랑크족이 가장 먼저, 또는 가장 심각하게, 우리가 공의회의 황실 법령과 규칙에서 강력하고 진지하게 설명하는 공적인 교회법에 위배되는 방식으로, 교회에 많은 재산을 부여하고, 이 재산에 대한 권력을 주교에게 넘겼다. 그리고 바로 이 주교들을 왕실로 데려감으로써, 하나님께 자신의 죄와 사악함을 보상할 수 있다고 생각하였다. 그 결과, 주교들이 막강한 남작이 되어 왕실에서 강력한 힘을 행사하게 되었으며, 엄청난 재산과 큰 권력을 축적하고자 하는 사람은 모두들 주교 관구를 획득하려고 애를 썼다. 그리고 머지않아 왕과 황제들이 돈이나 이득의 답례로, 또는 가족의 이익을 위하여, 이 주교 관구를 수여하기 시작했다. 그리하여 결국 주교 관구는 속된 군주의 영지가 되고 말았다. 이러한 성직매매는 프랑크족 왕들 사이에서 가장 먼저, 가장 노골적으로 성행하였는데, 그들은 누구보다도 먼저 주교들을 남작 지위에 임직하였다. 성 그레고리우스가 글로써 그들을 종종 비난하였던 것도 바로 이런 이유에서였다. 바로 이런 이유 때문에 그가 힐덴브레흐트 왕, 로히테른 왕(로타리우스 또는 클로타리우스로도 알려져 있다), 디트리히 왕, 디트프레흐트 왕, 그리고 브룬힐다 여왕에게 편지를 썼던 것이다. 그리고 우리는 성 그레고리우스의 서신들 가운데 여전히 이런 기록들을 갖고 있다. 그는 주후 592년에 교황이 되었다.

새 사냥꾼으로 알려진 헨리 황제를 제대로 평가하자면, 그는 실제로 그 이름을 지닌 네 번째 인물이다.

그러다가 결국엔 이 왕과 황제들의 성직매매가 너무 노골적으로 정착하고 말았다. 그들은 거의 모든 고위 성직자의 직위를 돈이나 이득의 답례로 수여했으며, 특히 독일에서 주교들이 가장 강력한 남작이 되었을 때, 이 두 개의 세력이 갈등을 빚게 되었다. 그리하여 처음에는 황제의 권위를, 그 다음에는 다른 군주들의 권위를 위태롭게 하였다. 이런 현상이 실질적으로 시작된 것은 헨리 4세 황제 때부터였다.

그레고리우스 7세 교황이 헨리 4세 황제를 어떻게 파멸시켰는가?

그레고리우스 7세 교황은 이와 같이 공공연한 성직매매의 가장 막중한 책임을 황제에게 전가시켰다. 그는 (다른 경우라면 찾지도 않았을) 일련의 섬세한 증거들을 제시함으로써, 교회에게 지정된 주교 선출권과 고위 성직자 선출권을 회복해야만 하며, 이 치명적인 성직매매와 사제들의 온갖 죄악을 처벌하고 교정할 경건한 지도자들을 임직해야 한다고 사람들을 설득하였다. 그리하여 그는 진실함 덕분에 가까스로 황제에 반하는 의견일치를 이끌어낼 수 있었다. 나머지는 여러 주교들의 엄청난 권력에 따라, 그리고 사실상 모든 사제들이 그 황제의 악행에 품은 엄청난 반감 때문에 신속히 진행되었다. 그 제국에서 독일 주교들이 지닌 권력은 지금보다 훨씬 더 강력했다.

교황의 권력이 어떻게 성장하였는가?

그렇게 능력 있고 용감하고 위대한 황제를, 교황이 자신의 자비에 매달려야 할 위치로 끌어내리는 데 성공하자, 나머지 교황들도 모두 이 교황을 뒤따라했다. 그리하여 그들은 그 당시에도 결코 약하지 않았던 외적인 능력을 훨씬 더 강하게 키워나갔다. 그리하여 마침내 그들은 온 세상의 주인을 자처하게 되었으며, 그리스도의 대리자로서, 온 나라와 권력을 마치 자기 소유처럼 마음대로 차지하게 되었다. 그리스도께서는 땅 위의 모든 것을 그 대리자의 손에 쥐어 주셨다. 따라서 그리스도의 대리자는 세상의 그 누구도 이의를 제기할 수 없는 완벽한 권한을 지녔다. 이것은 자신을 위해 이런 주장을 펼쳤던 무모한 보니페이스 8세 뿐만 아니라 다른 교황들 역시 마찬가지였다. 알렉산더 6세도 앵글족에 대해 지배력을 행사하기 시작하였다.

따라서 역사를 올바로 들여다보고 진실에 입각하여 판단하고자 하는 사람이라면 누구나 우리처럼 다음과 같은 사실을 인정해야 한다. 그러니까 이른바 사제들의 부당한 권력과 압제의 원인은 교회의 권징과 시벌 명령이 아니라 바로 다음에서 찾아야 하는 것이다.

가장 우선적이고 중요한 원인은 우리의 온갖 죄들에 대한 하나님의 응분의 진노다. 죄 때문에 우리는 우리 주 그리스도의 나라를 진실로 사랑하지 못했으며, 온 마음을 다해 그분을 전적으로 신뢰하지 못했다. 오히려 우리는 참회나 교정 없이, 그저 인간의 노력으로, 그리고 우리가 지나치게 많이 가진 것을 일부 포기함으로써, 그분께 보상하려고 했다. 원래 그분께 속한 것을 드림으로써 그분을 매수하려고 한 것이다.

두 번째 이유는 프랑크족의 왕과 황제들, 그리고 그들 이후의 다른 군주와 영주와 자산가들이 교회에 너무 많은 땅과 너무 많은 사람을 주었고, 또 주교들에게 모든 권력을 완전히 넘겨주었기 때문이다.

세 번째는 황제들이 주교들을 지나치게 강력한 존재로 만든 다음, 그들을 왕궁으로 데려와 제국의 군주로 상승시켜 주었기 때문이다.

넷째는 황제들 스스로가 성직매매에 최대한 깊이 연루되었으며, 그들 스스로 그것을 추구하였기 때문이다. 헨리 4세 황제가 어떻게 하다가 온갖 고위 성직자 직위를 판매하는 지경에까지 이르게 되었는지를 읽다 보면 정말 소름이 끼칠 정도다. 그러니 이 때문에 교황이 황실의 권위를 축소하기 시작한 것은 전혀 이상할 것도 없는 일이다. 더욱이 이 황제는 브레멘 대주교에 따라 악하고 해로운 인물로 성장하였으며, 여러 모로 커다란 골칫거리였다.

만일 그리스도인의 권징이 그대로 유지되었다면, 이른바 사제들이 이처럼 폭군이 되는 일도 결코 없었을 것이다.

만일 황제들이 교회 목회자들에 대한 자신의 권한을 제대로 유지하고 행사함으로써 자신의 직위를 성실히 지켰다면, 만일 교회의 재산을 주교들이 차지하지 못하도록 신실하고 소중한 목회자들에게 맡겼다면, 만일 성직자들을 왕궁으로 데려오지 않고, 교회의 권징을 주교들과 온 백성에게 성실히 위탁하였다면, 그렇다면 주교들도 그대로 당국에 종속된 채 자기 임무를 수행하였을 것이다. 그랬다면 그들도 옛 주교들처럼, 왕들과 강자들의 죄에도 그리스도인의 교정과 개심을 그대로 적용했을 것이다. 그리고 군주가 심히 못된 길에 빠졌을 때에도, 들과 목장, 땅과 사람들에 대한 답례로 사면해주지 않고, 테오도시우스 황제처럼, 오직 진정한 참회와 개심을 증명한 경우에만 사면하였을 것이다. 그랬다면 두 개의 직위 모두 참담한 소동에 휘말리지 않았을 것이다. 통치자들은 주교들과 영혼을 돌보는 사람들이 자신의 본래 임무를 수행하도록 유지하고 격려했을 테고, 영혼을 돌보는 사람들과 주교들 역시 통치자들에게 똑같이 했을 것이다.

황제와 왕들은 어떻게 주교들이 하나님과 그들 자신을 멸시하도록 만들었는가?

하지만 황제들 쪽에서 먼저 주교들에게 통치할 땅과 사람을 주었으며, 이 땅과 사람과 교회의 모든 재산을 다스릴 수 있는 완벽한 권한을 부여하였다. 그런 다음, 그들은 너무나도 방대해진 교회의 재산을 자신들도 만끽할 수 있도록, 또 이것이 제국뿐만 아니라 그들 자신의 영광을 위한 것이 될 수 있도록, 아니 때로는 아무런 목적도 없이, 주교들을 제국의 군주로 삼고 왕궁에, 전쟁 사업에, 그리고 아주 비열하고 악의적인 온갖 업무에 종사하도록 만들었다. 그리고 그들은 온갖 종류의 부도덕과 공공연한 성직매매와 교회의 타락에 관여하고, 심지어는 그들을 도와주고 결탁함으로써, 사본이나 단편소설 같은 작품에 상세히 설명된 그들 자신의 교회법과 완전히 상반되고 위배된 입장을 취하였다. 따라서 우리의 온갖 죄 때문에, 주님 역시 이 황제와 왕들을 거부하셨다. 그들은 그리스도교와 그들의 주님이신 그리스도를 향한 후원을 지나치게 남발하였다. 그리고 그분의 교회로부터 그 목회자들을 빼앗아 주님과 교회에 대하여 불충한 자, 위증죄와 신성모독죄를 저지른 자, 곧 하나님의 도둑과 강도, 영혼의 살인자 — 그들에게 이런 이름표를 달아준 사람은 내가 아니라 그들 자신의 영적인 법과 여러 해 전의 거룩한 교부들이다 — 가 되도록 원인과 조언과 원조를 제공하였다. 그러므로 우리 하나님은 정의로운 심판을 통해, 이른바 사제들이 황제와 왕과 그 밖의 군주와 영주들에 대해서도 불충한 자, 위증죄와 반역죄를 저지른 이가 되도록, 그리고 그들 자신을 사물화하고 제국의 토지를 훔치도록 내버려 두셨다.

그들은 자신이 왕과 황제들에게 약속했던 맹세와 의무로부터 벗어날 수 있었다. 그리고 영주들에게 맹세와 서약을 지킨 이들을 모두 추방하고, 끔찍한 시민전쟁과 참화를 불러일으켰다. 또한 그들은 왕국 전체와 공국들을 통합하고, 제국으로부터 그 제국의 주교들이 소유한 독일의 얼마 안 되는 주요 도시들을 강탈하였다. 그 도시들은 제국의 통치를 받지 않았다.

따라서 이 심각한 퇴보가 어떻게 교회에 몰아치게 되었는지를 눈여겨보는 그리스도인이라면, 사제들의 압제와 폭력과 허영의 주된 원인은 교회의 권징이 그들 곧 교회의 목회자들과 그 밖의 사람들 사이에서 완전히 쇠퇴해버렸기 때문이라는 점을 금방 알 수 있다. 사실상 악마가 모든 계층의 사람들에게 다가갈 수 있도록 문을 열어주고 그와 같은 배교와 부정으로 이끈 것은 다름 아닌 이 쇠퇴다. 그리스도의 구원의 나라가 모든 곳에서 훼방을 받으면서부터 적그리스도의 압제 역시 모든 곳에서 시작되었다.

그러므로 (그리스도인들은 그리스도의 나라가 확장되기를 그 무엇보다도 사모하고 원해야 하기 때문에, 모든 그리스도인들이 가장 심하게 억압을 받아야 하는 것처럼) 사제들의 압제 때문에 억압을 당한 사람은, 교회의 권징이 조만간 회복될 수 있기를 주님께 간구해야 한다. 그래야만 그리스도의 나라에서 진실로 섬기지 않는 사람에게는 교회의 재산과 권력을 맡기지 않게 될 것이다. 그러면 사제들이 땅과 사람의 통치는 군주와 영주들 또는 하나님이 부르신 사람에게 맡기고, 자신에게 임직된 권위를 전적으로 맡고 교회를 돌볼 것이다. 십일조와 그 밖의 정당한 옛 교회 재산은 진정 신실하고 검증된 집사들의 중개를 통해 사용될 것이다. 교회의 복된 건축을 위해, 과부와 고아와 궁핍한 이들의 생계를 위해, 이슬람교도들로부터 죄수들을 석방시키기 위해, 그리고 온갖 보편적인 욕구와 필요를 충족시키기 위해. 그리고 만일 어떤 사람이 어떤 점에서 부족하다면, 이 권징을 통해 행동을 바로잡아 주거나, 또는 교회가 곧바로 그의 업무를 수행할 것이다.

교회의 권징과 명령이 언급될 때마다 우리가 자기 권한을 축소시키려 들까봐, 그리고 새로운 사제들이 옛 사제들처럼 자기 주인이 되고 싶어할까봐 늘 두려워하는 군주들로 하여금 이것을 그리스도교적인 관점에서 고려하도록 만들자. 이 작은 책의 제2장은 그리스도의 나라에 관해 말하기를, 교회의 구석구석에는 우리 주 예수 그리스도 한 분의 권력이나 권한 말고는 그 어떤 것도 없다고 주장한다. 이것은 우리가 기쁘게 따라야 할 방침이다. 사제들이나 그 밖의 어느 누구에게도 적그리스도적인 권한의 기회를 제공해서는 안 된다.

이 항목의 설명을 너무 길게 끌어왔으므로 이제는 다음과 같이 짧게 요약하고자 한다.

상처 입은 양들, 곧 그리스도인으로서 그리스도의 양 우리에 머물면서 복음에 계속 순종하기는 하지만 의식적인 죄에 빠진 이들의 경우, 참된 회개와 삶의 교정을 통하여 그들이 다시금 건전하고 행복해지도록, 다시 말해서 참되고 거룩한 그리스도인의 삶으로 되돌아가도록 조언과 도움을 제공해야 한다.

이러한 조언과 원조는 그리스도인 모두가 서로에게 제공해야만 한다. 주 그리스도께서 온 백성에게 이러한 조언과 도움을 제공하시기 때문이다. 하지만 그 중에서도 특별히 주님께서 그분의 양들을 위해 목자와 영혼의 의사로 임직하신 이들, 예를 들면 통치자들과, 교회에서 영혼을 돌보는 이들은 좀 더 성실하게 조언과 도움을 제공해야 한다.

  통치자는 목자장이므로, 그들의 통치는 백성이 그리스도인의 삶을 살고 있는지 여부를 살피는 데 집중되어야 한다. 그리고 그것을 위하여 저마다 나름의 직무와 소명을 지닌 공동체 안에서 온갖 공헌을 하도록 격려 받아야 한다. 우리는 오직 그리스도인의 삶을 통해서만 선하고 복된 삶을 살 수가 있기 때문이다. 그리스도의 말씀을 전하는 특별한 목회와 교회의 영적인 권한을 맡은 사람은 영혼을 돌보는 사람이다. 그들은 특별히 이 직무에 임직되었으며, 하늘 열쇠의 영적인 명령을 받은 이들이다.

  죄인들에게 주어야 할 이 영혼의 치료약, 조언과 원조, 상처 입고 부상당한 양들을 제대로 싸매고 치유해주는 것은, 죄를 짓기는 했지만 여전히 교회에 순종하는 이들이 자기 죄를 상기할 수 있도록 하기 위한 것이다. 그래야만 그들이 진정으로 신앙적인 회개, 그리고 진정한 교정으로 나아갈 수 있기 때문이다.

  덜 중한 죄의 경우에는, 영혼을 돌보는 사람과 특별한 영혼의 영적 의사가 오직 말씀의 교정만으로 치유해야 한다는 것이 곧 주님의 뜻이다. 그렇지만 심각한 죄의 경우에는, 말씀을 통해 최대한 성실하게 권고함과 더불어, 육체의 자발적인 고행과 성만찬으로부터의 일시적인 추방도 함께 부과해야 한다. 그래야만 죄인들이 그런 처벌과 굴욕 때문에 좀 더 깊이 회개하고 좀 더 진지하게 삶을 바로잡기 위해 열심히 노력하도록 만들 수 있는 것이다. 그러나 자칫 그리스도인의 권징을 무서워하거나, 절망에 빠지거나, 외적인 굴욕으로 참회를 헛되이 자랑하고픈 유혹에 빠지지 않도록, 이것도 적당히 사용해야 한다.

이 조언이 그리스도의 말씀을 통해 늘 이루어져야 하는 것은, 그리스도를 통해 하늘에 계신 우리 아버지로부터 온갖 은총과 용서의 위로가 임하시지만, 그와 동시에 죄의 심각성 역시 진지하게 지적해야 하기 때문이다. 그래야만 그 죄가 제대로 인식되고 증오의 대상이 될 수 있으며, 주님의 은총과 죄의 용서가 훨씬 더 소중하게 평가되고 열렬히 요구된다. 따라서 종종 강렬한 교정이 부과되어야 하며, 말뿐만 아니라 육체적 굴욕과 처벌도 수반되어야 한다.

이것은 어디까지나 하나님이 그분의 옛 백성과 새 백성을 위하여 이것을 명령하셨기 때문이며, 예언자와 사도들과 순교자와 거룩한 교부들의 글에서 증명되는 것처럼, 그들이 그분의 명령을 제대로 지켰을 경우, 그들 가운데서 늘 그것을 유지하고 수행하셨기 때문이다. 그러므로 앞에서 인용한 본문들을 그리스도인답게 매우 성실히 고려해야만 한다.

'다시는 그것을 하지 않겠습니다!'라고 말하는 것만으로는 충분치 않은 이유

그러므로 이 장의 핵심은 바로 이것이다: 주여, 그리스도인이 되고 싶은 모든 이들이 이것을 그리스도인의 방식이라 여기게 하옵소서. 그리고 이 모든 진리와 그리스도의 본질적인 교리에 대해 오해와 의심을 품는 것보다 더 사탄을 기쁘게 하는 것은 없으므로, 우리가 주장해야 할 것이 두 가지 더 있다. 첫째는 내가 그동안 여러 차례 설명한 것이다: 중한 범죄를 저지르고서 '죄송합니다. 다시는 그러지 않겠습니다'라고 말하는 것만으로, 그 사람을 죄로부터 완전히 해방시키고 성만찬을 허락해서는 안 된다.

그러나 경건한 독자들은 내가 여러 차례 다음과 같은 조건을 덧붙였다는 사실에 주목하길 바란다: 만일 그가 진정한 회개의 증거를 전혀 보이지 않는다면. 경건한 목자와 의사는 불쌍한 죄인들이 이런 식으로 자신과 교회를 속이려 들지 않도록 반드시 확인해야 한다. 신실한 아버지와 양심적인 어머니라면 제아무리 자녀가 '더 이상 아무런 잘못도 제게 없습니다'라고 말한다고 하더라도, 이것이 진짜 사실임을 확인하지 않고서는 결코 그 말에 만족하지 않을 것이다.

물론 우리는, 정반대의 행동을 취하지 않는 한, 모두가 고백을 토대로 하여 양심 문제에 신뢰를 얻기 바란다. 좀 더 중하고 심각한 죄를 짓고서 마음속으로 '죄송합니다. 더 이상 그런 행동을 하지 않겠습니다'라고 말하는 사람은, 이 말과 함께 회개의 착실한 증거를 충분히 제공해야 한다. 그리고 매우 겸손하게, 열심으로 교회의 권징에 복종해야 한다. 자신의 참회를 통해 무엇보다도 교회를 만족시키고, 자기 죄 때문에 상처 입은 이들에게 보상할 수 있기를 바라면서 말이다.

교회는 오로지 말만 듣고 성도에게 거룩한 세례를 베풀지는 않는다. 교회는 세례를 보류하면서 한동안 그들의 삶을 검토한다.

그들이 믿는 그리스도 안에서 그들 스스로 모든 은총의 시작을 드러내고 있는지 살펴보기 위해서다. 그렇다면 교회가 행동의 증거도 요구하지 않고 오직 말만 듣고서 곧바로 성만찬을 행해야 할 이유가 어디 있겠는가? 이미 오랫동안 말과 행동으로 불신앙을 증명해 왔는데 말이다. 성만찬 예식은 세례만큼이나 거룩한 것이다. 그러므로 세례와 똑같이 매우 진지하고 참되게 거행해야 한다.

여기에서 두 번째로 주장해야 할 것은, 고대의 거룩한 교부들처럼, 나 역시 주님께서 교회에 명령하신 속박과 참회의 속박을 동일시하였다는 것이다. 경건한 그리스도인들은 그 무엇보다도 죄를 마음에 간직하고, 그 죄를 용서하거나 풀어 주지 않는다. 그러므로 교회는 중한 죄 때문에 교회에 심각한 피해를 입힌 책임이 있는 이들에게 먼저 즉각적인 참회를 통한 회개의 증거를 요구하는 것이 옳다. 그런 다음에야 비로소 그들을 용서해 주고 그리스도의 충만한 친교로 회복시켜 주는 것이 옳다. 그리고 그들이 참회를 마칠 때까지 속박해 두어야 한다. 앞에서 설명한 것처럼, 이것이야말로 그리스도의 명령과 지시에 따르는 것이다. 따라서 교회의 참회와 속죄로의 이 일시적인 속박이 주님께서 교회에게 명하신 속박에 포함되는 것은 누구라도 알 수 있다. 그리고 교회에 따른 이 속박은, 회의적이고 완고한 이들을 하늘로부터 완전히 추방하는 것, 그들을 하나님의 교회로부터 완전히 추방하고 영원한 죽음에 매는 속박뿐 아니라, 신도들을 교회의 거룩한 친교로부터 일시적으로 제외시키고 어느 정도 그들을 그리스도인의 친교로부터 추방하며 오직 일시적인 참회에만 매는 속박도 포함된다. 주여, 우리가 진리 안에서 변치 않게 하시고, 그분의 목장과 피난처에, 그분의 조언과 도우심에 제대로 참여하도록 은총을 내려 주옵소서. 아멘.

Part 10
병약한 양
병약한 양들을 어떻게 격려할 것인가?

[이사야 35장 (3절 이하)]
너희는 맥 풀린 손이 힘을 쓰게 하여라. 떨리는 무릎을 굳세게 하여라. 두려워하는 사람을 격려하여라. '굳세어라. 두려워하지 말아라. 너희의 하나님께서 복수하러 오신다. 너희를 구원하여 주신다.'

너무 짐이 많아서 사악한 이들의 손에 심히 괴롭힘을 당할 수밖에 없는 이들은, 주님께서 곁에 계시며 도우신다는 사실로 인하여 강해져야 한다.

[누가복음 22장 (31절 이하)]
주님께서 말씀하셨다: '시몬아, 시몬아, 보아라. 사탄이 밀처럼 너희를 체질하려고 너희를 손아귀에 넣기를 요구하였다. 그러나 나는 네 믿음이 꺾이지 않도록,

너를 위하여 기도하였다. 네가 다시 돌아올 때에는, 네 형제를 굳세게 하여라.'

주 그리스도께서는 모든 것이시며 모든 것을 행하신다는 신앙이 모두에게 힘을 불어넣어줄 수 있다. 베드로 자신이 쓰러졌을 때에도, 주님은 그에게 형제들을 곧바로 격려하라고 명령하셨다.

[로마서 14장 (1절)]
여러분은 믿음이 약한 이를 받아들이고, 그의 생각을 시비거리로 삼지 마십시오.

그리스도에 대한 이해가 여전히 약하고 어리석은 이들의 양심을 좀 더 나은 이해로 올바르게, 그리고 친절하게 이끌어 주어야 한다.

[데살로니가전서 5장 (14절)]
형제자매 여러분, 여러분에게 권고합니다. 무질서하게 사는 사람을 훈계하고, 마음이 약한 사람을 격려하고, 힘이 없는 사람을 도와주고, 모든 사람에게 오래 참으십시오.

어떤 사람은 제대로 질서 잡힌 삶의 측면이 병들고 약하며, 또 어떤 사람은 하나님에 대한 믿음과 희망이 병들고 약한 상태에 있다.

위의 본문들로부터 우리는 그리스도의 양들이 지닌 약점과 병이 무엇인지, 누가 어떻게 이것들을 치유하고 연약한 양들을 격려해주어야 하는지를 알게 된다. 병들고 연약한 양들의 특성은 이미 앞에서 간단히 살펴보았다. 하지만 위에서 인용한 본문들은 다음의 네 가지 약점에 관하여 이야기한다.

십자가 아래서의 약점

이것들 중 첫째는 십자가와 박해 앞에서, 또는 어떤 다른 사고나 공격 앞에서 겁을 먹고 지쳐 버린 이들의 약점이다. 이 약점은 첫 번째 본문 전체에서 이야기되고 있으며, 네 번째 본문의 '*마음이 약한 사람을 격려하고*'라는 말에서도 나타난다.

그리스도를 고백하는 데서의 약점

두 번째 약점은 그리스도께 충분히 굳세게 매달리지 않는 이들의 약점이다. 그리고 오직 그리스도 안에서만 온갖 좋은 것들을 가질 수 있다는 사실, 세상의 친절과 냉대, 이익과 손해, 기쁨과 슬픔, 명예와 굴욕이 그리스도를 고백하지 못하도록 쉽사리 꾀어내고 올바른 그리스도인의 삶을 살지 못하게 막는다는 사실을 늘 충분히 고려하지 않는 이들의 약점이다. 이 약점에 관해서는 두 번째 본문에 실려 있다.

그리스도를 이해하는 데서의 약점

세 번째 약점은 그리스도의 구원을 아직도 올바르게 이해하지 못하는 이들, 그리하여 아직도 그리스도인의 삶에 속하는 것들에 관하여 충분한 지식을 갖추지 못한 이들의 약점이다. 그들은 오히려 그리스도에 대한 신앙과 상반되는 것들에만 매달린다. 마치 모든 시간과 음식을 주님께 드릴 수 없었던 로마인들처럼 말이다. 지금 시대로 치면 일반적인 의식과 외적인 관습에만 너무 많은 관심을 기울이는 이들이 이 유형에 속한다. 이 모든 것은 우리 주 그리스도에 대한 이해가 부족한 어리석음에서 비롯된다. 이런 약점은 세 번째 본문에 묘사되어 있다.

질서 있게 사는 데서의 약점
네 번째 약점은 자신이 행하거나 허용하는 일들 속에서 주 그리스도를 충분히 굳건하게 바라보지 않는 이들, 그리고 그분의 뜻에 대한 묵상이 너무 약해서 육체의 정욕과 욕망에 쉽사리 굴복하고 마는 이들의 약점이다. 그들은 자신의 소명과 그리스도의 법에 따라 성실히 살지 않기 때문에, 어떤 사람의 이익이나 개선에도 기여하지 못하며, 오히려 무질서하게, 세속적으로, 방종한 삶을 산다.

삶의 모든 결핍은 신앙의 결핍에서 비롯된다.
이 모든 약점과 병은 하나님에 대한 신앙과 두려움에 관한 어리석음에서 비롯된다. 만일 어떤 사람이 우리 주 그리스도에 대한 신앙에 제대로 기초를 두고, 그분의 모든 말씀을 전적으로 믿고 늘 그것을 생각한다면, 온 마음으로 그분을 사랑하고, 모든 일에서 그 무엇보다도 그분을 두려워하고 존경하며, 그분을 격분케 하는 것들을 그 무엇보다도 싫어하고 멀리할 것이다. 이것 외에는 그 어떤 일도 할 수 없고, 하고 싶지도 않을 것이다. 진심으로 복음을 믿는 사람은, 오직 주 그리스도만이 우리를 악으로부터 돌아서게 하고 온갖 좋은 것들을 주심으로써 우리를 아버지께 화해시킬 수 있다는 사실, 그리고 오직 그분만이 우리를 여기에서, 그리고 영원히 심판하고 저주하실 수 있다는 사실을 결코 의심하지 않을 것이다. 우리의 본성과 존재는 우리가 최고로 희망하는 한 분을 위해 살고 그 무엇보다도 그분을 기쁘게 해드리길 원하도록 창조되었으며, 가장 위대한 힘을 지니신 분으로 인정하는 그분을 그 누구보다도 두려워하고 공경하도록 창조되었다. 따라서 순전한 그리스도인의 삶에서 놓치거나 정도를 벗어난 것들은, 그 그리스도인의 신앙이 너무도 어리석고 부족해서, 우리 주 그리스도께 어떻게 헌신해야 하는지를 충분히 알지 못하거나, 또는 필요한 만큼 진지하게 생각하지 않기 때문에 생겨나는 것이다.

예배에 관해서 여전히 잘못을 행하고 있는 사람들은 아직 그리스도를 완전히 이해하지 못한 이들이다.

예배에 관해서 여전히 잘못을 행하고, 여러 가지 외적인 의식과 관습들이 예배에 꼭 필요하다고 생각하는 사람들은, 세 번째 본문에서 이야기하는 믿음이 약한 로마인들처럼 주님께서 아무 것도 요구하시지 않는데, 그럼에도 불구하고 여전히 복음을 제대로 이해하지 못하고 있으며, 그리스도 안에서 위로가 되는 것이 무언지를 온전히 깨닫지 못하고 있다. 다시 말해서, 그분은 오직 그분의 공로로만 구원을 가져오시며, 다른 어떤 것도 그들에게 요구하지 않으신다는 사실, 따라서 그들은 이것을 굳게 믿고 인정하며, 나아가 그분께 감사하는 마음으로, 자기 이웃 역시 똑같은 신앙을 갖도록 격려하고, 그 신앙 안에 머물면서 강해지도록 최선을 다해야 한다는 사실을 말이다.

그리스도인의 삶의 모든 약점은 신앙의 약점에서 비롯된다.
하지만 십자가 아래서 지치고 겁을 먹은 사람들, 세속적인 것들에 너무 많이 끌리는 사람들, 그리하여 그리스도에 대한 자신의 고백과 이웃에 대한 유익한 봉사도 버리고, 또 그런 봉사에 반드시 필요한 권징과 거룩함도 버린 이들, 또는 이런 일에서 지치고 게을러진 사람들, 곧 첫 번째 본문과 세 번째, 네 번째 본문에 묘사된 것 같은 사람들은, 우리 주 그리스도 한 분만이 유일하게 우리가 참된 이익, 행복, 명예를 위해 바라는 모든 것을 우리를 위해 부어주시고 행하시는 분이라는 사실을, 대체로 충분히 생각하지 않는다. 참된 신앙을 가지고, 주 그리스도 한 분만이 우리가 원하는 온갖 것들을 우리를 위해 부어주시고 행하실 수 있는 유일하신 분이라는 사실을 늘 생각하는 사람은, 모든 고난도 그분의 은총을 받는 데 기여해야 한다는 사실, 그리고 그리스도를 떠나 즐기는 것과 그리스도를 모독하는 것은, 제아무리 좋아보일지라도, 모두가 영원한 죽음으로 이끄는 독약일 뿐이며, 따라서 그 어떤 고난에도 두려워하거나 겁을 먹어서는 안 된다는 사실 역시 잘 알고 생각할 것이다. 또한 세상의 그 무엇도 그에게는 너무 무섭거나 너무 유쾌한 것을 야기할 수 없고, 따라서 그것 때문에 그가 말이나 행동으로 그리스도께 고백하고 찬미하는 것을 빠뜨리거나, 게을리 하지도 않을 것이다. 비록 그가 수많은 죽음을 겪어야 하고, 이 땅의 모든 기쁨과 소유와 명예를 박탈당해야 한다 할지라도 말이다.

연약한 양들을 대체로 어떻게 격려할 수 있을까?

따라서 그리스도인의 삶의 모든 병과 약점은 신앙의 약점과 어리석음에서 비롯되며, 신앙은 하나님의 말씀에서 비롯되고, 그것에 따라 강화되고 격려 받는다. 그러므로 연약하고 병든 양들을 위한 격려는 바로 하나님의 말씀을 그들에게 성실히 설명해주는 것, 그리고 그들이 기쁘게 그것에 귀를 기울이고 그 안에서 온갖 기쁨을 누리도록 이끄는 것에 달려 있다.

그리고 주님은 거룩한 복음에 대한 올바른 이해 — 오직 거기에서만 모든 거룩함과 축복이 생겨난다 — 를 촉진시키기 위하여, 거룩한 회중과 교회의 실천을 임직하셨고, 그분의 백성에게 매우 진지하게 명령하시기를, 다른 모든 행동들을 철저한 혐오감으로 피하고, 이 회중과 교회의 실천에 진심어린 공경심으로 헌신하라고 하셨다. 약하고 어리석은 양들을 위해 해야 할 가장 중요한 일은, 교회의 회중에 최대한 성실히 참석하고, 하나님의 말씀에 열심히 귀 기울이고, 성만찬을 받고, 교회의 모든 실천을 열심히 공경할 것을 그들에게 지적해주고 경고하는 것이다.

그리고 말씀이 세속적인 걱정과 기쁨의 가시밭 — 이것은 하나님의 말씀의 씨앗을 말려 죽여 버린다 — 에 떨어지지 않도록, 그리스도의 양들은 그런 세속적인 일과 즐거움으로부터 확실히 빠져 나와야 하며, 하나님의 법 안에서 특별한 기도와 지속적인 묵상을 하도록 격려해 주어야 한다. 이것은 그들이 우리 주 예수 그리스도의 거룩한 복음을 좀 더 자유롭고 순전한 마음으로 듣고 간직하도록, 그리고 좀 더 명료하고 효과적으로 이해하도록 도와줄 것이다. 또한 온갖 계획을 세울 때마다 복음을 좀 더 고려하고, 무슨 요구를 받거나 무슨 일을 당하더라도 복음을 생각하며, 그들이 행하거나 허용하는 모든 일들을 복음과 일치하도록 지시하고 착수하게 만들어 줄 것이다.

사람들이 교회의 실천에 관해 해이해질 경우, 그들의 그리스도교적인 삶 속에서 약점을 찾아야 한다.

이것은 그리스도의 연약하고 어리석은 양들을 격려해 주는 중요하고도 일반적인 방법이다. 따라서 하나님의 교회와 거룩한 회중에 부지런히 참석하지 않고, 교회의 복된 실천과 찬양과 기도와 일반적인 자선과 성만찬 등에 대하여 다소 냉정한 태도를 보이는 그리스도인들이 있을 경우, 무엇보다 중요한 일은 바로 그런 사람들이 이 거룩한 실천에 관하여 기뻐하고 열렬해지게 만드는 것이다. 비록 아직은 특별히 무질서한 삶이나 십자가 아래서 특별히 겁먹은 모습, 또는 세상을 과대평가하고 그리스도를 과소평가하는 모습을 발견할 수 없다 할지라도, 이러한 약점은 조만간 반드시 나타날 것이며, 공격과 반대가 가해지는 순간 뛰쳐나올 게 틀림없기 때문이다. 또한 이런 사람들은 대체로 그리스도교 이해에서 이래저래 잘못을 저지르게 되어 있다. 진심으로 그리스도의 마음을 갖기를 희망하지 않기 때문이다.

그리스도의 양들이 지닌 약점의 특별한 형태와 그 정도는 앞에서 인용한 본문들 속에 암시되어 있다. 그 사도는 우리에게 무질서한 이들을 경고하고 권면하라(누세테인)고 말한다. 신앙 곧 그리스도에 대한 이해가 약한 이들은 고양시켜 주어야 하며, 무턱대고 그들의 생각과 양심을 취조해서는 안 된다.

무질서한 이들을 어떻게 격려할 수 있을까?
무질서한 삶을 살면서, 온 마음과 정성과 힘을 다해 그리스도께 매달리지 않고, 자기 이웃에 대한 사랑과 모든 신앙심과 신성함을 기르지 않는다면, 그 사람의 마음과 양심도 결코 올바를 수 없다. 따라서 그런 사람들은 하나님의 말씀을 통하여 잘못과 실수, 마음과 양심의 어리석음을 지적해 주어야 하며, 우리 주 그리스도께로 이끌고 인도해 주어야 한다. 그들이 그분께로부터 올바른 마음과 양심을 받을 수 있게 해주고, 나아가 그리스도와 무관한 온갖 이익과 온갖 즐거움과 온갖 명예는 곧 독약이며 죽음이지만 그리스도 안에서는 모든 손해가 참되고 영원한 이익이며 기쁨이며 명예라는 사실을 알고 인정할 수 있게 해주어야 하는 것이다. 비록 세상의 눈으로 보기에 걱정과 수고가 겹친 삶, 가난하고 궁핍한 삶, 연약하고 경멸 받는 삶을 살아야만 하더라도 말이다.

겁먹은 이들을 어떻게 격려할 수 있을까?
십자가와 고난이 너무 버거울 정도로 겁을 먹은 사람들은 친절하고, 위로가 되게, 신실하게, 하나님의 선하심과 그리스도의 구원을 새겨 주어야 한다. 그래야만 그들이 자신을 향한 우리 하나님의 목적이 무척이나 자애로우시며, 그분이 그들에게 보내신 온갖 고난 가운데 신실하시다는 사실을 인정하고 믿을 수 있기 때문이다. 그들은 늘 죄와 온갖 불행에 관한 생각을 만류하고, 하나님의 인자하심과 예수 그리스도의 구원으로 고양시켜 주어야 한다.

그리스도에 대한 이해가 약한 이들을 어떻게 격려할 수 있을까?

하나님의 예배에서 아직까지 잘못을 저지르고 있는 이들을 우리는 최대한 친절히 대해야 한다. 그리고 그들에게 충분한 여유를 주어야 하며, 모든 것을 설명하도록 요구하거나, 섣불리 논쟁을 요구해서도 안 된다. 그것은 오로지 그들을 혼란스럽게 만들 뿐이며, 그들이 아직 강해지지 못했다는 사실을 바꿀 수는 없다. 우리는 그들이 그리스도를 자기 구세주로 부르는 단계에 이르게 된 것을, 하나님의 교회에 남아 주님의 말씀을 듣게 된 것에 대해 하나님을 찬미해야 한다. 나아가, 우리는 주 그리스도께서 우리를 위해 홀로 고난을 당하심으로써 우리 죄의 용서를 획득하셨다는 사실, 그분이 원하시는 것은 곧 우리가 사악한 정욕과 욕망을 죽이기 위해 모든 노력과 열심을 기울이고, 하나님 찬양과 이웃 행복을 위해 삶 전체를 바치는 것이라는 사실, 우리가 그분을 온 마음으로, 진실하게 예배해야 한다는 사실, 그리고 우리의 모든 외적 활동은 언제나 우리 이웃들 안에서, 모든 신성함과 의로움 가운데 하나님을 예배하는 데 맞춰져야 한다는 사실을 염두에 두고서, 그들을 지속적으로 격려하고 격려해야 한다. 이러한 인식이 사람들 속에서 점점 자라고 나면, 그들이 여전히 잘못을 저지르게 만드는 불신의 환상들도 자동적으로 사라질 것이고, 그리스도의 교리에 대한 순전하고도 완벽한 이해를 획득할 수 있는 능력과 자격이 날마다 좀 더 커질 것이다.

주님이 바라시는 것보다는 세상에 좀 더 큰 애정을 품고 있는 이들을 어떻게 격려할 수 있을까?

세상의 친절과 냉대를 너무 과대평가한 나머지 우리 주 그리스도와 그분의 말씀을 충분히 기쁘게 받아들이고 찬미하지 않는 이들이 있을 경우, 우리는 성부께서 우리 주 그리스도께 하늘과 땅의 모든 권력과 지배권을 주셨으며, 오직 그분만이 우리에게 온갖 선한 것들을 부어주시고 온갖 악한 것들을 물리치실 수 있다는 사실, 그리고 이 세상이 아무 것도 아니며 그 자체만으로는 아무 것도 할 수 없다는 사실을 늘 분명하게 새겨 주어야 한다. 또한 그 날에 그분이 하늘에 계신 아버지와 그분의 거룩한 천사들 앞에서, 여기 이 불순한 세상에서 그분을 시인한 이들을 인정하시고, 이 세상에서 그분을 부인한 이들을 부인하시리는 사실을 말이다.

누가 연약한 양들을 격려할 수 있을까?

이런 식으로 그리스도의 연약하고 병든 양들은 격려 받고 위로 받아야 하며, 이 일은 모든 그리스도인들이 행해야 한다. 그리스도께서는 모든 지체들 안에 살아 계시기 때문에, 이 목회적 직무도 모든 지체들 안에서 수행하시기 때문이다. 하지만 영혼을 돌보는 사람은 특별히 이 목적을 위해 임직되었으므로, 다른 누구보다 먼저, 가장 성실하게, 이 영혼 돌봄의 직무를 수행하는 것이 옳다. 통치자들은 이 직무에 민감하고 열심인 영혼을 돌보는 사람들이 교회에 제공되었는지, 연약하고 어리석은 양들 속에서 이 직무를 제대로 수행하고 있는지 살펴보아야 한다. 그리고 그들을 최대한 신실하게 격려해 주어야 하며, 병들고 약한 양들을 도와주고 격려하는 이 직무를 통해서 목자장이신 그리스도를 위해 나름의 역할을 수행해야 한다. 그리고 이것은, 앞에서 말한 것처럼, 그리스도의 거룩한 복음을 통하여 사람들이 오직 우리 주 그리스도 안에서 모든 것을 추구하고 만족하도록 제대로 교육 받고 있는지를 살펴보는 일에 집중되어야 한다. 이제 영혼 돌봄의 네 번째 임무, 곧 약하고 병든 양들을 격려해 주는 방법에 대해서는 이쯤 해 두기로 하자.

Part 11
건강한 양
건강하고 힘센 양들은 어떻게 인도하고 먹일 것인가?

[요한복음 21장 (13~17절)]
'요한의 아들 시몬아, 네가 이 사람들보다 나를 더 사랑하느냐?' 베드로가 대답하였다. '주님, 그렇습니다. 내가 주님을 사랑하는 줄을 주님께서 아십니다.' 예수께서 그에게 말씀하셨다. '내 어린 양 떼를 먹여라.' 예수께서 두 번째로 그에게 물으셨다. '요한의 아들 시몬아, 네가 나를 사랑하느냐?' 베드로가 대답하였다. '주님, 그렇습니다. 내가 주님을 사랑하는 줄을 주님께서 아십니다.' 예수께서 그에게 말씀하셨다. '내 양 떼를 쳐라.' 예수께서 세 번째로 물으셨다. '요한의 아들 시몬아, 네가 나를 사랑하느냐?' 그 때에 베드로는, [예수께서] '네가 나를 사랑하느냐?' 하고 세 번이나 물으시므로, 불안해서 '주님, 주님께서는 모든 것을 아십니다. 그러므로 내가 주님을 사랑하는 줄을 주님께서 아십니다' 하고 대답하였다. 예수께서 그에게 말씀하셨다. '내 양 떼를 먹여라.'

그리스도의 양들을 먹이고 인도해야 하며, 그들 특유의 걱정거리와 모든 필요에 주의를 기울여야 한다. 그리고 그 양들을 온갖 해악으로부터 보호해 주어야 한다. 이 일을 통해서 우리 주 그리스도의 사랑이 가장 잘 드러날 수 있도록 말이다.

[베드로전서 5장 (1~4절)]
나는 여러분 가운데 장로로 있는 이들에게, 같은 장로로서, 또한 그리스도의 고난의 증인이요 앞으로 나타날 영광을 함께 누릴 사람으로서 권면합니다. 여러분 가운데 있는 하나님의 양 떼를 먹이십시오. 억지로 할 것이 아니라, 하나님의 뜻을 따라 자진하여 하고, 더러운 이익을 탐하여 할 것이 아니라, 기쁜 마음으로 하십시오. 여러분은 여러분이 맡은 사람들을 지배하려고 하지 말고, 양 떼의 모범이 되십시오. 그러면 목자장이 나타나실 때에 변하지 않는 영광의 면류관을 얻을 것입니다.

장로들은 그리스도의 어린 양들을 부지런히, 탐욕 때문이 아니라 자진해서, 온유하고 친절하게 돌보고 먹여야 한다. 그리고 양 떼 위에 군림하는 주인이 아니라 그리스도의 종으로서 좋은 본을 보여야 한다.

[사도행전 20장 (18~21절)]
여러분은, 내가 아시아에 발을 들여놓은 첫날부터, 여러분과 함께 그 모든 시간을 어떻게 지내왔는지를 잘 아십니다. 나는 겸손과 많은 눈물로, 주님을 섬겼습니다. 그러는 가운데 나는 또, 유대 사람들의 음모로 내게 덮친 온갖 시련을 겪었습니다. 나는 또한 유익한 것이면 빼놓지 않고 여러분에게 전하고, 공중 앞에 서나 각 집에서 여러분을 가르쳤습니다. 나는 유대 사람에게나 그리스 사람에게나 똑같이, 회개하고 하나님께로 돌아올 것과 우리 주 예수를 믿을 것을, 엄숙히 증언하였습니다.

그리스도의 양들을 제대로 먹이기 위해서는, 일반적인 교육과 증언, 하나님을 향한 특별한 회개와 그리스도에 대한 신앙 등 도움이 될 만한 모든 것들을 가장 확고한 열의를 가지고 신실하게 선언해야 한다.

[사도행전 20장 (26~28절)]
그러므로 나는 오늘 여러분에게 엄숙하게 증언합니다. 여러분 가운데서 누가 구원을 받지 못하는 일이 있더라도, 내게는 아무런 책임이 없습니다. 그것은, 내가 주저하지 않고 여러분들에게 하나님의 모든 경륜을 전해 주었기 때문입니다. 여러분은 자기 자신을 잘 살피고 양 떼를 잘 보살피십시오. 성령이 여러분을 양 떼 가운데에 감독으로 세우셔서, 하나님께서 자기 아들의 피로 사신 교회를 돌보게 하셨습니다.

그리스도의 양떼를 먹이는 목자는 하나님의 모든 계획을 하나도 보류하지 않고 신실하게 선포해야 한다. 그리고 늑대가 쳐들어오지 못하도록 최대한 용감하게 양떼를 지켜야 한다.

[데살로니가전서 2장 (5~12절)]
여러분이 아는 내로, 우리는 어느 때든지, 아첨하는 말을 한 일이 없고, 구실을 꾸며서 탐욕을 부린 일도 없습니다. 이 일은 하나님께서 증언하여 주십니다. 우리는 또한, 여러분에게서든 다른 사람에게서든, 사람에게서는 영광을 구한 일이 없습니다. 물론 우리는 그리스도의 사도로서, 권위를 주장할 수도 있었습니다. 그러나 우리는 여러분 가운데서, 마치 어머니가 자기 자녀를 돌보듯이 유순하게 처신하였습니다. 우리는 이처럼 여러분을 사모하여, 여러분에게 하나님의 복음을 나누어 줄 뿐만 아니라, 우리 목숨까지도 기쁘게 내줄 생각이었습니다. 그것은 여러분이 우리에게 사랑을 받는 사람이 되었기 때문입니다. 형제자매 여러분, 여러

분은 우리의 수고와 고생을 기억하고 있을 것입니다. 우리는 여러분 가운데 아무에게도 폐를 끼치지 아니하려고, 밤낮으로 일을 하면서 하나님의 복음을 여러분에게 전파하였습니다. 또, 신도 여러분을 대할 때에, 우리가 얼마나 경건하고 올바르고 흠 잡힐 데가 없이 처신하였는지는, 여러분이 증언하고, 또 하나님께서도 증언하십니다. 여러분이 아는 바와 같이, 아버지가 자기 자녀에게 하듯이, 우리는 여러분 하나하나를 대합니다. 우리는 여러분을 권면하고 격려하고 경고합니다마는, 그것은 여러분을 부르셔서 주님의 나라와 영광에 이르게 하시는 하나님께 합당하게 살아가게 하려는 것입니다.

경건한 목자는 자신과 그리스도의 진리가 사람들 맘에 들도록 무엇이든지 행하고 견뎌야 한다. 그들은 어린 자녀를 돌보는 어머니, 유모와도 같아야 하며, 아들을 위로하고 경고하고 증언하는 아버지와도 같아야 한다. 그래야만 자녀들이 신성한 소명과 일치하게 살 수가 있다.

[고린도전서 5장 (2절)]
그런데도 여러분은 교만해져 있습니다. 오히려 여러분은 그러한 현상을 통탄하고, 그러한 일을 저지른 이를 여러분 가운데서 제거했어야 하지 않았겠습니까?

사악한 염소나 더러운 양들은 부지런히, 신속하게, 친교로부터 내쫓아야 한다. 건강한 양들이 그들 때문에 타락하는 일이 안 생기도록 하기 위해서다.

[고린도전서 5장 (6~7a절)]
여러분이 자랑하는 것은 좋지 않습니다. 여러분은 적은 누룩이 온 반죽을 부풀게 한다는 것을 알지 못합니까? 여러분은 새 반죽이 되기 위해서, 묵은 누룩을 깨끗

이 치우십시오. 사실 여러분은 누룩이 들지 않은 사람들입니다.

[고린도전서 5장 (11~13절)]
그러나 이제 내가 여러분에게 사귀지 말라고 쓰는 것은, 신도라 하는 어떤 사람이 음행하는 사람이거나, 탐욕을 부리는 사람이거나, 우상을 숭배하는 사람이거나, 사람을 중상하는 사람이거나, 술 취하는 사람이거나, 약탈하는 사람이면, 그런 사람과는 함께 먹지도 말라는 말입니다. 밖에 있는 사람들을 심판하는 것이, 나에게 무슨 상관이 있습니까? 여러분이 심판해야 할 사람들은 안에 있는 사람들이 아니겠습니까? 밖에 있는 사람들은 하나님께서 심판하실 것입니다. '여러분은 그 악한 사람을 여러분 가운데서 내쫓으십시오.'

어떤 양이 건강한 양인가?

위에서 말한 건강하고 힘센 양은 어떤 양을 말하는 것일까. 비록 온갖 결함과 약점으로부터 자유로운 사람은 아무도 없겠지만, 하나님의 교회 안에 머물면서, 교회의 거룩한 실천과 그리스도인의 삶을 성실하게 열심히 사는 모습을 보여주고 하나님에 대한 두려움 속에서 사는 사람이 건강하고 힘센 양으로 묘사된다.

영혼을 돌보는 사람은 건강한 양들을 인도하는 이 직무를 일반적으로, 그리고 특별히, 어떻게 수행해야 하는가?

이들을 인도하고 먹여야 한다. 곧 온갖 위해로부터 보호해 주고, 주님이 명하신 대로 적당하게, 그리고 질서 있게, 모든 필요를 채워 줘야 하는 것이다. 주님의 모든 지체들은, 저마다 그 소명과 능력에 따라 주님의 이 직무를 수행해야 한다. 이미 앞에서 우리가 주님의 목회의 다른 임무들에 관하여 설명한 것처럼 말이다.

그리스도인은 저마다 힘자라는 데까지 서로를 돕고 조언해 주어야 한다. 그래야 모든 악한 것들로부터 보호받고 모든 선한 것들을 제공받을 수 있다. 그러나 주로 이것에 집중하는 사람은 가족의 아버지, 도제의 스승, 그리고 무엇보다도 국가의 통치자처럼 다른 사람들에 대한 권한을 어느 정도 지닌 사람들이다. 하지만 우리는 여기에서 특별히 교회 목회자들이 수행해야 할 영혼 돌봄과 영적인 목회직의 직무를 다루고 있으므로, 교회의 장로들이 수행해야 할 인도와 먹임에 관한 본문들만 인용하였다. 성 베드로와 성 바울 역시 바로 이런 사람이었고, 그들이 두 번째와 세 번째 본문에서 이 임무에 관하여 훈계했던 대상들도 마찬가지였다.

위의 본문들을 정확히 들여다보면, 이 목회에 필요한 모든 것들, 그리고 이것을 제대로 수행하는 방법을 아주 분명하게 알 수 있다. 첫째, 우리는 여기에서 이 인도와 먹임의 목표와 목적이 무엇인지를 알 수 있다. 둘째, 어떻게, 그리고 어떤 방법으로 이 목표와 목적에 도달하고 성취할 수 있는지를 알 수 있다. 셋째, 이 임무를 잘 수행하고 의도했던 목적을 성취하기 위해서는 어떻게 영혼의 목자와 영혼을 돌보는 사람들을 준비시켜야 하는지를 알 수 있다. 넷째, 어떤 동기가 그들을 이것으로 몰고 이것에 관여하게 만드는지 알 수 있다.

그리스도의 양들을 올바르게 먹이는 것이 목표

이 임무에 관한 모든 것은 그 목표와 목적의 관점에서 보인다. 그러므로 우리는 무엇보다도 먼저 이 목표와 목적을 검토해야 한다. 이 목표와 목적은 네 개의 본문들 모두에 충분히 설명되어 있지만, 사도 바울은 네 번째 〔다섯 번째〕 본문에서 *우리를 부르셔서 주님의 나라와 영광에 이르게 하시는 하나님의 은총과 부르심*에 따라 살아가는 것에 관해 이야기함으로써, 좀 더 분명하고 명확한 언어로 설명한다. 이것이 바로 그리스도의 양들을 인도하고 먹이는 것의 목표이고 목적이기 때문이다: 그들은 그리스도 안에 머물고 양성되어야 하며, 그들을 주님의 나라와 영광으로 부르신 하나님의 은총에 따라 살아야 한다. 다시 말해서 그들은 하나님의 자녀로서, 하늘나라의 일원으로서, 아무 잘못도 결함도 없이, 전적인 거룩함과 의로움 속에서, 죄 없이, 온갖 선한 일들의 열매를 가득 안고서 살아가야 한다. 하나님의 자녀와 그리스도의 지체에 어울리게 말이다.

이 목표와 목적을 달성하기 위해 성실히 그리스도의 양들을 먹이길 원하는 영혼을 돌보는 사람이라면 이 모든 사실을 곧바로 인정할 것이다. 그리고 이것을 제대로, 효과적으로 수행하기 위하여 올바른 지식과 절제를 사용할 것이다. 그리하여 그리스도의 양들을 효과적으로 보살핌으로써, 그들이 모든 면에서 철저한 그리스도인의 삶을 살도록 보호하고 인도할 뿐만 아니라, 계속해서 성장하고 증가할 수 있게 도울 것이다. 따라서 이것은 그리스도인을 먹이는 목표와 목적의 첫 번째 측면이다. 그리고 두 번째 요점인, 이 목적을 어떻게 성취할 것인가 역시, 첫 번째 요점으로부터 배울 수 있다.

신앙의 특징과 본질

주님의 나라와 영광을 위해 그분의 은혜로우신 부르심에 따라 사는 것은, 우리 주 예수 그리스도에 대한 참되고 열렬한 신앙을 갖는 데 전적으로 달려 있다. 이미 살펴본 바와 같이, 바로 이 신앙으로부터 모든 규율과 인내와 사랑과 온전한 그리스도인의 삶과 선한 일들이 성장하고 번성한다. 이 신앙이 우리 안에서 열렬하고 활발하게 불타오르면, 우리의 총체적인 본질과 능력과 행동에 관한 한 우리가 하나님의 진노와 냉대 아래 있다는 사실을 깨닫고 철저히 주목해야 할 것이다. 이 모든 것들 가운데 우리 창조주 하나님께, 그리고 우리와 모든 창조물의 영원한 선에 완강히 반대하면서 영원히 살고 있는 사람들, 그리하여 하나님으로부터 영원히 거부당하고 저주받는 사람들처럼 말이다. 하지만 우리 주 예수 그리스도의 속죄와 공로로, 그분 곧 하늘에 계신 우리 아버지께서는, 자비롭게 용서하기를 원하시며, 그분의 뜻(언제나 선하신)에 대한 이 모든 완고함을, 그리고 이 사악한 뿌리에서 튀어나와 날마다 자라나는 이 엄청난 사악함과 죄와 온갖 범죄를 더 이상 생각지 않으려 하신다. 또한 그분은 우리에게 그분의 영을, 이해와 선한 의지를 부어주심으로써, 우리가 늘 새롭고 거룩한 삶을 고대하고 분발하게 하고자 하신다. 그리고 우리를 통해 그분의 거룩한 이름이 찬양받고 그분의 나라가 확장될 수 있도록, 앞으로 우리에게 무엇이 닥치든지, 달든지 쓰든지, 선하든지 악하든지, 그분은 모든 것들이 우리의 몸과 영혼에 유익하게 작용하도록 하실 것이다.

따라서 우리는 자기 자신의 타락한 본성, 자신의 그릇된 생각과 정욕과 욕망을 철저히 불쾌해하고, 대신 우리 주 그리스도 안에서 온갖 기쁨과 위로와 확신을 가져야 한다. 이 믿음을 통해 그분이 우리 안에 사시고 우리가 그분 안에 거하기 때문이다. 그리고 그분의 영이 우리를 인도하셔서, 우리가 선천적이고 어리석고 사악한 온갖 욕망과 정욕과 계획을 영원히 억제하고 처형시키기를 원하고 그 일에 착수할 수 있도록 하시며, 전 생애를 참된 사랑으로 이웃에게 봉사하고 그리스도를 찬미하도록 준비시키고 헌신할 수 있게 해주시기 때문이다.

이렇게 그리스도교적이고 거룩한 삶은 어디까지나 주 그리스도에 대한 참되고 열렬한 신앙에서 흘러나오는 것이다. 따라서 그리스도인들이 자기가 받은 은총과 소명에 따라 살도록, 곧 그들이 진정으로 그리스도인의 삶을 살도록 보호하고 인도하고 격려해주려면, 그 무엇보다도 먼저 그들이 신앙 가운데 건강한가, 그리고 그들의 모든 계획과 결정과 행동이 그리스도에 대한 신앙과 생생한 지식으로부터 비롯된 것인가를 확인해야 한다. 또한 그리스도께서 우리를 위해 무엇이 되셨고 무엇을 하셨으며 무엇을 주셨는지, 그리고 앞으로 무엇이 되시고 무엇을 하시며 무엇을 주실 것인지에 관해서 그들이 늘 충분히 고려하고 있는지를 확인해야 한다. 따라서 사도 바울은 신도들이 그리스도인의 삶 속에서 발전하기를 간구할 때, 그들이 성장하고 강해져서 영적인 지혜, 계시와 지식, 계몽, 이해와 통찰이 가득 차게 되기를 늘 기도한다. 그리스도께서 우리를 위해 획득하신 희망과 풍요로운 유산이 무엇인지, 그리고 나아가 하나님을 기쁘시게 하는 것이 무엇인지, 진실로 유용하고 선한 것이 무엇인지를 그들이 인식하고, 느끼고, 결론지을 수 있도록 말이다. 그리하여 그들이 죄 없이, 온갖 의의 열매로 가득 차서, 자신의 소명과 주님을 향한 찬미에 합당하게 살 수 있도록 말이다. 에베소서 1장 [16절 이하], 빌립보서 1장 [9절 이하], 골로새서 1장 [9절 이하]. 일단 하나님의 말씀을 들음으로써 *믿음이 생긴*[로마서 10장 17절] 다음에는, 그 믿음이 자라고 강해질 것이다. 그러므로 우리는 참된 영혼의 돌봄과 올바른 먹임의 목표와 목적을 살펴봄으로써 다음과 같은 두 번째 요점을 깨닫게 된다: 어떻게 이 목표에 도달하고 이 목적을 달성할 수 있는가. 이것은 그리스도의 건강한 양들이 거룩한 복음 안에서 훨씬 더 완전하게 가르침을 받을 수 있도록, 경건한 영혼을 돌보는 사람들이 최선을 다할 수 있게 도와주는 것이다. 또한 그리스도에 대한 신도들의 지식이 자라나고 점점 더 강해지도록, 가르침과 훈계와 설득과 그 밖의 것들을 통하여 하나님의 모든 계획을 늘 성실히 선포할 수 있게 도와주는 것이다.

그리고 이 임무를 그리스도의 양들 가운데서 좀 더 제대로 달성하기 위하여, 그 양들이 모든 세속적이고 육체적인 일들로부터 모든 영적이고 거룩한 행동과 활동들로 돌아서도록, 최대한 성실하고 진지하게 격려하고 이끌고 재촉해야 한다. 이와 관련하여 우리는 세 번째와 다섯 번째 본문에서 사도 바울의 모범을 발견하게 된다. 그는 조금이라도 도움이 되는 것은 절대로 먹이지 말라고 명령하신 그리스도의 양들로부터 물러섰다. 그리고 하나님의 충고를 그들에게 모두 선포하였으며, 온 회중 앞에서, 그리고 각 가정에서 개별적으로 그들을 가르치고, 위로하고, 훈계하고, 설득하였다. 이러한 가르침은 하나님의 일을 올바르게[누세테인] 이해함으로써 그리스도인이 되고 그리스도인의 삶을 살 수 있도록 격려하는 데 필요한 모든 것들을 두루 포함하는 교육의 형태다. 죄의 확신은 신앙심을 가장 열렬하게 찾아줄 수 있는 가장 진지한 훈계다. 이것이 바로 사도 바울이 밤낮 끊임없이 눈물로 애썼던 것이다. 그는 온 힘을 다해, 온갖 노력과 수고를 기울여, 그들에게 하나님에 대한 회개와 우리 주 예수에 대한 신앙을 가르치는 일에 헌신함으로써 그 열의와 관심을 증명하였다.

그리스도의 교리는 설교단뿐만 아니라 가정에서도, 그리고 저마다 개별적으로도 선포되어야 한다.

하지만 이 문제에서 특별히 주목해야 할 점은, 세 번째 본문과 다섯 번째 본문에 나타난 바울의 본을 받아서, 교회의 공적인 모임뿐만 아니라 가정에서도, 그리고 저마다 개별적으로도 그리스도의 교리를 성실히 선포해야 한다는 것이다. 세 번째 본문에서 그는 다음과 같이 말한다: *나는 또한 유익한 것이면 빼놓지 않고 여러분에게 전하고, 공중 앞에서나(데모시아) 각 집에서(카트 오이쿠스) 여러분을 가르쳤습니다.* 그런 다음에는 이와 같이 말한다: *내가 삼 년 동안 밤낮 쉬지 않고 각 사람을 눈물로 훈계하던 것을 기억하십시오.* 그리고 다섯 번째 본문에서는 이와 같이 말한다: *아버지가 자기 자녀에게 하듯이, 우리는 여러분 하나하나를 대합니다.* 거룩한 복음의 교리는 영원한 구원의 교리다. 하지만 우리는 타락한 본성 때문에 다음과 같은 사실을 깨닫는 것이 무엇보다도 어렵고 골치 아프다: 곧 이 교리가 어째서 그 누구라도 사용할 수 있는, 가장 신실하고 열성적이고 지속적인 가르침과 교훈과 훈계를 필요로 하는지 말이다. 하지만 그 밖의 교훈과 훈계는 개별적으로 받을 수 있다는 사실을 모두가 충분히 잘 알고 있다.

바로 이 때문에 그리스도의 교리와 훈계를 회중과 설교단에만 제한시킬 수 없다. 공적인 모임에서 배운 것과 훈계는 그저 보편적인 적용으로만 간주하고 자기 자신보다는 남에게 적용시키려는 사람이 너무 많기 때문이다. 따라서 반드시 자기 집에서도 개별적으로, 그리스도 안에서, 가르침과 인도를 받아야 한다. 바로 그런 이유 때문에 교회가 주 그리스도 안에 있는 사람들 저마다에게 회개와 신앙을 가르치는 개별적인 접근을 유지함으로써 지혜롭게 행동했던 것이다. 그리고 공적이고 보편적인 설교뿐만 아니라 이 집에서 저 집으로, 저마다 개별적으로 하는 설교에 이르기까지, 언제 어디서나 그리스도의 목회자들이 그리스도의 교리를 시행하고 선포하지 못하도록 방해하는 이들은, 성령을 거역하고 교회 개혁에 반항한다. 사도 바울의 경우 이것이 성령의 역사였다는 것은 틀림없는 사실이다: 이렇게 바울을 통하여 성령이 그분의 교회를 개혁하기 위해 역사하셨다면, 부르심과 명령을 받은 다른 모든 도구들을 통해서도 역사하시지 않을 이유가 어디 있겠는가?

하지만 우리의 불충실하고 제멋대로인 육체는, 사실 그리스도의 교리를 전혀 견뎌내지 못하면서도, 늘 그리스도의 제자가 되기를 바라는 것 같은 인상을 주려고 한다. 그리스도의 교리가 적용할 수도 있고 안 할 수도 있는 보편적인 진술로 남는 것을 좋아하는 이유도 바로 그 때문이다. 하지만 그리스도의 영은 결코 그대로 내버려 두시지 않는다. 그분은 신실한 교사시므로, 제자들을 모든 진리로 이끄실 때까지 결코 포기하지 않으신다. 그분은 이 집에서 저 집으로, 이 사람에게서 저 사람에게로 다니시며, 공적이고 보편적인 설교를 통해 그분의 교훈이 얼마나 받아들여졌는지, 그들이 그것들을 통해 무엇을 깨달았는지 살피신다. 그리고 그분의 제자들이 이해한 것과 못한 것이 무엇인지를 점검하신다. 그것은 그분이 늘 교회 안에서 행하신 실천이었다. 그러므로 그것을 좋아하지 않거나 재도입하지 않으려는 자는, 성령이 그분의 교회를 제대로 가르치시기를, 또 주님께서 그러시마고 약속하신 것처럼 참된 후원자와 스승이 되시는 것을 원치 않는 자다. 바울은 데살로니가인들에게 편지하기를, 자신이 그들 저마다에게 경고한 것이 마치 아버지와 같은 것이라고 말한다. 우리는 이와 같이 목회자를 주님께 간구해야 한다. 그리고 가능하다면 어디서든지, 그런 목회를 재도입하고 격려해야 한다. 정말로 우리가 그리스도인이고 그분의 영에 따라 인도를 받는다면, 이것 역시 우리가 최대한 성실하게 행해야 할 일이다.

    따라서 이것은 우리가 그리스도의 양들을 제대로 먹이고 인도하고자 할 경우 그들을 위해 반드시 해야 할 일이다. 곧 그들이 받은 소명과 은총에 따라 살 수 있도록 올바르게 인도하고 격려해 주어야 하는 것이다. 우리는 최대한 성실하고 진지하게 그들을 다루기 위해 갖은 노력을 다하고, 모든 것을 떠안고, 그리고 수행해야 한다. 보편적으로, 그리고 특별히 그들 가정에서 개별적으로. 그래야만 그들이 그리스도에 대한 신앙과 지식 가운데 지속적으로 자라나고 강해지도록 격려해 줄 수 있으며, 그 유일한 길을 따르지 못하도록 방해하거나 떼어놓는 것들은 전부 그들로부터 제거할 수 있기 때문이다.

거짓 염소들의 추방과 분리에 관하여

이것의 결과를 하나 더 들자면, 그리스도의 건강한 양들, 곧 그리스도의 목장에 머물기로 작정한 양들이 자초할 수도 있는 방해와 범죄를 막아내고 보호해야 할 뿐만 아니라, 불결한 양들과 임시로 양의 탈을 쓰고 변장한 거짓 염소들에게 공격을 당할 수 있는 이들도 보호해야 한다는 것이다. 이것이 바로 마지막 세 본문의 주제다.

올바른 회중들이 있는 곳에서는 결코 어떤 나쁜 예도 용인해서는 안 된다. *적은 누룩이 반죽 전체를 부풀게 합니다*[갈라디아서 5장 9절]. 한 마리의 불결한 양이 금세 온 무리를 감염시킨다. 이 때문에 주님 역시 신명기 13장 [2절 이하], 17장 [2절 이하], 그리고 그 밖의 곳들에서 사악하고 부도덕한 이들은 하나님의 백성으로부터 제거하고 쫓아내야 한다고 매우 엄하게 명령하셨다. 그분은 또 이것을 온 백성에게 가르치셨다. 제대로 질서가 잡혀 있는, 또는 잡혀 있었던 도시와 가족과 그 밖의 올바른 공동체에서는, 정직하고 부지런하고 품위 있고 명예로운 생활을 함으로써 그 공동체의 규칙을 따르지 않는 이들을 용인하지 않고 추방한다. 어느 정도 개선의 여지가 보이면 임시로 추방하고, 전혀 개선의 여지가 없거나 또는 죄가 너무 커서 매우 엄격한 처벌이 요구될 때에는 영원히 추방한다. 만일 그들의 사악함이 너무 심각한 경우에는, 인간 사회로부터 완전히 제거하고 사형에 처한다. 우리는 언제나 선보다는 악을 추구하는 일에 좀 더 끌리게 된다. 따라서 우리 앞에 나쁜 본보기가 주어질 때마다 반드시 엄청난 문제에 휘말리게 된다. 하지만 경건한 목자들은 그리스도의 양들로부터 온갖 죄들을 멸하고 물리치기 위해 힘닿는 데까지 성실하게 노력해야 한다.

추방해야 할 이들

바로 이 때문에, 경건한 목자는 공적으로나 개별적으로 독실한 삶을 살도록 신실한 가르침과 훈계와 설득을 성실히 수행해야 한다. 또 건강한 양들을 올바른 길로 인도하고 먹이기 위해서는, 교회의 말에 귀 기울이길 거부하는 이들이 회중에게 접근하지 못하도록 영혼을 돌보는 사람들이 회중을 위하여 최선을 다해야 한다. 회중의 이름으로 자신의 길을 회개하고 바로잡으며 선한 것을 추구하라는 경고를 받은 후에도, 여전히 무질서한 삶을 지속하길 원하고, 자신의 소명에 따라 선을 행하며 거룩한 복음에 순종하여 처신하고 그리스도인의 삶을 살지 않고, 오히려 심각한 죄와 정욕에 빠져 회개하기를 거부하고 반항적이며 패거리와 분파를 만들어 내는 이들이 회중에게 접근하지 못하게 해야 한다.

마태복음 18장 [17절]의 하나님 말씀이 분명히 보여주는 것처럼, 이런 이들은 모두 회중으로부터 추방해야 한다: *그를 이방 사람이나 세리와 같이 여겨라.* 그런 사람과는 함께 먹지도 말아라, [고린도전서 5장 11절]. 그와 사귀지 마십시오, [데살로니가후서 3장 14절]. 하나님의 말씀과 교리가 가능하지 않거나, 유용하지 않거나, 선하지 않거나, 유익하지 않은 것을 가르치고 지시하는 것은 있을 수 없는 일이다.

추방당한 이들을 어떻게 대해야 하는가?

하지만 추방당한 이들은 신중하게 대해야 한다. 만일 회개할 가망이 있다면, 비록 추방당한 사람일지라도, 회개하라고 훈계할 수 있는 기회를 절대 놓치지 말아야 한다. 마치 목자가 건강한 양들에게서 분리시켜 놓은 불결한 양을 그 곧바로 거부하지 않고 일단 온갖 치유를 다 시도해 보는 것처럼 말이다. 하지만 결코 그들을 건강한 양들 가운데 내버려 두지 않고 특별한 장소에서 그 양들에게 이 약을 준다.

죄를 지었으나 자기 행동을 바로잡고자 하지 않는 이들의 참회와 굴욕을 위한 추방의 문제는, 상처 입은 양들을 어떻게 치유할 것인가 라는 장의 세 번째 요점에서 이미 다룬 문제다. 하지만 행실을 고치라는 훈계를 무시하는 이들의 경우, 임시로 추방할 게 아니라 완전히 추방해야만 한다. 우리는 성령께서 그들을 인도해 주시기를 기도하고, 또 만일 가능성이 느껴질 경우에는, 그들에게 회개하라고 거듭 간청할 수 있다. 하지만 그렇지 않을 경우에는 결코 그들과 관계를 맺지 말아야 하며, 우리가 그들의 부도덕함을 얼마나 심히 저주하고 혐오하는지, 그리스도인의 엄격함을 확실하게 보여 주어야 한다.

그러나 우리는 하늘에 계신 우리 아버지를 닮아야 하며, 원수까지도 포함하여 모든 사람들에게 친절을 베풀어야 한다. 그리고 모든 악의 원수이신 하나님이 사악하고 부정하고 은혜를 모르는(마태복음 5장 45절) 이들에게까지 똑같이 해를 떠오르게 하시고 비를 내려 주시는 것처럼, 그리고 그들에게 몸의 유지와 이 삶에 필요한 모든 것들을 풍요롭게 채워주시는 것처럼, 그분의 자녀인 우리 역시, 이 세상의 사악한 이들 사이에서 사는 한, 그들의 행복에 필요한 선한 행위를 결코 보류하거나 거절해서는 안 된다. 하지만 어디까지나 그들의 부도덕한 행동과는 거리를 두어야 한다. 그리고 그들과 친밀한 관계를 맺지 않음으로써, 우리가 그들의 부도덕한 행동에 상당한 불만과 혐오감을 품고 있음을 분명히 드러내고 증명해야 한다. 그리하여 그들이 그리스도와의 친교를 거부했기 때문에, 우리도 그들과 관계 맺기를 원치 않으며 그들의 요구를 채워줄 수도 없다는 사실을 입증해야 한다.

이러한 추방은 민사상의 관계나 선천적인 관계를 방해하지 않는다.

여러분은 그들과 사귀지 마십시오, 또는 함께 먹지도 마십시오 (고린도전서 5장 11절). 여기에서 거룩한 사도가 원하는 것은 오로지 먹거나 다른 활동들을 통한 자발적인 관계만을 금지하는 것이다. 본능의 보편적인 욕구에 따라 필요한 것, 국적이나 가족 관계를 금한 게 결코 아니다.

따라서 고결한 사람들은 무절제한 품행 때문에 불명예스러운 오점과 관계를 더럽히는 이들과 실질적인 우정을 맺는 것을 모두 버리고 피해야 한다. 그렇지만 그런 고결한 사람들과 친척들이라도, 민간 사회와 보편적인 인간 욕구가 필요로 하는 경우에는 기피하는 이들과도 교제해야 하며, 당국이 보편적으로 요구하는 일들을 할 때에도 그들과 함께 해야 한다. 비록 그것이 그들과 함께 먹고, 다른 일들을 처리하고, 만들고, 사고팔고, 필요할 경우에는 그들을 돕는 것을 의미한다 할지라도 말이다. 하지만 그렇다고 해서 그들과 다정한 관계를 맺거나 유지하지는 않는다. 그들의 모임을 피하고, 그들의 무절제하고 불명예스러운 방식을 전적으로 부인하고 불쾌하게 여긴다. 그리스도인은 하나님의 교회로부터 추방당한 이들을 이와 같이 대해야 한다. 만일 그리스도인이 교회에서 추방당한 이들에게 인간 본성의 보편적인 욕구와 민간 사회가 요구하는 것들을 전부 제공해준다면, 법이 명하지 않은 일들을 신도들이 자발적으로 그들과 함께 하지 않는다 할지라도, 그 추방당한 이들이 비난할 이유가 결코 없을 것이다. 그러므로 이러한 기피는 본질적으로 비그리스도교적인 사람들이 머지않아 부끄러워하고 회개로 나아가는 것 외에 그 어떤 목적도 없다. 그 한 가지만 제외하면, 다른 모든 면에서 그들이 신도들의 공정함과 사랑과 선의를 체험할 수 있기 때문이다. 신도들은 그들의 부도덕함을 전혀 즐거워하지 않고, 오히려 슬픔과 혐오로 가득 차 있을 것이다. 주 그리스도만이 그들에게 전부이시며 모든 것을 의미하시기 때문이다. 따라서 그리스도인들은 공적으로, 그리고 고의적으로 범죄를 지속하려 드는 이들을 제외하면 그 누구도 추방하지 않는다. 그렇기 때문에 그들이나 다른 사람들도 이 추방과 기피를 그릇된 경멸의 표현이라고 생각해서는 안 된다. 그리고 진실로 독실한 정책이 유지되는 곳에서는, 황실 법령과 고대의 그리스도교 실천에 따라서, 교회로부터 추방당한 이들 역시 민간 영역에서는 자격이 있는 존재로 대우받을 것이다. 또한 당국의 명령으로 민간 사회에서 쫓겨나고 추방당한 이들 역시 행실을 고치도록 격려 받을 것이다. 그리스도인들 사이의 이교도는 이교도로 간주해야 하기 때문이다.

그리스도인은 비그리스도인인 친척들을 어떻게 대해야 하는가?

만일 하나님의 교회로부터 추방당한 친척과 함께 산다면, 그러니까 비그리스도인인 배우자나 부모나 자녀나 그 밖의 친척이 있다면, 먹는 것이나 마시는 것이나 그 밖의 외적인 활동들에서 그들을 피할 수는 없을 것이다. 오히려 신도는, 인간의 모든 행위 중에서 가장 고귀한 결혼생활을 통틀어, 믿지 않는 배우자에게 가장 친절한 모습을 보여야 한다. 그래야만 그 믿지 않는 배우자를 주님께로 데려올 수 있다. 고린도전서 7장 [13절 이하]. 마찬가지로 누구나 다양한 혈연관계와 가족관계 속에서 자신의 친척들을 대해야 한다. 이런저런 관계로 하나님이 한 데 모으신 것을 인간이 갈라놓아서는 안 된다.

사도 바울이 그런 친척들에 관하여 다음과 같이 말한 것은 아니다: *여러분은 그들과 사귀지 마십시오, 함께 먹지도 마십시오*. 그는 이런 식으로 사람들의 통상적인 관계를 파괴하길 원치 않았다.

그리스도인은 사악한 이들 역시 섬기고 도와야 하기 때문이다. 따라서 그는 종들에게 비록 주인이 믿지 않는 자거나 또는 믿지 않는 배우자와 결혼해서 그 배우자를 사랑하고 충실히 대할지라도 신실하게 섬기라고 경고하는 것처럼, 자녀와 부모, 그리고 혈연과 혼인 때문에 관계를 맺은 다른 이들도 그 관계에 합당하도록 서로를 대해 주기를 원한다.

이것은 어디까지나 신도들이 그리스도인의 방식으로, 유익한 방식으로, 특별한 관계로 부르시는 하나님의 부르심에 아무런 해도 입히지 않고, 믿지 않는 사람의 타락에 대한 자신의 독실한 불만, 혐오감, 그리고 걱정을 입증할 수 있도록 하기 위함이다. 첫째, 신도들은 믿지 않는 자의 죄에 연루되지 않고 그들을 진심으로 안타깝게 여겨야 한다. 둘째, 신도들은 오히려 옳은 일을 행하는 데 훨씬 더 열심을 내고 성실해야 하며, 자신의 선한 삶을 통해서 친척들의 사악한 삶을 저주하고 그들이 자신을 몹시 싫어하게 만들어야 한다. 셋째, 신도들은 기회가 생길 때마다 최대한 성실하게, 부탁과 간구로, 심지어는 눈물까지 흘리면서, 친척들에게 생활을 바로잡으라고 요구하고 훈계해야 한다.

남편이나 부모나 주인이나 또는 연상의 친구처럼 어느 정도 우위가 있는 경우에는, 우위에 있는 신도 쪽에서 덜 찬성하고 친절함으로써, 특별한 우정과 즐거움을 거둬들임으로써, 또는 모든 일에 좀 더 엄격함으로써, 좀 더 신속하고 엄격하게 처벌을 가함으로써, 이렇게 죄 많은 삶에 대한 혐오감을 보여주어야 한다. 하지만 이것은 어디까지나 그들이 회개하도록 만드는 데 유익하고 도움이 되는 것이어야 한다. 그들의 관계에서 하나님의 부르심에 해를 입히거나 훨씬 더 나쁜 일을 만드는 일은 결코 없어야 한다.

그러나 아내나 자녀나 종이나 연하의 친구처럼 이런 관계에서 종속적인 입장에 있는 사람들의 경우, 하나님과 그리스도인답게 살지 못하고 있는 친척들 앞에서 울고, 간구하고, 즐거워하는 그들의 고통은 종종 이 친척들에게 놀라운 변화를 불러일으킬 것이다. 황폐한 그들의 상태로부터 좀 더 나은 쪽으로의 변화를 말이다. 따라서 그리스도인들은 사악함이 하나의 본보기나 모범이 되지 않도록, 혐오감을 덜 일으키는 것이 되지 않도록 늘 조심해야 한다. 그들은 사악함을 점점 더 혐오하고, 멀리하고, 질색해야 하며, 하나님이 명하신 그 어떤 관계도 그 의무에서 배제되거나 어떤 식으로든 상처를 입어서는 안 된다. 이것은 영혼을 돌보는 사람들이 그리스도교로부터 일시적으로 추방함으로써 신실하게 몰아붙여야 한다. 그래야만 건강한 양들을 악의 더럽힘과 유산으로부터 보호하고, 온갖 좋은 것들로 좀 더 잘 인도할 수 있기 때문이다.

따라서 이것은 신실한 영혼을 돌보는 사람들이 자기에게 주어진 그리스도인을 먹이라는 목표를 좀 더 빠르고 완벽하게 달성하기 위해 떠맡고 실천해야 할 일이다. 그들은 그리스도의 양들에게 그리스도의 구원을 최대한 신실하고 진지하게 계속해서 상기시켜 주어야 한다. 그리고 이 구원이 우리에게 가져다주는 것을 가르치고, 하나님의 모든 계획을 선포하며, 교회와 가정에서, 그리고 사람이 있는 곳이라면 어디든지, 보편적으로 그리고 특별히, 가르치고 훈계하고 설득해야 한다. 그리고 이런 식으로 늘 신앙과 삶의 교정에 대한 추구가 끊임없이 그들 가운데 고무되고 강해지고 자라야 한다. 또한 그들은 불결한 양들과 거짓 염소들을 참되고 건강한 양들로부터 최대한 성실하게 내쫓고 추방해야 한다. 그래야만 그런 불쾌한 사람들이 다른 사람들을 자기 길로 타락시키지 않을 것이다. 이것이 바로 앞에서 인용한 본문들로부터, 영혼을 돌보는 사람들이 어떻게 자신에게 주어진 목표를 달성할 것인가에 관하여 배워야 할 두 번째 요점이다.

영혼을 돌보는 사람들이 양들을 제대로 먹이기 위해 필요한 기술과 지식, 그리스도와 양들에 대한 사랑

세 번째 요점은 영혼을 돌보는 사람들이 어떤 사람이어야 하는가, 그들이 자신의 임무를 수행하려면 어떤 기술을 가져야 하며 어떤 지식과 대책을 적용해야 하는가이다. 우리는 앞에서 인용한 본문들에서 아주 분명히, 그리고 충분히 이에 관한 가르침을 얻게 된다. 첫째, 그들은 주 그리스도를 온 마음을 다해 사랑해야 하며, 첫 번째 본문에서 알 수 있듯이, 그 사랑은 주님께서 베드로에게 자기 양을 먹이라고 명령하실 때 요구하신 바로 그 사랑이어야 한다. 이 사랑의 직접적인 결과는 그리스도의 양떼에 대한 참된 사랑이어야 한다. 사도 바울이 다섯 번째 본문에서 스스로 증언하듯이, 그들은 그 양떼를 향하여 진정 아버지와 어머니의 마음을 품어야 한다. 그들은 오로지 양들의 구원만을 목표로 하고 추구해야 한다. 그리고 실천을 통해서 이것이 그들의 의향이며 희망임을 보여 주어야 한다. 이 때 그들은 자신이 준비되어 있으며 복음뿐만 아니라 자신의 영혼과 생명까지도 공유하기를 원한다는 사실을 하나님의 자녀가 알 수 있게 해야 한다. 그리고 바울이 다섯 번째 본문에서 예증한 것처럼, 그 양들이 그들의 사랑이며 그들 마음의 기쁨임을 하나님의 자녀가 알 수 있게 해야 한다. 양떼에 대해 이러한 사랑과 애정의 느낌이 있는 곳에서는, 성 베드로가 두 번째 본문에서 장로들에게 권고하는 것처럼, 영혼을 돌보는 사람들이 강요 없이 자발적으로, 이득이나 명예에 대한 생각 없이 기쁘게, 그들의 임무를 제대로 수행할 수 있다. 세 번째와 다섯 번째 본문에서 사도 바울은 다시 한 번 우리 앞에 자신의 예를 제시한다.

이런 곳의 영혼을 돌보는 사람은 분명히 기회와 능력을 부여받은 사람, 바울처럼 교인에게 짐이 되기보다는 차라리 자기 손으로 밤낮 일하는 것이 훨씬 더 행복한 사람일 것이다. 하지만 그들에게 만일 기회와 능력이 없다면, 그래서 자신이 영적인 씨앗을 뿌린 이들로부터 물질적 필요를 얻기 위해 우리 주 그리스도(신도들에게 결코 실제적인 부담이 될 수 없는)께서 그들에게 주신 권리를 이용해야 한다면, 다시 말해서 자신이 거룩한 복음을 애써 전한 이들로부터 음식을 얻어야 한다면 – 비록 바울의 말에 따르면, 그들이 갑절의 경의를 표할만한 사람들이지만 – 말씀과 교리를 애써 전한 신실한 목회자를 부양하는 일로 그 누구도 부담을 갖지 않도록, 그들 스스로가 무척 알뜰하고 만족스러운 모습을 보여야 하며, 궁핍한 사람들에게 매우 부드럽게 대해야 한다. 그리하여 그들이 목회를 통해서 자신의 이익은 전혀 구치 않고 다만 영혼의 구원만을 추구한다는 사실을 모든 정직한 사람들이 알아야만 한다.

그리스도와 그분의 양떼를 향한 이 순전한 사랑은, 좀 더 나아가 영혼을 돌보는 사람들이 억압적이거나 불친절하지 않고, 온전히 겸손하고 어머니 같으며, *어린 자녀를 돌보는 유모와도 같다는* 것을 보여 준다. 따라서 영혼을 돌보는 사람은 사람들에게 점잖고 우호적인 방식으로 처신해야 한다. 때로는 자신의 직무가 아무리 안 좋게 여겨지더라도, 모든 직무에 있어 쾌활하고 지칠 줄 모른다는 것을 보여 줘야 한다. 자신의 삶이 모든 면에서 흠 없고, 올바르고 거룩하다는 사실, 그리고 첫 번째(두 번째)와 다섯 번째 본문에 있는 것처럼 양떼들에게 모범이 된다는 사실을 신중하게 보여 주어야 하는 것도 바로 이런 이유에서다.

영혼의 돌봄보다 더 배은망덕과 반란에 빠지기 쉬운 교역은 없다.

이 모든 이유 때문에 그들은, 주 그리스도와, 바울과, 베드로와, 그리스도의 양들의 참된 목자들의 모범을 통해 알 수 있는 것처럼, 안에서 비롯된 것이든 밖에서 비롯된 것이든, 온갖 종류의 반대와 박해까지도 굳세고 용감하게 참고 견딜 것이다. 참되고 신실한 영혼 돌봄보다 더 절실하고 유익한 임무가 없는 것처럼, 이보다 더 지극히 보호해야 할 임무도 없다. 사탄은 그것을 파멸하고픈 욕망에 좀 더 많은 자유를 부여받았기 때문이다. 그리고 사탄은 자신의 구성원들과, 신도들의 악명 높은 적과, 여전히 교회 안에 머물고 있는 비밀스런 배신자뿐만 아니라, 연약하고 무른 형제들을 통해서도, 이 임무를 가장 열광적으로, 집요하게 추구하도록 허락받았다. 하지만 타락의 자손 외에는 결코 성공하지 못하도록 금지되었다. 바로 이 때문에 이 목회자들은, 베드로가 자신에 관해 쓴 것처럼, 특별히 그리스도의 고난의 증인이 되어야 하는 것이다. 그리고 다른 누구보다도 많은 학대를 참고 견뎌야 하며, 바울이 세 번째와 다섯 번째 본문에서 가르치는 것처럼, 늘 십자가의 복음을 선포하는 동시에 그들 스스로도 십자가를 지고 큰 싸움을 겪어야 한다. 지금 우리는 영혼을 돌보는 사람이 어떤 사람이어야 하는지, 그들이 자신의 목회와 임무를 제대로 수행하고 그리스도의 양떼를 제대로 먹이는 자신의 목적을 달성하려면 어떤 지식과 대책을 적용해야 하는지 살펴보고 있다.

영혼을 돌보는 사람에게 필요한, 그리고 그들이 이 총체적인 업무를 위해 받아야 할 네 번째 것 역시 우리가 앞에서 인용한 본문들에 분명히 명시되어있다. 하지만 모든 경건한 영혼을 돌보는 사람들에게 본질적으로 충분해야 할 중요한 것은, 그리스도의 가장 중대한 명령이다: 성 베드로가 세 번째로 주님을 사랑하느냐는 질문을 받고, 세 번째로 자신의 사랑을 주장한 다음, 세 번째로 주님이 그에게 말씀하신다: 내 양떼를 먹여라. 이것은 마치 그분이 다음과 같이 말씀하시는 것 같다: 만일 네가 나를 그토록 사랑하고, 이것을 네 행동으로 증명하고 싶다면, 내 양떼를 먹여라. 그것 말고는 네가 나를 위해 할 수 있는 바람직한 일 또는 나를 즐겁게 해줄 일이 아무 것도 없기 때문이다.

만일 우리가 정말로 그리스도를 사랑한다면, 그분은 우리에게 전부가 되실 것이다. 따라서 이 직무로 부르심을 받은 사람은, 이 직무를 수행하는 과정에서 어떤 다툼과 고난과 십자가를 만나더라도, 이 모든 것에 맞설 수 있도록 지지 받고 격려 받을 것이다. 순전히 주 예수께서 그에게 이것을 하라고 명하셨다는 사실, 그리고 그것이야말로 우리가 그분께 증명할 수 있는 사랑의 가장 중대한 직무라는 사실 때문에 말이다. 그런 다음에는 저마다 다음과 같이 느끼게 될 것이다. 마치 바울이 고린도전서 9장 [16절 이하]에서 자기 자신에 관하여 쓰는 것처럼 말이다: *내가 복음을 전할지라도, 그것이 나에게 자랑거리가 될 수 없습니다. 나는 어쩔 수 없이 그것을 해야만 합니다. 내가 복음을 전하지 않으면, 나에게 화가 미칠 것입니다. 내가 자진해서 이 일을 하면 삯을 받을 것입니다. 그러나 내가 마지못해서 하면, 직무를 따라 한 것입니다.*

그러나 내가 마지못해서 하면, 직무를 따라 한 것입니다. 사도는 이렇게 말한다. 이 직무를 위해 부름 받은 그리스도인은 누구든지, 그 과정에서 만날 수 있는 온갖 문제와 수고와 학대와 굴욕과 고난과 십자가를 참고 견디면서 최대한 성실하게 그 직무를 수행하고도 남을 것이기 때문이다. 주님은 이 직무를 위해 부름 받고도 받아들이지 않는 이들과, 어떤 식으로든 그것을 소홀히 한 이들 모두의 손에 그분의 양들의 피를 요구하실 것이다. 바로 이 때문에 사도 바울은 에베소 사람들에게 다음과 같이 말한다: *그러므로 나는 오늘 여러분에게 엄숙하게 증언합니다. 여러분 가운데서 누가 구원을 받지 못하는 일이 있더라도, 내게는 아무런 책임이 없습니다. 그것은, 내가 주저하지 않고 여러분들에게 하나님의 모든 경륜을 전해 주었기 때문입니다.* 이리하여 그는 만일 자기가 어떤 식으로든 소홀했거나 그들로부터 무엇을 빼앗았다면 자신이 그들

의 피에 대한 책임을 져야 한다는 사실을 인정한다.

하지만 우리가 그분이 소중한 피로 사신 귀한 교회, 그분의 소중한 배우자이면서 그분의 몸인 교회 안에서 그분을 섬김으로써 우리 주 예수께 가장 큰 사랑을 증명하고 있다는 사실에는, 우리를 위한 너무도 크고 기쁜 위로가 들어 있다. 이것이 바로 네 번째 본문의 요지다.

주여, 이미 영혼 돌봄의 직무를 수행하고 있는 이들, 또는 그 직무로 부름을 받게 될 모든 이들이 이것을 잘 생각하고 검토하게 하옵소서. 그리고 그분을 신실하게 따르게 하옵소서. 그리하여 그리스도의 양들을 그들의 직무대로 잘 보호하고 먹이게 하옵소서. 이것이 바로 영혼 돌봄의 네 번째 임무와 다섯 번째 임무에 대한 우리의 결론이다.

우리의 목자장이시며 감독이신 주 예수여, 우리가 지금껏 설명한 것처럼, 잃어버린 양들을 찾고, 헤매는 양들을 도로 데려오고, 다친 양들을 고치고, 병든 양들을 격려하고, 건강한 양들을 올바른 방향으로 인도하고 먹일 수 있는 장로들과 영혼을 돌보는 사람들을 우리에게 보내 주옵소서. 염소가 아니라 양인 이들은, 영혼을 돌보는 사람과 그리스도의 목회자들이 주님의 말씀을 통해 자신을 그리스도교와 그분의 양 우리로 데려가서, 그 안에 머무르게 하고, 고쳐 주고, 격려해 주고, 인도해 주고, 먹여 주도록 맡길 것이다. 그리고 모든 면에서 그분께 순종하고 기쁘게 따를 것이다. 하나님으로부터 난 사람은 그분의 말씀을 듣고, 그리스도의 양들은 그분의 말씀을 들으며 그분을 따르기 때문이다.

사탄은 어떻게 해서 가장 신실한 영혼을 돌보는 사람들이 다름 아닌 양들에게 모욕당하고, 의심받고, 멸시받게 하는가?

하지만 사탄은 이렇게 음성을 듣고 따르는 것이 양들의 전적인 구원에 중요하다는 사실을 잘 알기 때문에, 목자의 음성과 가르침으로 이끌어 줌으로써 양들을 인도하고 먹일 의무가 있는 이들에 대한 불만과 불신, 불순종을 양들에게 심어주기 위해 최선을 다한다. 주님의 집을 통틀어서 모세보다 더 성실하고 부지런하고 열성적으로 하나님의 백성을 섬긴 사람은 아무도 없었다. 하지만 사탄은 용케도 어리석은 이들이 그에 대해 불평하고 반항하게 만들었을 뿐 아니라, 고라와 다단과 아비람의 무리가 그에 대항하여 폭동을 일으키도록 만들었다. 게다가 그의 형인 아론과 누이인 미리암까지도 그에게 대항하였다. 비록 그들이 거룩한 백성으로서, 하나님께 선택 받았고, 최고로 유능했지만 말이다. 또한 그리스도교 역사상 사도 바울보다 더 열심히, 더 성실하게 노력한 사람은 아무도 없었다. 따라서 사탄이 그보다 더 격렬하게 공격하고 평범한 그리스도인들뿐만 아니라 예루살렘의 지도자들과 다른 사람들에게까지 의심과 증오를 받도록 하려 했던 사도도 없었다. 그를 천사처럼, 아니 마치 그리스도처럼 환대했던 것은 비단 갈라디아 사람들만이 아니었다. 그로부터 돌아선 아시아의 모든 사람들이 그랬다. 따라서 그는 고린도 사람들을 돌보는 데 큰 문제를 안고 있었다.

참된 목회자들로부터 거룩한 복음의 멍에를 멜 준비가 안 되어 있는 이들은 곧 적그리스도의 멍에가 된다.

영혼을 돌보는 사람들이 자신의 목회적 직무를 좀 더 성실하게 수행할수록, 사탄은 염소들뿐만 아니라 미숙한 양들 사이에서도 그들에 대한 불순종을 불러일으킨다는 것이 늘 확실하게 판명되었다. 또한 사탄은 어리석은 양들이 불충하고 거짓된 목자들에게, 완전히 자신을 맡기고 그들이 요구하는 것은 무엇이든 용인하도록 만들었다. 심지어는 영리하고 영적으로 부유한 고린도 사람들에게까지 이런 일이 벌어졌다. 그리하여 바울은 고린도후서 11장 [20절]에서 그들에게 다음과 같이 쓴다: *누가 여러분을 종으로 부려도, 누가 여러분을 잡아먹어도, 누가 여러분을 골려도, 누가 여러분을 얕보아도, 누가 여러분의 뺨을 때려도, 여러분은 가만히 있습니다.*

또 이 시대에는, 주 안에서 신실한 복음 목회자들의 손을 통해 어떤 시벌이나 권징도 견뎌내는 것이 아니라, 주님을 떠나, 재빨리 분파 지도자들에게 복종하고, 코앞에 닥친 온갖 형태의 폭력과 완전한 압제를 받아들이고, 그러면서도 훌륭한 그리스도인으로 꼽히기를 바라는 이들이 얼마나 많은가. 여기에서 우리는, 어느 정도 하나님을 두려워하였으나 천주교 지도자들(그들은 거의 모두가 맹인을 인도하는 맹인이었으며, 그들 중 대부분은 의도적으로 나쁜 길로 유혹하는 이들이었다)을 지나치게 존경하고 그들의 말과 명령을 과대평가한 나머지, 결국은 거룩한 복음 목회자를 높이 평가하지 않고 그들을 제대로 따르지도 않게 된 이들까지 염두에 두고 있다. 그 목회자들이 바라는 것은 오로지 그들에게 그리스도의 복된 멍에를 메워 주는 것뿐인데 말이다. 목회자들이 그들에게 뭐라고 충고하든지, 또는 그들 앞에 무엇을 가져오든지, 심지어는 분명코 주님의 말씀에서 비롯된 것일지라도, 그들은 모두 거절한다. 마치 자기 자신의 육체적 욕망에 따라 권징이나 시벌에서 자유로운 삶과 행동을 지속하지 못하도록 주 안에서 따르거나 복종하고 순종해야 하는 그리스도교를 부인하는 것과 동등하기라도 한 것처럼 말이다.

인간의 속박으로부터 도망치는 방법

그리스도인들이 이 세상에서 그리스도의 이름으로 낯선 멍에를 메게 하려는 것보다 더 열심히 경계해야 할 것은 아무 것도 없다. 우리는 우리 주 그리스도께서 사신 몸이다. 따라서 절대로 인간의 노예가 되어서는 안 된다. 고린도전서 7장 [23절]. 그리스도께서 우리를 사심으로써 우리는 그분의 양이 되었다. 그분의 교회, 그분의 회중이 되었다. 그러므로 우리에게는 주님의 교사와 목회자들이 있어야 한다. 그분의 이름으로 그들의 음성에 귀 기울이고, 최대한 겸손하게 순종하고 유순하게 따라야 한다. 우리가 이 작은 책의 중심이 되는 제2장과 제3장에서 설명한 것처럼, 그분이 명하신 직무를 통하여 우리 가운데서 통치하시는 것이 바로 그분의 뜻이기 때문이다.

가르침에 대한 경솔하고 무분별한 비난에 맞서서

그러므로 그리스도인들은 주님께 그 무엇보다도 간절히 간구하기를, 신실한 목회자를 보내 주시고, 그들이 자신의 소명과 일치하게 걷고 신실하게 섬기는가를 지켜볼 수 있는 목회자를 선택할 때 잘 지켜봐 주시라고 기도해야 한다. 그리고 이 목회자들이 주님의 이름으로 경고하거나, 처벌하거나, 가르치거나, 권고하러 올 때에는, 애석하게도 오늘 많은 이들이 그런 것처럼, 이 직무를 생각 없이 멸시하고 묵살하지 않게 해주시라고 간구해야 한다. 그런 사람들은 목회자들의 설교와 온갖 교회 활동들을 반대하고 판단한다. 마치 자신들이 그 일에 임직되기라도 한 것처럼, 그리고 설교를 듣는 단 한 가지 이유는 자신에게 전해지는 말들, 또는 교회에서 행해지는 다른 일들에 관하여, 가장 사납게 토론하고 왜곡하고 헐뜯기 위해서인 것처럼 말이다. 그런 사람들은 자신이 들은 것 때문에 자기 죄를 좀 더 충분히 인식하거나, 그리스도께 좀 더 전심으로 충성하고 자기 행동을 바로잡기 위해 좀 더 성실히 노력하는 방향으로 설교에 다가서려는 마음이 전혀 없다. 그들이 하는 일이라고는 그저 그들에게 적용하도록 전달된 말, 또는 어떤 식으로든 자신의 육체적 뻔뻔스러움(그리고 그리스도인의 자유가 아닌 것)과 어울리지 않는다고 생각하는 것을 판단하고 비난하는 것뿐이다. 그리고 그들이 설교 중에서 뭔가를 칭찬할 때는, 대체로 자신이 비난하고 싶은 사람들에게 적용되는 설교일 경우가 많다. 그런 설교로부터 그들은 오로지 자신이 싫어하는 이들을 헐뜯을 핑계만 취한다. 자신에게 경고하거나 훈육하는 것은 결코 원치 않는다.

　오직 선한 것만 받아들이고 유지하기 위해서는 물론 모든 것을 다 검토해야 한다. 하지만 사랑이나 명예를 고려하지 않고, 경솔하게, 뻔뻔스럽게 검토해서는 안 된다. 하나님에 대한 두려움으로, 간절한 기도와 순전한 겸손으로 해야 한다. 그래야만 모든 사람이 자신의 약함과 무지를 고려하고, 주님께서 목회자들을 통해 주신 명령과 은사를 매우 중요하게 여기며, 그들이 맡은 직무의 소중한 가치와 그들의 사랑에 입각하여 그들을 판단할 것이다. 만일 자신에게 유익하지 않은 것을 목회자에게서 듣거나 배웠을 경우에는, 기꺼이 사랑과 믿음을 갖고 그들을 찾아가서 그것에 관하여 함께 이야기해야 한다. 자기 귀에 거슬리는 것을 우호적인 방식으로 지적하고, 좀 더 자세한 설명을 듣는 것이다. 자신이 완전히 이해하지 못한 것을 비그리스도교적인 것이라고 비난해서는 안 된다. 주님께서 그 누구도 양의 옷을 걸치거나 거짓된 모습으로 우리를 거짓 교리나 삶의 위선으로 현혹시키지 못하게 해주실 것이다. 그리하여 온갖 무질서와 온갖 뻔뻔스러운 비난과 주님에 대한 불순종과 모욕도 그 목회를 통해 막아주실 것이다. 이 작은 책의 제5장에서 이미 설명한 것처럼, 고귀하고 하나님을 경외하는 사람, 제대로 검증을 마친 사람, 정말로 열심인 모든 사람들 가운데서 선택된 장로들이 교회에 있다면, 그리스도의 영을 일부 소유한 이들이 교리와 교정과 권징에 관한 그리스도의 직무를 경솔하게 의심하거나 판단하거나 멸시하는 것을 피하고 멀리 떨어져 있기가 무척이나 쉬울 것이다.

목회자들이 아니라 그 목회자들 안에 계시는, 그들의 영원한 구원의 직무 안에 계시는 우리 주 그리스도께, 목회자들이 어떤 진심 어린 사랑과 충실함과 겸손과 순종을 품고 증명해야 하는지, 그리고 그리스도의 목회자들을 과소평가하고 너무 경솔하게 그들을 반대하고 비난하고 멸시하는 것이 얼마나 크고 끔찍한 죄인지를 신도들이 잘 생각하고 마음에 깊이 새길 수 있도록, 나는 몇 개의 본문을 좀 더 소개함으로써 이 작은 책을 끝마치고 싶다.

영혼을 돌보는 **참된 목회자**

Part 12
순종
그리스도의 양들의 순종에 대하여

[신명기 17장 (10~13절]
당신들은 주님께서 택하신 곳에서 그들이 당신들에게 내려 준 판결에 복종해야 하고, 당신들에게 일러준 대로 지켜야 합니다. 그들이 당신들에게 내리는 지시와 판결은 그대로 받아들여서 지켜야 합니다. 그들이 당신들에게 내려 준 판결을 어겨서, 좌로나 우로나 벗어나면 안 됩니다. 주 당신들의 하나님을 섬기는 제사장이나 재판관의 말을 듣지 않고 거역하는 사람이 있으면, 죽여야 합니다. 그렇게 하여서 이스라엘에서 그런 악한 일은 뿌리를 뽑아야 합니다. 그러면 온 이스라엘 백성이 듣고 두려워하며, 다시는 아무도 재판 결과를 하찮게 여기지 않을 것입니다.

하나님의 말씀에 따르면, 질서와 순종이 없는 곳에서는 결코 선한 것이 나올 수 없다. 그러므로 질서와 순종을 파괴하는 사람은 살려둘 수 없다는 것이 곧 하나님의 뜻이다.

[호세아 4장 (4~6절)]
그러나 서로 다투지 말고, 서로 비난하지도 말아라. 제사장아, 이 일로 네 백성은 너에게 불만이 크다. 그래서 낮에는 네가 넘어지고, 밤에는 예언자가 너와 함께 넘어질 것이다. 내가 너의 어머니 이스라엘을 멸하겠다. 내 백성이 나를 알지 못하여 망한다. 네가 제사장이라고 하면서 내가 가르쳐 준 것을 버리니, 나도 너를 버려서 네가 다시는 나의 성직을 맡지 못하도록 하겠다. 네 하나님의 율법을 네가 마음에 두지 않으니, 나도 네 아들딸들을 마음에 두지 않겠다.

제사장 곧 하나님의 말씀을 전하는 이를 욕할 경우, 온갖 지혜와 선이 떨어져 나가고 백성들도 완전히 멸망할 것이다.

[누가복음 10장 (16절)]
누구든지 너희의 말을 들으면 내 말을 듣는 것이요, 누구든지 너희를 배척하면 나를 배척하는 것이다. 그리고 누구든지 나를 배척하면, 나를 보내신 분을 배척하는 것이다.

우리는 말씀을 전하는 이가 아니라 그 말씀의 주인을 바라보아야 한다.

[갈라디아서 4장 (13~16절)]
그리고 여러분이 아시는 바와 같이, 내가 여러분에게 처음으로 복음을 전하게 된 것은, 내 육체가 병든 것이 그 계기가 되었습니다. 그리고 내 몸에는 여러분에게 시험이 될 만한 것이 있는데도, 여러분은 나를 멸시하지도 않고, 외면하지도 않았습니다. 여러분은 나를 하나님의 천사와 같이, 그리스도 예수와 같이 영접해 주었습니다. 그런데 여러분의 그 감격이 지금은 어디에 있습니까? 나는 여러분에게 증언합니다. 여러분은 할 수만 있었다면, 여러분의 눈이라도 빼서 내

게 주었을 것입니다. 그런데 내가 여러분에게 진실을 말하기 때문에 여러분의 원수가 되었습니까?

갈라디아 사람들은 바울이라는 연약한 도구가 아니라 말씀 그 자체와 그 말씀의 주인이신 주님을 바라보았다. 그렇기 때문에 그들은 복을 받았으며, 그들에게 이 말씀을 전해준 바울보다 더 그들에게 귀하고 소중한 사람은 아무도 없었다.

[데살로니가전서 5장 (12절 이하)]
형제자매 여러분, 우리는 여러분에게 부탁합니다. 여러분 가운데서 수고하며, 주님 안에서 여러분을 지도하고 훈계하는 이들을 알아보십시오. 그들이 하는 일을 생각해서 사랑으로 그들을 극진히 존경하십시오. 여러분은 서로 화목하게 지내십시오.

교정이나 가르침을 견딜 수 없는 육체는 영혼을 돌보는 사람이 하는 말 때문에 그를 싫어하고 그에게 반항한다. 따라서 영은 그들에게 사랑과 평화를 보여주라고 권하신다.

[디모데후서 4장 (1~5절)]
나는 하나님 앞과, 산 사람과 죽은 사람을 심판하실 그리스도 예수 앞에서, 그분의 나타나심과 그분의 나라를 두고 엄숙히 명령합니다. 그대는 말씀을 선포하십시오. 기회가 좋든지 나쁘든지, 꾸준하게 힘쓰십시오. 끝까지 참고 가르치면서, 책망하고 경계하고 권면하십시오. 때가 이르면, 사람들이 건전한 교훈을 받으려 하지 않고, 귀를 즐겁게 하는 말을 들으려고 자기네 욕심에 맞추어 스승을 모아들일 것입니다. 그들은 진리를 듣지 않고, 꾸민 이야기에 귀를 기울일 것입니다. 그러나 그대는 모든 일에 정신을 차려서 고난을 참으며, 전도자의 일을 하며, 그

대의 직무를 완수하십시오.

거룩한 복음에 대한 순종은 매우 성실하게 유지되어야 한다. 악마와 교만한 육체가 그보다 더 완강하게 반대하는 것도 없기 때문이다. 그리고 사람들은 언제나 꾸짖지 않고 자기가 듣고 싶은 말만 해주는 교사와 예언자를 원한다.

[디도서 2장 (15절)]
그대는 권위를 가지고 이것들을 말하고, 사람들을 권하고 책망하십시오. 아무도 그대를 업신여기지 못하게 하십시오.

최대한 성실하게, 다시 말해서, 통치자가 아랫사람에게 하듯이, 권위를 가지고(메타 파세스 에피타게스).

[히브리서 13장 (17절)]
여러분의 지도자들의 말을 곧이듣고, 그들에게 복종하십시오. 그들은 여러분의 영혼을 지키는 사람들이요, 이 일을 장차 하나님께 보고드릴 사람들입니다. 그러므로 여러분은 그들이 기쁜 마음으로 이 일을 하게 하고, 탄식하면서 하지 않게 해 주십시오. 그들이 탄식하면서 일하는 것은 여러분에게 유익이 되지 못합니다.

불순종으로 경건한 영혼을 돌보는 사람을 괴롭히는 이는 결국 자기 자신에게 해를 가하는 셈이다. 진실로 독실한 사람은 자신이 구원을 얻었으며, 그것은 곧 하나님의 명령이라는 사실을 인정하고 순종한다. 그리고 그것은 자신에게도 도움이 되고, 영혼을 돌보는 사람을 기쁘게 하는 일도 된다.

신실한 믿음을 가지고 이 본문들이나 이와 유사한 본문들에 접근하는 사람은, 그리스도교에서 완전한 순종이 얼마나 본질적인 것인지를 철저히 이해하고, 나아가 자신도 그 완전한 순종을 온 마음으로 드리고자 할 것이다. 이 본문들은 그들을 가르치고 훈육하도록 보내 주신 사람들을 향한 회중의 순종과 존경이 교회에서 절대적으로 필요하다는 사실, 그리고 여기에서 가장 완전한 순종과 가장 큰 존경을 지시하신다는 사실을 우리에게 매우 명확하고 엄숙하게 보여준다.

교회에서는 순종이 필수적이다

지도자들을 향한 순종과 존경이 절대적으로 필요한 이유는 주님께서 이것을 매우 진지하게 요구하시기 때문이다. 첫 번째 본문에서 알 수 있듯이, 주님은 제사장에게 순종하지 않는 사람은 그분의 백성들 가운데 거하지 못하게 하셨다. 또한 두 번째 본문에서 그분은 그분의 백성 이스라엘을 거부하시고 그들을 하찮게 여기셨다. 그들이 제사장의 권징을 멸시하고 제사장에게 완고히 반항했기 때문이다. 그리고 세 번째 본문은 말씀의 목회자를 멸시하는 사람은 그분과 아버지를 멸시하는 것임을 보여 준다.

하나님의 뜻과 명령을 이토록 명확하게 지적하는 것은 모든 신도들이 그리스도의 목장을 감독하는 그리스도의 목회자들에게 순종해야 하며, 이 목회자들이 선포하는 주님의 말씀에 전적으로 복종해야 한다는 사실을 인정하기 위한 충분한 이유가 될 것이다. 주님은 우리 구원에 반드시 필요하고 유익한 것이 아니면 결코 명령하거나 요구하시지 않는다. 그분이 말씀과 권징의 목회자들에 대한 순종을 이토록 엄숙하게 지시하고 요구하시는 것으로 볼 때, 누구라도 그분의 목회자들에게 귀를 기울이지 않을 경우, 그것은 곧 그분에 대한 경멸이나 다름없다고 여기실 것이며, 그런 사람이 양떼 가운데 거하는 것을 결코 원치 않으실 것이다. 그리고 그런 불순종 때문에 그분의 백성을 완전히 거부하시고 그들을 하찮게 여기실 것이다. 그러므로 순종과 복종은 모든 면에서 필수적이며, 순종과 복종 없이는 그 누구도 하나님의 백성에 소속되거나, 하나님의 영원하신 진노와 처벌로부터 도망칠 수 없다.

모든 가르침에서, 특히 생명에 관한 가르침에서, 배우는 입장에 있는 이들은 자신의 스승을 존경하고 깊이 신뢰해야 한다.

그리스도인은 이 참된 신앙의 토대, 곧 주님의 가장 중대한 명령과 규정을 마음속 깊이 새긴 다음, 주님께서 어떻게 우리에게 그토록 다양한 이해와 선의의 은사를 주셨는지, 그리고 어떻게 우리를 서로의 지체로 이용하여 모든 일에서 늘 서로를 가르치고 강화시켜 주기 원하시는지를 깨달아야 한다. 배우는 입장에 있는 이들은 늘 자신의 스승을 믿고 신뢰하고 따라야 한다. 그러면 교회의 전 회중이 장로와 영혼을 돌보는 사람들을 순종하고 존경해야 하나님의 참된 나라가 유지되고 성장할 수 있다는 사실도 깨닫게 될 것이다.

자신의 이해에 따라 자기를 통치하고 다스리는 방법을 모르는 단순하고 무지한 사람이 너무 많다. 그리고 우리 모두는 너무도 자기 자신을 사랑하기 때문에 자신의 행동을 올바르게 인식하거나 판단할 수 없다. 만일 우리가 주님께서 우리 위에 임직하신 이들, 주님을 대신하여 우리를 가르치고 권고하고 훈계하고 교정해야 하는 이들에 대하여 좋게 생각하지 않는다면, 그리고 그들의 말과 가르침을 마치 주님의 말씀처럼 두려워 떨며 곧바로 받아들이지 않는다면, 우리는 아무짝에도 소용이 없게 될 것이며, 마치 우리의 현재와 일상의 경험이 그런 것처럼, 독실한 신앙을 추구하는 데서 결코 발전하지 않을 것이다.

목회자들에 대한 이러한 인정과 존경이 없는 곳에서는, 독실한 신앙 가운데 성장하는 참된 교회도 결코 찾아볼 수 없을 것이다. 아니, 그럴 수밖에 없다. 세 번째 주요 장에서 살펴본 것처럼, 목회자들을 통하여 교회를 통치하는 것이 곧 주님의 뜻이기 때문이다. 그들에게 귀 기울이는 이는 곧 그분께 귀 기울이는 자며, 그들을 멸시하는 이는 곧 그분과 아버지를 멸시하는 자다. 따라서 하나님과 주 그리스도를 멸시하는 이는 곧 우리를 만드시고 그 피로 우리를 사신 분을 거역하는 것이다. 이것은 곧 악마가 포학을 부리고 있다는 것을 뜻한다. 이 경우 두 번째 본문에서 주님께서 백성에게 선포하시고 여섯 번째 본문에서 바울이 예언한 결과 밖에 있을 수 없다.

이 결과는 곧 진리에 대한 모든 지식이 백성으로부터 떠나고, 그들이 진리를 견디는 것을 원치 않으며, 거짓되고 아첨하는 교리로 자기 귀를 간질이는 이들을 초청하는 것이다. 하나님의 법은 그들로부터 완전히 잊혀지고, 그들은 하나님께 완전히 거부당하고 멸망한다. 이것은 유대인들에게 실제로 일어난 일이고, 나중에는 시리아와 이집트, 아시아, 그리스, 아프리카와 다른 나라들의 많은 백성들에게 일어난 일이다. 그곳에는 영예로운 교회들이 많이 있었지만, 지금은 이슬람교의 황폐하고 가증스러운 것들이 통치하고 있다. 다른 지독하고 해로운 분파와 이교들과 더불어, 신체적 압제와 참혹한 노역의 온갖 방법들을 동원하여.

여섯 번째와 일곱 번째 본문에서, 그리고 그 밖의 서신에서, 사도 바울이 디모데와 디도에게, 스스로 멸시당하도록 놔두지 말고 마치 통치자가 신하에게 하듯(이것이 바로 "메타 파세스 에피타게스"가 의미하는 것이다) 매우 진지하고 권위 있게 순종을 성실히 주장해야 한다고 매우 성실하고 진지하게 명하는 것도, 이러한 순종이 그리스도인들에게 너무도 절실히 필요하고 유익한 것이기 때문이다. 각 개인에게 가장 좋은 쪽으로 다루고 명령하고, 위임하고 꾸짖는 것이다. 이 모든 것으로부터 우리는 이러한 순종의 필요성을 매우 명확히 인식하게 된다.

교회에는 완전한 순종이 있어야 한다.
앞에서 인용한 본문들은, 그리스도인의 신앙이 제대로 유지되고 그리스도의 회중이 그리스도의 방식대로 질서 잡히려면, 그리스도의 모든 목회자들에 대한 완전한 순종과 존경이 최고의 특징이어야 한다고 가르친다. 주님은 우리를 좀 더 기쁘고 온전하게 굴복하고 순종하고 따르도록 창조하셨다. 그리고 좀 더 높고 강력한 주인의 이름으로나 좀 더 귀하고 신실한 친구의 이름으로, 우리에게 좀 더 유용하고 유익한 것들을 가르치고 조언하고 명령하는 한, 그 사람들을 좀 더 좋게 생각하고 존경하도록 창조하셨다.

우리 주 예수 그리스도의 참된 목회자들의 가르침과 명령보다 더 유익하고 복된 가르침과 명령은 결코 있을 수 없다. 우리 주 예수보다 더 높거나 강하신 분, 그분보다 더 진심으로 우리를 사랑하시는 분은 없다. 그러니 주 그리스도를 구세주로 고백하고 *누구든지 너희의 말을 들으면 내 말을 듣는 것이요*라는 말씀을 제대로 받아들인 이들이 그분의 목회자들을 통해서 그분께 보여드려야 할 것보다 더 온전한 순종과 완전한 항복, 그보다 더 대단한 존경과 귀중한 평가가 어디 있겠는가? 또 우리를 영원한 죽음에서 영원한 생명으로 부르시고 인도하고자 하시는 분의 명령보다[누가복음 10장 16절] 우리가 더 소중히 여기고 기쁘게 받아들일 수 있는 명령이 어디 있겠는가?

실제로, 영혼 돌봄의 목회자들이 육체적으로 아무리 약하고 보잘것없을지라도, 갈라디아 사람들은 그들을 바울처럼 하나님의 천사와 사자로, 그리고 심지어는 주 그리스도로 받아들였다. 그들을 통하여 주 그리스도께서 말씀하시고 행동하시며, 그들 안에서 인정받고 인식되기를 원하시기 때문이다.

경건한 그리스도인들이 주님의 신실한 목회자들에게 보여주기 원하는 경의와 사랑

여기에서 한 단계 더 나아간 결과는, 바울이 우리에게 본보기로 보여준 갈라디아 사람들처럼, 목회자들에 대한 사랑과 존경 때문에 모든 면에서 그들을 섬기고 공경하기를 원하게 되는 것이다. 할 수만 있다면 그들은 자기 눈이라도 기꺼이 뽑아서 목회자들에게 주었을 것이다. 비록 임무와 은사는 목회자들이 아니라 주님께 속한 것이라 할지라도, 이 말씀과 은사를 통해서 우리가 영원한 생명과 또 우리가 바라거나 원하는 것들 모두를 얻게 되므로, 이 은사에 대한 우리의 찬미는 우리를 그와 같이 소중하고 귀한 은사로 인도해준 사람들에게로 향하게 된다. 모든 도움과 은사는 전적으로 하나님께로부터 온다. 건강이나 부나 명예나 위엄, 또는 세상의 눈으로 보기에 귀중하고 매우 가치 있는 것들을 풍족하게 부어주는 이들을 세상이 얼마나 존경하는가?

하나님, 다섯 번째[네 번째] 본문을 통해 우리 앞에 놓인 이 갈라디아 사람들의 예를 우리 모두가 잘 생각해보고, 사도가 그들에 관하여 증언하는 것처럼, 이들이 영혼을 돌보는 사람인 바울에게 애정을 담고 대했을 때 복을 받았다는 사실을 깨닫게 하옵소서. 또 그들의 마음이 바울에게 냉담해지자, 그들이 그만 타락하고, 사로잡히고, 비참해졌으며, 그리고 바울에 대한 복된 순종 대신 거짓 사도들에 대한 그릇되고 해로운 매혹에 빠지고 말았다는 사실을 깨닫게 하옵소서.

가장 강력한 황제들이 어떻게 교회의 직무에 복종하는가?

하나님을 경외하는 모든 백성들은 늘 이 순종을 성실히 지켜왔다. 세상적으로 제아무리 높고 위대한 사람이라도 마찬가지다. 그 영화롭고 강력했던 황제 콘스탄티누스 1세도, 감독들이 어리석고 하찮은 문제들 때문에 자기 앞에서 보기 흉하게 서로를 고소하고 비난하려 들자, 그들의 고소장을 집어 태워버린 다음 평화와 합일을 권고하면서 다음과 같이 말했다: '하나님이 여러분에게 우리를 심판할 수 있는 권위를 주셨으므로 우리가 여러분을 판단할 게 아니라, 여러분이 우리를 심판해야 합니다.' 그리고 발렌티니아누스 1세 황제는 밀라노 주교 선거에서 성 암브로스가 선출되었을 당시, 자신이 선거에 소집한 감독들에게 이렇게 말하였다: '제국을 다스리는 우리가 떳떳하게 복종할 수 있는 사람을 선출하십시오. 그리고 우리도 인간이므로 죄를 짓게 되는데, 그럴 때 우리가 의사의 치유처럼 그 처벌을 받아들일 수 있는 사람을 선출하십시오.' 우리는 앞의 제9장에서 위대하고 독실한 테오도시우스 황제가 어떻게 참회 시 성 암브로스에게 복종하였는지를 설명하였다. 이렇게 참된 신도들은 모두가 늘 주의 목회자와 말씀에 복종하고 굴복하였다.

천주교 신자들은 콘스탄티누스 1세가 말한 것의 의미를 뒤집어 버렸다.
천주교 신자들은 이 모든 것들로부터 그릇된 결론을 이끌어 냈다. 그들은 모든 권위가 자신들이 휘두르는 영적인 칼에 복종해야 하며, 자신들은 그 누구에게도 복종해서는 안 되고, 아무리 자신들의 가르침과 삶이 사악하고 수치스럽더라도 자신들이 모든 사람을 심판해야지 다른 누군가가 자신들을 심판해서는 안 된다고 주장하였다. 그렇다고 해서 우리가 복된 말씀과 경건한 황제들의 본보기를 무시해야 한다는 뜻은 아니다. 다만 그들을 그리스도인의 본보기로서 우리에게 내리신 그리스도의 말씀으로 여겨야 한다는 것이다. 그리고 천주교 신자들에게는 그들이 거짓되고 사악한 방법으로 이 경건한 군주들의 말씀과 본보기의 의미를 뒤집어 버렸음을 지적해야 한다. 사악한 감독들을 심판하지 않는 것은 결코 콘스탄티누스 1세나 독실한 군주들의 의도가 아니었다. 그들이 감독이기 때문에 모든 사람이 그들의 사악한 악의에 복종해야 한다는 것도 결코 이 군주들의 의도가 아니었다. 이 황제들은 늘 사악한 가르침이나 삶을 보이는 사악한 감독들을 해고하였다. 옥에 가두거나 추방함으로써 그들을 처벌하고 비참하게 만들어 버린 것이다. 이것은 아직도 남아 있는 이 황제들의 역사와 법을 통해 분명히 알 수 있다.

경건한 콘스탄티누스 1세와 발렌티니아누스 1세, 그리고 그 밖의 독실한 황제들은 감독의 권력과 권위에 관한 자신들의 진술을 다음과 같이 이해했다: 감독은 흠 없는 삶을 살고 자신의 잘못을 고쳐야 한다. 그래야만 아무도 그들을 처벌하거나 심판할 필요가 없어진다. 하나님의 말씀을 베풀고 그것으로 모든 신도들을 심판하며 삶의 개선으로 이끄는 것이 그들의 의무기 때문이다. 따라서 세속의 칼과 모든 권위는 영적인 칼과 권위에 복종해야만 한다. 그러나 이 영적인 칼은 하나님의 칼이지, 잘못된 이른바 감독들의 원한이 아니다. 만일 영혼을 돌보는 사람이 이 영적인 칼 곧 하나님의 말씀을 올바르게 베풀고 행사한다면, 모든 것이 다 하나님의 말씀을 통해 창조되었으므로, 모든 백성이 그들에게, 아니, 그들이 가르치는 주님의 말씀, 그들의 심판의 근거가 되는 주님의 말씀에 가장 높고 가장 완벽한 수준의 복종과 순종으로 복종해야 할 것이다. 그러니 인간인 목회자들 자체가 아니라 그리스도께서, 하늘에 계신 왕께서, 그분의 목회자들을 통하여, 그분의 칼로 그들을 심판하고 통치하시게 하자.

바로 이 때문에 우리는 주님께서 우리가 이 모든 것들을 잘 깨달을 수 있게 해주시기를 간절히 기도드려야 한다. 곧 목회자들을 통해서 우리에게 말씀하시는 분은 바로 우리의 유일하신 구세주 그분이시라는 사실, 따라서 그들에게 순종하면 곧 그분께 순종하고 그분의 뒤를 쫓아 영생으로 나아가는 것이며, 만일 그들을 순종하고 따르지 않고 멸시하면 곧 그분께 귀 기울이지 않고 멸시하여 영원한 멸망으로 나아가는 것임을 깨닫게 해주시라고 간절히 기도해야 하는 것이다.

일곱 번째 본문과 여덟 번째 본문의 의미

그러므로 만일 신실한 목회자들이 우리와 함께, 그리고 우리의 영원한 구원을 위하여 그분의 이름으로 행하고 있다면, 만일 그들이 우리를 위해 수고하고 애쓰고 있다면, 만일 그들이 우리의 영원한 생명을 위하여 우리에게 시중들고 있다면, 그렇다면 우리는 일곱 번째 본문에서 충고하는 것처럼, 이 복되고 유익한 직무를 위하여 더욱더 그들을 사랑해야만 한다. 그리고 어쩌면 그들이 우리를 너무 거칠고 가혹하게 다룬다고 생각할 수 있겠지만, 그래도 여전히 그들과 평화롭게 지내야 한다. 주님과, 그들이 행하는 유익한 업무와, 그리고 그들이 우리 영혼을 인도하고 있다는 사실을 유념하면서 말이다. 우리는 그들에게 순종함으로써 불순종 때문에 그들을 괴롭히지 말아야 하며, 그들의 직무와 업무를 어렵게 만들지 말아야 한다. 여덟 번째 본문이 우리에게 훈계하고 증명하듯이, 그것이야말로 우리에게 가장 큰 해를 끼칠 수 있기 때문이다.

필요한 것은 그리스도에 대한 순종이지 목회자들에 대한 순종이 아니다.
그러나 그들이 사람이나 자기 자신이 아니라 주님을 섬기는 한, 목회자들에 대한 이러한 순종과 존경과 존중과 사랑과 명예는 모두 주님 안에서 제공되는 것들이다. 그렇다고 해서 어떤 압제나 세속적 오만의 형태로 되돌아가자는 말은 아니다. 우리는 교회에 어떤 부류의 장로들과 영혼 돌봄의 목회자들이 있어야 하는가를 이미 설명하였다: 자기 자신이나 어떤 다른 사람이나 창조물을 위해서가 아니라 오직 그리스도를 위하여 교회 안에서 일을 찾고, 행하고, 유지하는 그리스도의 신실한 목회자들이다. 이들은 그리스도의 양들이 온 마음을 다해 순종해야 하는 그리스도의 목회자다. 그리스도의 양들은 이들에게 최고의 존경을 보여야 하며, 주 안에서 모든 사랑과 경의를 보내야 한다.

무심해서도 안 되고 그들을 의심해서도 안 된다. 주 안에서 그들의 가르침이나 행위를 뒤집어도 안 되고, 그들에 관한 온갖 거짓과 비난을 증거도 없이 곧장 받아들여서도 안 된다. 애석하게도 이것은 유해한 분파와 이교들의 도입 때문에, 그리고 온갖 형태의 세속적이고 정신 나간 삶으로의 변절 때문에, 우리의 구원 업무가 비참하게 손상되고 끔찍한 손해를 입도록 사탄이 늘 사람들 속에 불러일으키는 것이다. 우리는 이러한 사탄의 속임수와 공격에 맞서서 경건한 양심을 지킬 수 있기를 가장 간절히 원했다. 사탄의 속임수와 공격은, 그들이 결코 인간의 노예가 될 수 없다는 것을 보여줌으로써, 거룩한 복음의 모든 열매를 완전히 파멸시켜 버리기 때문이다.

그리스도의 목회자로부터 늘 들어야 하는 것은 바로 다음과 같다: 회개하라, 하나님의 나라가 가까이 왔기 때문이다. 그러나 회개가 있어야 할 곳에, 대신 결함과 실수가 있을 것이다. 바로 그렇기 때문에 모두가 교정과 가르침을 기꺼이 받아들여야 하며, 자기 위에 있는 사람도 다른 모든 사람들처럼 순전한 사랑으로 판단하고 생각해야 하는 것이다. 그들이 자기를 항상 염두에 두고서 자신의 구원을 추구하고 있다는 사실을 확신함으로써 말이다. 우리는 모두 낯선 이의 음성이 아니라 주님의 음성을 듣게 해주시라고 기도드려야 한다. 그리고 모두가 주님의 말씀을 일편단심으로 듣고 생각해야 한다. 주 그리스도 한 분만을 찾고, 그리스도의 이름으로 받은 말씀만을 생각해야 한다. 그러면 틀림없이 주님께서 모든 거짓 교리들로부터, 그리고 무엇보다도 인간의 권위에 너무 많은 관심을 기울이는 것으로부터 모두를 지켜 주실 것이다. 또한 모두가 주님의 말씀을 인정하고 지킴으로써 자기 삶을 바로잡고 영원한 구원을 얻을 수 있게 해주실 것이다. 비록 영혼 돌봄의 목회를 통해 말씀을 전해들은 이들이 모두 실수를 하거나 충실하지 못할 수 있겠지만 말이다. 그리하여 모든 그리스도인들이 그리스도의 목회자들 안에서 그분에 대한 악의적인 불순종과 경멸로부터 자신을 보호하게 될 것이다. 그리고 그리스도의 멍에를 메고, 그분의 나라에서, 온갖 그릇된 인간의 압제로부터 자신을 보호하고 지킬 수 있을 것이다.

 그리스도의 양들의 순종에 관하여 이 작은 책의 결말에서 독자들에게 상기시켜 주고 권고하고자 했던 것은 이렇게 마무리하도록 하자. 이것은 물론 오늘 많은 경우에, 앞에서 논의했던 사안들 못지않게 반드시 알고 고려해야 할 사항이다. 주여, 그들에게 일편단심을 부어주시고, 그들이 육체의 자유가 아니라 주님의 나라를 진정으로 사모하게 하옵소서. 그러면 그들 자신뿐만 아니라 다른 사람들도, 무엇보다도 주님께 드리는 기도 가운데, 그리스도인의 근면과 인내로써, 저마다의 소명이 허락하는 만큼, 이 책의 모든 내용들을 추진하도록 신실하게 도울 것입니다.

Part 13
요약
이 작은 책의 요약

   첫째, 우리는 그리스도 안에서 그분의 진정한 몸이 되고, 서로의 지체가 됨으로써, 그분 안에서 모두 제대로 연합해야 한다. 그리고 우리는 신앙의 동료들과 모든 사람들에게 그분의 말씀, 거룩한 성례전, 그리스도인의 권징, 그리고 육체적인 일들과 영적인 일들에 대한 온갖 조언과 도움의 진정한 친교를 보여 주어야 한다. 이것이 바로 이 작은 책의 제1장에서 배운 것이다.

   그리스도의 나라는 진정 우리와 함께 하게 될 것이며, 주님께서 친히 우리를 세상 끝 날까지 영원한 생명으로 인도하시고 다스릴 것이다. 이것이 바로 제2장이 우리에게 가르쳐 준 것이다.

   주님은 우리에게 참되고 신실한 목회자들을 보내 주실 것이다. 그들을 통하여 주님은 우리 가운데서 강력하게 역사하실 것이다.

그리하여 우리가 다시 태어날 수 있게, 날마다 강력해질 수 있게 해주시며, 그분의 나라가 우리 가운데서 계속해서 자라나고 더 강해지도록 해주실 것이다. 제3장은 우리에게 이것에 관하여 말해 주고 있다.

또한 주님은 이 목회자들을 통하여 가능한 한 순조롭게 우리의 구원 역사를 펼치시기 위해, 이 목회의 특별한 필요와 변화에 따라 가장 질서 있는 방법으로 그들을 우리 구원 업무에 임직하실 것이다. 회중이 그들을 통하여 온갖 영적인 조언과 신체적인 조언을 제공받음으로써, 그 누구도 신체적이거나 영적인 궁핍 때문에 고통 받지 않도록 말이다. 그리고 이 이중의 직무, 곧 영적인 직무와 육체적인 직무가 최대한 효과적으로 수행될 수 있도록, 주님은 이 목회자들이 자신들 가운데 적합한 질서가 있다는 사실을 깨닫게 해주실 것이다. 하나도 빠짐없이 일을 처리하되, 모든 것이 교회와 하나님의 집에 가장 좋은 쪽으로 실행될 수 있도록 말이다. 이것이 바로 제4장에 설명되어 있다.

그러므로 우리도 교회에서 모든 직급의 다양한 목회자들을 질서 있게 선출하고 임직함으로써 신실하게 주님을 섬겨야 한다. 그래야만 모두에게 신뢰 받고 사랑 받는 사람, 이 직무와 진정한 영혼 돌봄을 수행할만한 숙련되고 성실한 사람을 받아들일 수 있다. 이것이 바로 제5장이 우리에게 말해 주는 것이다.

이로써 다음과 같은 영혼 돌봄의 다섯 가지 임무는 올바르게 실행될 것이다: 잃어버린 양들을 모두 찾아내는 것, 헤매는 양들을 다시 데려오는 것, 상처 입은 양들을 치유해 주는 것, 병든 양들을 격려해 주는 것, 그리고 건강한 양들을 지키고 올바른 길로 먹이는 것. 그리스도의 양들이 지닌 이러한 차이점과 그들을 위한 영혼 돌봄의 직무가 제6장에 설명되어 있다.

따라서 그리스도의 모든 교회들, 그들 가운데서도 주로 통치자들은, 그리고 가장 직접적이고 실질적인 차원에서 영혼을 돌보는 사람들은, 잃어버린 양들, 곧 아직까지 그리스도를 인정하지 않고 그분의 양 우리에 거하지 않는 그리스도의 선민이 그분의 양떼들 가운데로 모일 수 있도록, 그리하여 그분과 친교를 나누고, 복음에 완전히 순종하며 살 수 있도록, 온갖 노력과 수고를 다해야 한다. 이것이 바로 제7장의 가르침이다.

이들은 또한 저마다 그분의 부르심에 따라, 헤매는 양들, 곧 교회로부터 벗어나 세속적인 방종 또는 영적인 분파와 이교로 잘못 인도된 이들 모두가 그리스도와의 참되고 충만한 친교를 회복할 수 있도록 관심을 갖고 도울 것이다. 이것이 바로 제8장에 설명되어 있는 것이다.

또 이들은 상처 입은 양들, 곧 하나님의 교회에 머물고는 있지만 좀 더 심각한 죄에 빠져 그리스도의 생명에 있는 자신의 영적 수족을 부러뜨리고 해치는 이들 모두가, 시기적절한 죄의 회고와 효과적인 권징과 참회, 그리고 육체적인 고행의 부과를 통해 상처를 싸매고 치유 받을 수 있도록 지켜볼 것이다. 다시 말해서 그 양들이 참된 믿음을 가진 참회와 눈에 띠는 삶의 개선을 이룩할 수 있도록 지켜볼 것이다. 이것이 바로 제9장의 가르침이다. 이 장에서는 또 주님께서 임직하시고, 사도들과 고대의 거룩한 교부들이 교회를 위해 유지했으며, 우리가 다시금 참된 개선을 위해 도입하고 사용해야 할 권징과 참회를 교회가 정확히 실행하는 것에 관하여 다소 광범위하게 설명하고 증명하였다. 그리고 이러한 권징과 참회 실천에 맞서 제기된 온갖 이의제기에도 반박을 하였다.

나아가 이들은 병들고 약한 양들, 곧 교회 안에 머무르면서 심각한 죄에 빠지지는 않지만 믿음과 사랑과 권징과 참회, 그러니까 그리스도인의 삶 전반에 걸쳐서 어리석고 미숙한 이들 모두가, 참된 그리스도인의 삶 속에서 격려를 받고 모든 선을 추구하는 데 점점 더 성실하고 진지해질 수 있도록 지켜봐야 한다. 이것이 바로 우리가 제10장에서 이야기한 내용이다.

이들은 또 건강한 양들, 곧 하나님의 교회 안에 머무르면서 그 안에서 선하고 그리스도인다운 방식으로 처신하고, 심각한 죄에 빠지거나 아니면 다른 측면에서 그리스도인의 삶에 둔하고 느슨해지지도 않은 이들을, 모든 문제로부터 보호해 주고 진정 그리스도인의 길에서 먹일 수 있도록 지켜봐야 한다. 그리하여 모든 선이 힘을 얻고, 회중에게나 개별적으로나 그리스도의 가르침과 훈계에서 그 무엇도 부족함이 없도록 해야 한다. 그리고 난잡한 삶과 본보기로써 그들을 타락시키고 괴롭힐 수 있는 이들은 양들을 위해서 양들의 친교로부터 추방해야만 한다. 이것이 바로 제11장에 설명된 내용이다.

제12장과 마지막 장에서 우리는 영혼의 돌봄과 그 책임을 맡은 이들에 대한 그리스도의 양들의 참된 순종을 설명하였으며, 이러한 순종이 얼마나 필연적이고 완전해야 하는지도 설명하였다. 그

리고 어떻게 하면 그 양들이 그리스도의 멍에로 변장한 낯선 멍에를 메지 않고, 마치 주님을 대하듯이 영혼을 돌보는 사람에게 온전히 헌신하고 순종하는 자세를 취하도록 할 수 있는지에 대해서도 설명하였다.

   이것이 이 작은 책의 내용이며 요약이다. 이 책은 오로지 주님의 영광을 위하여, 그리고 그리스도의 양들이 참담할 정도로 흩어져 버린 이 시기에 주님의 교회를 새롭게 하기 위하여 쓴 것이다. 하나님의 모든 자녀들이 이 책을 그리스도교적인 시각에서 고찰하기를 바란다. 그 어떤 것도 세속적인 근거에 따라 판단하지 말고, 오직 주님의 말씀에 따라 모든 것을 판단하기를 요구하는 바이다. 주여, 이 작은 책이 주님의 나라를 위해 최대한 쓰임 받게 해주옵소서. 사실 아직까지도 이 참된 영혼의 돌봄, 곧 주님이 임직하셨으며 교회의 행복을 위해 너무나도 필요한 이 직무를 제대로 이해하고 있는 사람이 거의 없기 때문입니다. 주여, 우리 모두가 이 작은 책을 제대로 이해하고 소중히 여기게 하옵소서. 아멘.

동료들의 지시에 따라
주님의 말씀 안에서
스트라스부르크 교회에서,

마르틴 부쳐

영혼치유의 푸른 초장으로 인도하는 그리스도교 고전산책(3)

영혼을 돌보는
참된 목회자

지은이 : 마르틴 부처
영　역 : 피터 빌
옮긴이 : 신현복
펴낸일 : 2013년 1월 1일
펴낸곳 : 아침영성지도연구원
등록일 : 1999년 1월 7일(제7호)
홈페이지 : www.achimhope.or.kr
총　판 : 선교횃불
　　　　전　화 : 02)2203-2739
　　　　팩　스 : 02)2203-2738
　　　　홈페이지 : www.ccm2u.com

• 파본은 교환해 드립니다.
• 이 출판물은 저작권법에 의해 보호를 받는 저작물이므로 무단전재와 무단복제를 금합니다.